新时代老龄金融研究丛书

XINSHIDAI LAOLING JINRONG YANJIU CONGSHU

养老保险与大国之治
——对我国多层次养老保险制度优化的思考

Pension and State Governance
A Research on the Multi-tiered
Pension System Optimization

刘 斌 著

西南财经大学出版社
Southwestern University of Finance & Economics Press
中国·成都

图书在版编目(CIP)数据

养老保险与大国之治:对我国多层次养老保险制度优化的
思考/刘斌著.—成都:西南财经大学出版社,2023.10
ISBN 978-7-5504-5961-8

Ⅰ.①养… Ⅱ.①刘… Ⅲ.①养老保险制度—研究—中国
Ⅳ.①F842.612

中国国家版本馆 CIP 数据核字(2023)第 199983 号

养老保险与大国之治:对我国多层次养老保险制度优化的思考
YANGLAO BAOXIAN YU DAGUO ZHIZHI:DUI WOGUO DUO CENGCI YANGLAO BAOXIAN ZHIDU YOUHUA DE SIKAO
刘斌　著

策划编辑:王艳
责任编辑:林伶
责任校对:李琼
封面设计:何东琳设计工作室
责任印制:朱曼丽

出版发行	西南财经大学出版社(四川省成都市光华村街 55 号)
网　　址	http://cbs.swufe.edu.cn
电子邮件	bookcj@swufe.edu.cn
邮政编码	610074
电　　话	028-87353785
照　　排	四川胜翔数码印务设计有限公司
印　　刷	四川五洲彩印有限责任公司
成品尺寸	170mm×240mm
印　　张	15.25
字　　数	265 千字
版　　次	2023 年 10 月第 1 版
印　　次	2023 年 10 月第 1 次印刷
书　　号	ISBN 978-7-5504-5961-8
定　　价	78.00 元

内容摘要

2022 年 10 月，举世瞩目的党的二十大明确提出，"从现在起，中国共产党的中心任务就是团结带领全国各族人民全面建成社会主义现代化强国、实现第二个百年奋斗目标，以中国式现代化全面推进中华民族伟大复兴。"这意味着中国式现代化进程全面提速，它构成了加快建设中国特色多层次养老保险制度的时代背景。与此同时，党中央也明确提出，要健全覆盖全民、统筹城乡、公平统一、安全规范、可持续的多层次社会保障体系。其中，"公平统一"是新要求，就是进一步保证社会成果由全民共享，解决不平衡不充分问题，处理好代际的权利义务关系，促进共同富裕；第一次把"安全规范"作为今后一个时期社会保障体系建设的重要目标，对全民共享经济社会发展成果、社保体系安全规范建设提出了更高要求。因此，可以明显看出，中国式现代化追求的全体人民共同富裕目标，决定了必须充分发挥养老保险制度调节社会财富分配格局的重大作用；同时，中国的养老保险制度优化必须与中国式现代化进程保持适应性，循序渐进地发挥保障民生、实现共享功能，但其因中国人口规模巨大而较之西方现代化国家更具复杂性、艰难性。

另外，人类个体自身的脆弱性、人口老龄化大趋势以及人类社会存在的市场失灵等现象，决定了具有社会"稳定器"和经济"助推器"功能的养老保险制度成为国家治理的必要手段和重要工具。当前，百年未有之大变局叠加世纪疫情带来新挑战，在这样的国际宏观环境下，中国在全面建成小康社会之后进入需要同时实现经济增长和共同富裕目标的新的历史阶段，其核心始终无法脱离民众对未来经济保障能力的信心。作为免除社会成员生存危机和实现国民收入再分配的重要手段的多层次养老保险制度改革创新，是打破经济增长制约并推动共同富裕的关键之举，也是统筹经济社会治理进而推进国家治理体系和治理能力现代化的重要任务，特别是在需求收缩、供给冲击、预期转弱三重压力之下，加强统筹协调，坚持系统观念，统筹推进经济发展和民生保障成为当前国家治理的重要内容。

我国养老保险制度自20世纪50年代初期建立以来，经过70余年的改革发展，特别是党的十八大以来，党中央把社会保障体系建设摆在更加突出的位置，按照坚守底线、突出重点、完善制度、引导预期的思路，多次研究审议改革和完善养老保险制度总体方案，现已形成相对完整的多层次养老保险制度框架。然而，无论是针对多层次养老保险制度本身在人口老龄化程度不断加深背景下的养老基金财务可持续问题，抑或是针对一、二、三层次之间互动不足以及二、三层次整体发展缓慢的问题，还是针对信息社会、大数据等新业态、新模式层出不穷彻底颠覆了多层次养老保险制度赖以发展的经济社会治理方式以及人们的价值理念、行为方式和文化传统的改变等问题，都需要从养老保险制度变迁路径中寻找实现国家治理体系和治理能力现代化并最终推动共同富裕的理论逻辑、历史逻辑和现实逻辑。

为此，本书基于党的十九届四中全会提出的国家治理体系和治理能力现代化的理论逻辑，聚焦到与多层次养老保险制度关系最为密切的经济治理和社会治理两个层面，即多层次养老保险制度创新应服务于坚持和完善社会主义基本经济制度，推动经济高质量发展；同时，多层次养老保险制度优化应服务于坚持和完善共建共治共享的社会治理制度，保持社会稳定、维护国家安全。本书首先通过对相关理论的梳理和归纳，从多层次养老保险制度和国家治理两个命题出发，从理论上分析了其作用机制的影响途径。其次，本书对我国多层次养老保险制度融入国家治理体系的演变历程进行梳理，立足于我国经济社会治理面临的主要问题，分析了多层次养老保险制度优化与国家治理模式的协同关系，同时总结出多层次养老保险制度融入经济社会治理的经验规律以及制度优化应遵循的一般性原则。为了进一步深入分析多层次养老保险制度优化对国家治理体系和治理能力现代化水平影响的内在机理，本书紧紧围绕党的十八大以来，习近平总书记在治国理政和制度建设中重点强调的"人民性"，即制度要能给国家和人民带来实实在在的好处，和制度要"成熟而持久"的要求，将多层次养老保险制度优化分解为制度保障水平和制度可持续性两个方面，并结合理论分析结果和实际情况，将国家治理体系和治理能力现代化水平具体化为与养老保险制度关系最为密切的经济社会治理能力，并以此为基础，利用计量分析的方法，采用省级面板数据，对养老保险制度保障水平对经济社会治理能力的内在逻辑进行了论证。同时，本书建立协同治理框架，深入透析多层次养老保险制度内部，分析了基本养老保险制度基金的可持续性以及一、二、三层次的互动发展对于国家治理能力的影响，并通过对基本养老保险制度的主要参数的敏感性分析，以期寻求化解长寿风险等突出问题并助力提升我国经济社会治理能力进而推进国家治理体系和治理能力现代化的路径和政策。最后，本书在对西方国家养老保险制度融入国家治理体系情况的评价与反思的基础上，提出国家治理现代化背景下我国多层次养老保险制度的政策创新和路径优化建议。

本书的主要内容和研究结论如下：

第一，本书将国家治理现代化与构建多层次养老保险体系分为五个理论阶段，即政府与市场的关系和第三条道路的弥合、公共选择理论与福利多元主义、社会资本和国家安全理论、风险社会和现代治理理论、共建共享共治的社会治理理论以及以人民为中心和可持续发展理论，这五大方面内容在理论关系上呈现出层层递进的特征。随后，本书在理论回溯、分析、整合的基础上，提出了国家治理体系和多层次养老保险制度构成一个"内协调外适应"的稳定系统，并搭建具有"耦合共生"关系的理论分析框架。

第二，本书从国家治理现代化的视野出发，选取了国家治理体系中与多层次养老保险制度关系最为密切的经济治理和社会治理，论述了多层次养老保险制度融入经济社会治理的演进历程、制度变迁与治理模式的协同关系、制度变迁呈现出的经验规律以及制度优化应遵循的一般性原则。本书运用历史分析和文献回顾的方法，回顾了我国多层次养老保险制度融入经济社会治理体系的历程，并以此为基础，在学理上凝练出两者的协同关系、制度变迁的特征以及制度优化的原则。本书发现，我国多层次养老保险制度优化在推进我国治理能力和治理体系现代化的过程中发挥了重要作用，逐步从国企改革配套制度走向国家治理的中心，顺应了老龄社会的系统性变迁，并体现出自发性、渐进性和诱致性，成为建设现代经济体系的重要政策工具。进入新时期，仍需要按照法制公平、长期可持续、权责对等和保障适度、国家能力和善治等原则，继续推进制度优化。

第三，本书基于省级面板数据，利用计量模型对我国多层次养老保险制度保障水平对国家治理能力的影响进行了实证分析，通过将国家治理水平具体化为经济社会治理水平，将多层次养老保险制度保障水平具体化为基本养老保险保障水平，整体上评估了经济治理、社会治理、多层次养老保险制度保障水平的协同关系，针对我国的现实情况，将经济社会治理分解为突出经济转型理念并关注产业结构升级的经济治理，以及突出社会公平理念并关注城乡居民收入分配的社会治理两个维度，拟定了关于核心解释变量（多层次养老保险制度保障水平）与两个被解释变量（经济治理、社会治理）的面板数据回归模型，并引入了中介效应模型，分别考察了人力资本、创新能力、居民储蓄的中介影响机制。随后，针对我国区域发展不平衡的现实情况进行了异质性检验。与此同时，为了更好地刻画多层次养老保险制度的保障水平，本书还使用替换变量的方法，分别将第一层次的覆盖面，第二、三层次的保障水平和覆盖面代入模型进行了稳健性检验。最后，本书将经济社会治理的视野进一步拓展。在经济治理过程中，不仅应关注产业结构，还应关注经济增长；在社会治理过程中，不仅应关注城乡居民收入差距，还应关注人均可支配收入。研究发现，在经济治理领域，多层次养老保险制度保障水平与以产业结构升级为衡量指标的经济治理水平显著正相关；在社会治理领域，多层次养老保险制度保障水平与以城乡居民可支配收入比为衡量指标的社会治理显著正相关，即多层次养老保险制度保障水平越高，城乡居民可支配收入比就越小。此外，人力资本、创新能力对于提升社会治理能力具有明显中介效应（其中人力资本是完全中介效应），创新能力对于提升经济治理能力有遮蔽效应，居民储蓄对于提升经济治理能力具有完全中介效应。此外，在全国范围内多层次养老保险制度保障水平与统筹经济社会治理水平呈现出明显的地域特征。

第四，本书对我国多层次养老保险制度发展可持续性进行了评估，并深入分析了其对国家治理能力的冲击，明确指出当前多层次养老保险制度最核心问题为基金可持续性问题。评估结果表明，第一层次现收现付制的养老金模式将面临基金缺口已经成为无法回避的客观事实，第二、三层次发展缓慢且互动不足。与此同时，多层次养老保险制度顶层设计不足亦会对制度可持续性和统筹经济社会治理造成冲击。而不可否认的是，该制度体系长期可持续对于提升经济社会治理能力至关重要，进而对于推进国家治理体系和治理能力现代化亦至关重要。

第五，本书对作为经济社会治理手段的西方养老保险制度进行了国际比较，系统梳理了西方发达国家和部分发展中国家多层次养老保险制度作为重要政策工具介入经济社会治理的全过程以及制度的模式和特点，并寻求我国多层次养老保险制度改革创新可以借鉴的方式方法。本书认为从全球范围看，多层次养老保险制度作为政策工具介入经济社会治理，既可解决特定时期社会治理面临的困境或者是破除经济发展的壁垒，亦会产生深远的人本主义思想并引发人们对于社会公平和正义的固有追求。伴随着我国社会主要矛盾发生变化，人民群众生活水平持续改善，公众对民生保障制度的水平和范围的预期将越来越高和越来越广，对社会风险的认知也越来越深刻。因此，越是在内外部环境发生深刻变革的时期，越是风险挑战明显多发的时期，越要面向国家治理体系和治理能力现代化，加快我国多层次养老保险制度优化步伐，更好地满足人民群众多层次多样化需求。

本书的贡献和创新之处：

第一，选题视角新颖并且弥补了我国学术界将多层次养老保险制度纳入国家治理研究框架的薄弱环节。本书从国家治理体系和治理能力现代化的宏观大背景出发，结合多层次养老保险制度建设对经济社会治理的影响，对该制度改革创新和路径优化进行了系统研究，丰富并拓展了我国养老保险制度优化研究的视野领域。如何推动多层次养老保险制度优化并提升可持续发展能力是全球范围养老保险制度改革创新面临的重大议题。当前关于该问题的研究，较多是从公共政策分析、人口老龄化、代际资源配置等视角出发，而面向国家治理现代化的研究视角非常欠缺，本书的研究是一个新的有益尝试。

第二，本书着重强调了多层次养老保险制度与经济社会治理之间的理论逻辑，是对当前关于多层次养老保险制度理论研究的一个有益补充。本书系统梳理了多层次养老保险制度和国家治理的关系并具体到经济社会治理层面，从政府与市场的力量博弈和争论出发，剖析了多层次养老保险制度的本质内涵和价值追求，探索了基于中国特定情境下的养老保险制度与国家治理的"耦合共生"的分析框架，并重点明确了多层次养老保险制度的经济功能和社会功能。而上述分析少见于前期国内研究中。

第三，本书跳出了传统的就"社保论社保"的研究框架，突出了统筹协调、高效务实地推动多层次养老保险制度优化，明确指出国家治理能力提升与多层次养老保险制度优化已经成为新时代需要密切关注的重大理论和现实问题，突出了对养老保险制度优化的整体、系统、动态的研究，注重将多层次养老保险制度优化与经济社会治理相结合、与多方参与提升养老保险服务和供给质量以及强化养老保险制度赖以生存的财富基础相结合、与加强文化建设提升民众老龄金融素养相结合，同时还强调了多层次养老保险制度本身参数优化、动态调整和不同层次间的互动，探索了多层次养老保险制度优化并助力国家治理能力提升的中国方案。

第四，本书在研究方法上采用了计量、精算等方法对以往的规范性研究进行了补充和验证，并发现了新的影响机制。本书发现，我国多层次养老保险制度优化确实可以从整体上推进经济社会治理能力的提升，这是对以往规范性研究的一个有益延伸；此外，多层次养老保险制度保障水平提高可以有效促进对以产业结构升级为衡量指标的经济治理能力和以城乡居民可支配收入比为衡量指标的社会治理能力提升，人力资本、创新能力、居民储蓄对于提升经济社会治理能力具有明显中介效应，在全国范围内多层次养老保险制度保障水平与统筹经济社会治理水平呈现出明显的地域特征，而这些具体的影响机制通过以往的规范性研究方法往往是比较难发现的。

关键词：多层次养老保险；经济社会治理；保障水平基金可持续性；制度优化

Abstract

The 20th National Congress of the Communist Party of China, which attracted worldwide attention in October 2022, clearly stated that" From this day forward, the central task of the Communist Party of China will be to lead the Chinese people of all ethnic groups in a concerted effort to realize the Second Centenary Goal of building China into a great modern socialist country in all respects and to advance the rejuvenation of the Chinese nation on all fronts through a Chinese path to modernization." This means that the process of Chinese path to modernization has been accelerated in an all-round way, which constitutes the era background for accelerating the construction of a Multi-tiered Pension system with Chinese characteristics. At the same time, the Central Committee of the Communist Party of China also clearly proposed to further improve the multi-tiered social security system that covers the entire population in urban and rural areas and see that it is fair, unified, reliable, well-regulated, and sustainable. Among them, " fair and unified" is a new requirement, which is to further ensure that social achievements are shared by the whole people, the problem of imbalance and inadequacy are properly solved while rights and obligations between generations are reasonably handled in the process of promoting common prosperity, For the first time, " reliable, well-regulated" have been regarded as an important goal for the construction of the social security system in the future, which has put forward higher requirements for the sharing of economic and social development achievements by the whole people and the construction of safety standards for the social security system.

Therefore, it can be clearly seen that the goal of common prosperity of all people pursued by a Chinese path to modernization determines that the pension system must play an important role in adjusting the pattern of social wealth distribution. On the other hand, the optimization of China´s pension system must be compatible with the process of a Chinese path to modernization, and gradually play the role of ensuring people´s livelihood and sharing of development. However, due to the huge population, it is more complex and difficult than western developed countries.

Additionally, the vulnerability of human individuals, the general trend of population aging and the market failure in human society determine that the multi −level pension system with the natural function of social " stabilizer" and economy " booster" has become a necessary means and important tool of state governance. At present, the profound changes unseen in a century together with the coronavirus epidemic in the 21st century have brought new challenges. In such an international macro environment, after building a moderate prosperity society in an all−round way, China has entered a new historical stage that needs to achieve the goals of economic growth and common prosperity for everyone at the same time while to help people to establish the confidence of the pension system is always in the center position. As an important means to avoid the survival crisis of social members and realize the redistribution of national income, the reform and innovation of the multi−level pension system is the key to breaking the constraints of economic growth and promoting common prosperity. It is also an important task to coordinate economic and social governance and further modernize the state governance system and capacity. In particular, under the triple pressure of shrinking demand, supply shock and weakening expectations, it is indispensable to strengthen overall planning and coordination, adhere to the system concept, grasp the bottom line of people´s livelihood, comprehensively promote economic development and people´s livelihood.

Since the establishment of China´s pension system in the early 1950s and the reform and development of more than 70 years, especially after the 18th National Congress of the Communist Party of China, the CPC Central Committee has placed the construction of the social security system in a more prominent position. In accordance with the principle of adhering to the bottom line, highlighting the key points, improving the policy and piloting expectations, the CPC Central Committee has repeatedly studied and considered the overall plan for reforming and improving the pension system and a relatively complete multi-level pension system framework has been formed. However, whether it is the sustainability of the multi - level pension system or insufficient interaction between the first, second and third levels as well as the slow overall development of the second and third level pension against the background of the deepening degree of population aging, still the economic and social governance on which the multi-level pension system relies as well as people's values, behavior patterns and cultural traditions, it is indispensable to look for the theoretical, historical logic and practical logic of realizing the modernization of state governance system and governance capacity and ultimately promoting common prosperity from the path of multi-level pension system optimization.

Therefore, based on the theoretical logic of the modernization of thestate governance system and governance capacity proposed by the Fourth Plenary Session of the 19th CPC Central Committee, the book focuses on the economic governance and social governance that are most closely related to multi-level pension system, that is, the innovation of multi-level pension system should serve to promote high-quality economic development and improve the social governance system construction, cooperative governance, maintain social stability and maintain national security. Firstly, through combing and summarizing the relevant theories, the book theoretically analyzes the influence ways and its mechanism mode between multi-level pension security system reform and state governance capacity as well as system modernization. Secondly, the book combs the evolution process of the integration of the multi-level pension system into the state governance system, analyzes the internal logic of the integration of China's multi-level pension system into the state governance system, and summarizes the existing institutional characteristics of the multi - level pension system based on the main problems of China's social governance. In order to deeply analyze the internal mechanism of the impact of multi-level pension system innovation on the modernization level of state governance system and governance capacity, this book focuses on the " people-oriented " and " system construction" that have been emphasized in the 18th CPC National Congress by President Xi Jinping, and the " people-oriented " means " can bring tangible benefits to the citizens" while the " system construction" emphasizes " mature and lasting system" emphasized by the " system construction" , therefore the innovation of the multi-level old-age security system is divided into two aspects: system efficiency and system sustainability, the modernization level of the state governance system and governance capacity is also visualized as the economic and social collaborative governance that is most closely related to the pension system. On this basis, using the method of econometric analysis and provincial panel data, this book demonstrates the internal logic of the effectiveness of the pension system on the ability of economic and social collaborative governance. At the same time, this book establishes a collaborative governance framework, deeply analyzes the internal structure of the multi-level pension system, analyzes the sustainability of the insurance fund, the interactive development of the first, second and third level pension, and the influence of parameter adjustment on pension sustainability through sensitivity analysis method. Finally, based on lessons from western countries, this book puts forward suggestions on policy innovation and path optimization of multi-level pension in China under the background of state governance modernization. The main contents and conclusions of this book are as follows.

Firstly, this book divides the modernization of state governance and the construction of a multi-level pension security system into five theoretical stages, namely, the relationship between the government and the market and the third road, public choice theory and welfare pluralism, social capital and national security theory, risk society and modern governance theory, social cooperative governance theory and people-centered and sustainable development theory, these five aspects show a progressive layer in the theoretical relationship. Then, on the basis of theoretical review, analysis and disassembly, this book puts forward a theoretical analysis framework that the state governance system and the multi-level pension system constitute a stable system of " internal coordination and external adaptation" and a relationship of " coupling and symbiosis".

Secondly, this book discusses the evolution process, internal logic and institutional characteristics of the integration of China´s multi-level pension system into the governance system. Using the methods of historical analysis and literature review, from the perspective of economic and social collaborative governance, this book reviews the process of China´s multi-level pension system into the governance system, and on this basis, condenses the internal logic and institutional characteristics in theory. This book finds that the reform of China´s multi-level pension system has played an important role in promoting the modernization of China´s governance capacity and governance system, gradually moving from supporting state - owned enterprise reform to the center of state governance, complying with the systematic changes of the aging society with the spontaneous, progressive and induced nature, and has become an important policy tool for building a modern economic system. In the new era, we still need to continue to optimize the system in accordance with the principles of fairness in the legal system, long-term sustainability, equal rights and responsibilities, appropriate guarantees, national capacity and good governance.

Thirdly, based on the provincial panel data, this book uses the econometric model to empirically analyze the impact of the efficiency of China´s multi-level pension system on the country´s governance ability. By visualizing the level of state governance as the level of economic and social governance, the efficiency of the multi-level pension system is defined as the level of multi-level pension insurance, and the synergy between economic governance, social governance and multi-level pension insurance is also evaluated as a whole. In view of the reality of China, economic and social governance is divided into two dimensions: economic governance that highlights the concept of economic transformation and pays attention to the upgrading of industrial structure, and social governance that highlights the concept of social equity and pays attention to income distribution. Then a panel data regression model for the core explanatory variable multi-level endowment insurance system efficiency and the two explanatory variables (economic governance and social governance) is formulated, And the intermediary effect model is introduced to investigate the intermediary influence mechanism of human capital, innovation ability and resident savings respectively. Subsequently, the heterogeneity test is also carried out in view of the reality of regional imbalance in China. At the same time, in order to better characterize the policy efficiency of the multi-level endowment insurance system, this book uses the method of replacing variables to test the robustness of the model. Finally, this book further expands the vision of economic and social governance. In the process of economic governance, we pay attention not only to industrial structure but also to economic growth while in the process of social governance, we pay attention not only to the income gap between urban and rural residents, but also to disposable income. The research finds that in the field of economic governance, the improvement of the efficiency of the multi-level pension system has a significant positive effect on the economic transformation measured by the upgrading of industrial structure; In the field of social governance, the improvement of the efficiency of the multi-level pension insurance system has a significant positive effect on the social governance ability measured by the disposable income ratio of urban and rural residents, that is, the higher the level of multi-level pension protection, the smaller the disposable income ratio of urban and rural residents can be expected. In addition, human capital and innovation capacity have obvious intermediary effects on improving social governance capacity (among which human capital is the complete intermediary effect), innovation capacity has a shielding effect on improving economic governance capacity, and resident savings has a complete intermediary effect on improving economic governance capacity. In addition, the efficiency of the multi-level pension system and the level of overall economic and social governance have obvious regional characteristics throughout the country.

Fourthly, this book evaluates the sustainability of China's multi-level pension system, analyzes its impact on state governance capacity, and clearly points out that the core issues of the current multi-level pension system are fund sustainability and coordinated development at all levels, and uses actuarial methods to evaluate the financial sustainability and coordinated development. The evaluation results show that the pension model of the first level will face a fund gap, which has become an unavoidable objective fact. The development of the second and third levels is slow and the interaction is insufficient, and whether the system is sustainable in the long term is crucial to improve the ability of economic and social collaborative governance. At the same time, the insufficient top-level design of the multi-level pension system will also have an impact on the sustainability of the system and the overall economic and social governance.

Fifthly, this book compares the western pension system as a means of economic and social collaborative governance, systematically combs the whole process of western multi-level pension system as an important policy tool to intervene in economic and social governance, as well as the mode and characteristics of the system, and seeks ways and means that can be used for the reform and innovation of China's multi-level pension system. This book believes that the multi-level pension system intervenes in economic and social governance, not only to solve the difficulties faced by social governance in a specific period or to break down the barriers to economic development, but also to produce far-reaching humanistic ideas and trigger people's inherent pursuit of social fairness and justice, and also with the change of the main social contradictions in China, the people's living standards continue to improve, the public's expectation of the level and scope of the people's livelihood security system will be higher and higher, and people's understanding of social risks will be deeper and deeper. Therefore, in the period of profound changes in the internal and external environment and the period of frequent risks and challenges, we should speed up the innovation of China's multi-level pension system, and meet the people's multi-level diversified needs in the background of the modernization of the state governance system and governance capacity.

The contributions and innovations of this book are as follows:

Firstly, the analysis perspective of the book is fresh and makes up for the weak link that the multi-level pension system is rarely included in the research framework of the modernization of state governance in China's academic circles. Starting from the macro background of the modernization of the state governance system and governance capacity, this book systematically studies the reform, innovation and path optimization of the multi-level pension system from the specific perspective of economic and social governance, enriching and expanding the field of vision of the optimization of China's pension system. How to promote the optimization of the multi-level pension system and enhance the sustainable development capacity of pension is a major problem faced by the reform of pension systems in various countries in the world. At present, most of the research on this issue is from the perspective of population aging, public policy, intergenerational resource allocation, etc., while the research on modernization of state governance and specific economic and social governance is very scarce, the research of this book is a new and beneficial attempt.

Secondly, the research content of this book has important theoretical value and practical significance. At the theoretical level, the book systematically combs the relationship between the construction of the multi-level pension system and state governance, analyzes the essence and value pursuit of the multi-level pension system from the debate between the government and the market, and forms an analytical framework of " coupling and symbiosis" between the pension system and state governance under China´s specific circumstances. At the practical level, based on the new characteristics, new trends and new requirements of economic and social governance in the new era of China, this book systematically combs and summarizes the institutional change process of China´s multi-level pension integrating into the overall situation of economic and social governance since the founding of the people´s Republic of China, and explores a specific plan to optimize the multi-level pension system itself and help improve the country´s governance capacity.

Thirdly, the book highlights the need to promote the optimization of the multi-level pension system in a coordinated, efficient and pragmatic manner. The book highlights the overall, systematic and dynamic research on the optimization of the old-age insurance system, focusing on combining the optimization of the multi-level pension system with economic and social governance, with multi-party participation in improving the quality of pension services and supplies, and strengthening the wealth foundation on which the pension system depends for survival, and with strengthening cultural construction to improve the elderly financial literacy of the people. At the same time, it also emphasizes the parameter optimization, dynamic adjustment and interaction between different levels of the multi-level pension system itself.

Fourthly, the book adopts measurement, actuarial and other methods to supplement and verify the previous normative research and finds new impact mechanisms. This book first examines the impact and mechanism of the effectiveness of the multi-level pension system on economic and social governance, and on the basis of assessing the sustainability of the pension system and found that the improvement of the efficiency of the multi-level endowment insurance system can effectively promote the economic transformation measured by the upgrading of industrial structure and the social governance ability measured by the disposable income ratio of urban and rural residents. Human capital, innovation ability and resident savings have obvious intermediary effects on improving social governance ability, in the whole country, the efficiency of the multi-level pension system and the level of overall economic and social governance show obvious regional characteristics.

Key Words: **China's Multi-tiered Pension, Economic and Social Governance, Social Insurance Level, Fund Sustainability, System Optimization**

前　言

　　养老保险制度是现代国家的重要社会经济制度，国家治理是保障中国式现代化的发展成熟、创造新的文明形态亮点的重要支撑。习近平总书记强调，社会保障是保障和改善民生、维护社会公平、增进人民福祉的基本制度保障，是促进经济社会发展、实现广大人民群众共享改革发展成果的重要制度安排，是治国安邦的大问题。

　　在当前党中央擘画以中国式现代化全面推进中华民族伟大复兴的宏伟蓝图的时代背景，党的二十大报告明确提出"健全覆盖全民、统筹城乡、公平统一、安全规范、可持续的多层次社会保障体系"的政策背景，以及经济下行压力加大、人口老龄化叠加少子化、青年就业婚恋生育等问题相互交织的现实背景下，无论是在概念上、理论上还是政策上，都要求必须深刻阐明养老保险在推进中国式现代化特别是国家治理现代化过程中的重要地位，深刻揭示养老保险与民生改善、经济发展、社会稳定之间的深层逻辑关系，把养老保险的重要性提升到前所未有的战略高度。

　　纵观全球范围内养老保险制度和国家治理的发展史，良好、科学、高效的制度设计可以化解社会风险，并维护、促进国家治理，提升人民福祉，反之则可能引发国家治理领域的一系列危机。例如，德国、美国、英国等国家曾通过成功地建立、改革、优化养老保险制度解决了当时严重的国内问题，为资本主义制度的延续发展、经济的持续增长以及现代化水平的提升创造了相对稳定的社会条件；但也有国家因养老金问题侵蚀了国家治理的基石，法国就曾多次因养老金改革导致骚乱，黑夜站立、黄马甲运动、大规模罢工潮都让人历历在目，委内瑞拉、智利、巴西、阿根廷等拉美国家更是因为推行不符合本国实际情况的"福利赶超"（无节制提升国民福利）或养老金私有化改革而陷入国家治理无力的泥潭无法自拔。

　　我国在中国共产党的坚强领导下，从贫穷落后的农业国起步到全面建成小康社会，再到阔步迈上全面建设社会主义现代化强国新征途，在新中国 70 余年波澜壮阔的发展历程中建成了全球最大的养老保障体系，亦成为中国式现代化的重要组成部分。当前，我国养老保障制度改革已进入系统集成、协同高效的发展阶段，亟须从构建国家治理的新格局、助力经济社会长期可持续发展以及促进全体国民的民生福祉和个人全面发展的战略高度，直面新发展环境下多层次养老保障高质量发展的新问题和新挑战。

本书深入学习贯彻习近平新时代中国特色社会主义思想，立足系统观念的思想及研究方法，研究多层次养老保险体系的重大理论和关键政策问题，将多层次养老保险高质量发展融入国家治理现代化的战略前瞻，探索现代化国家治理和国家安全框架下的多层次养老保险可持续发展规律及优化路径。此外，本书还建立了协同治理框架，深入透析多层次养老保险制度内部，分析了基本养老保险基金的可持续性及其对国家治理能力的影响，在对西方国家养老保险制度融入国家治理的评价与反思的基础上，分析了要高度重视多层次养老保险制度发展对于弥合贫富差距、平衡不同群体收入分配关系、改善居民消费预期、提振有效需求、恢复和扩大消费，进而推动经济回升向高质量发展的重要作用，并提出了国家治理现代化背景下我国多层次养老保险制度的政策创新和路径优化建议。

当然，本书的研究只是养老保险与国家治理研究的一个开端，未来，我们还会深化对该领域的研究，期待和国内外学术界开展更为广泛深入的交流，期待和社会各界开展更多的合作！让我们一起携手，共同为中国式现代化做出积极贡献！

笔者

2023 年 8 月

目　录

1 导论

1.1 选题背景和研究意义

1.1.1 选题背景

众所周知，对于国家而言，养老保险制度是社会经济发展过程中的维系、润滑和稳定机制，属于国家宏观调控机制的范畴①，也属于目前国家治理的概念。一方面，养老保险制度作为经济政策引入国家治理，将影响个人的预算收入约束，推动个人在储蓄和劳动力供给方面进行最优决策，进而改变整个社会的储蓄率和劳动供给，进而影响宏观经济②；另一方面，养老保险制度作为社会政策引入国家治理，将有效克服人类个体自身的脆弱性、人口老龄化大趋势以及人类社会存在的市场失灵等现象，成为社会的"稳定器"，在促进社会公平正义中发挥重要作用③。然而不容忽视的是，当前，百年未有之大变局叠加此前的新冠疫情给各国的治理带来新挑战。政治层面，大国战略博弈成为常态并更趋激烈，各国在科技、经贸、意识形态等多领域封锁与反封锁、脱钩与反脱钩、斗争与合作将深刻改变未来全球政治经济格局，以美国为代表的大国以及主要经济体、主要军事强国间竞争性超过合作性态势明显；经济层面，全球范围内低增长、低通胀、低利率态势仍将延续，高负债、老龄化、结构性改革迟缓、收入差距

① 郑功成.社会保障学：理念、制度、实践与思辨［M］.北京：商务印书馆，2000年9月第1版，第179页。
② 封进.社会保险经济学［M］.北京：北京大学出版社，2019年6月第1版，第61页。
③ 郑功成.社会保障与国家治理的历史逻辑及未来选择［J］.社会保障评论，2017年第1期，第24-33页。

扩大等结构性问题将对中长期可持续增长形成制约，造成周期性因素与结构性因素相互关联，国际贸易和国际投资萎缩，大宗商品供给和价格持续动荡，产业链供应链循环受阻。在这样的国际宏观环境下，党的十九届四中全会站在新的历史起点，围绕"如何推进国家治理体系和治理能力现代化"这个时代命题，阐明了中国特色社会主义制度的显著优越性和强大生命力，强调要把制度优势转化为治理效能①。《中共中央关于坚持和完善中国特色社会主义制度 推进国家治理体系和治理能力现代化若干重大问题的决定》更是明确指出无论是经济治理还是社会治理，都属于国家治理体系的重要组成部分，要在国家治理现代化的框架下坚持和完善统筹城乡的民生保障制度，健全基本养老保险制度，发展商业保险，满足人民日益增长的美好生活需要②。特别是在需求收缩、供给冲击、预期转弱的三重压力之下，更应该贯彻习近平经济思想的精髓要义，加强统筹协调，坚持系统观念③，兜住兜牢民生底线，统筹推进经济发展和民生保障（含养老保险）、统筹推进疫情防控和经济社会发展④。这些重大任务和举措，始终贯彻着以人民为中心的发展思想的真理光芒，为我们不断保障和改善民生，完善多层次养老保险制度并提升国家治理能力指明了前进的方向。因此，可以看出，国家治理已经成为定义多层次养老保险制度的核心问题，既需要重视多层次养老保险制度的经济功能，又需要重视多层次养老保险制度的社会功能，更好实现多层次养老保险制度与经济社会治理的良性互动⑤。与此同时，在国家治理的框架下，不断完善优化多层次养老保险制度本身已经成为经济社会治理的重点问题⑥。

我们还必须看到，中国在全面建成小康社会之后，进入需要同时实现

---

① 评论员文章.把我国制度优势更好转化为国家治理效能：论学习贯彻党的十九届四中全会精神 [N].经济日报,2019 年 11 月 01 日 01 版。

② 中共中央.中共中央关于坚持和完善中国特色社会主义制度,推进国家治理体系和治理能力现代化若干重大问题的决定[EB/OL].新华网,http://www.xinhuanet.com/politics/2019-11/05/c_1125195786.htm,2019 年 11 月 5 日。

③ 成长春,汤荣光.以系统观念统筹谋划经济社会发展 [N].经济日报,2022 年 1 月 24 日第 10 版。

④ 白宇,赵欣悦.中央经济工作会议在北京举行：习近平李克强作重要讲话,栗战书汪洋王沪宁赵乐际韩正出席会议 [N].人民日报,2021 年 12 月 11 日第 01 版。

⑤ 林义,等.多层次社会保障体系优化研究 [M].北京：社会科学文献出版社,2021 年 12 月第 1 版,第 60-62 页。

⑥ 江小涓.当前中国经济社会治理的七项重点任务[EB/OL].人民网,http://theory.people.com.cn/n1/2020/0819/c40531-31828279.html,2020 年 8 月 19 日。

经济高质量发展中推进共同富裕的目标的新的历史阶段。在这个新的历史阶段，实现经济社会发展需要克服需求收缩、供给冲击、预期转弱三重压力，还要克服人口快速老龄化对经济增长的冲击。无论是需求、供给还是预期，抑或是积极应对人口老龄化，其核心始终无法脱离民众对未来特别是进入老年时期各种保险项目的经济保障能力的信心。而解决这些问题都需要养老保险制度在推进国家治理体系和治理能力现代化的进程中发挥作用。与此同时，习近平总书记明确提出我国必须坚决防止两极分化，推进共同富裕，实现社会和谐安定①。而扎实推动共同富裕，在经济治理领域关键在于合理调节社会财富分配格局，在社会治理领域核心在于实现更大程度的共建共治共享，养老保险制度作为免除社会成员生存危机和实现国民收入再分配的重要手段，是促进共同富裕不可或缺的制度安排。因此，养老保险制度的改革应更加注重基础性、普惠性、兜底性保障，坚持好养老保险制度与生俱来的公平性原则，不能设定过高的目标或者搞过头的保障，也不能保障不足，并有效克服公共产品可能遇到的"养懒汉""搭便车"、低效率和欺诈等问题，坚决防止落入"福利主义"陷阱。那么可以看出，新时代加快推进以养老保险制度等为主要内容的社会保障制度改革创新，构建具有中国特色的福利社会，是打破经济增长制约并推动共同富裕的关键之举，也是提升经济社会治理能力进而推进国家治理体系和治理能力现代化的重要任务。

此外不容忽视的是，2016 年 11 月，国际社会保障协会（ISSA）将"社会保障杰出成就奖"授予中国政府。国际社会保障协会也曾致信习近平主席，盛赞中国凭借强有力的政治承诺和诸多重大的管理创新，在社会保障扩面工作方面取得了举世无双的成就②，在这个过程中养老保险和医疗保险两大社会保险发挥了举足轻重的作用。协会秘书长康克乐伍斯基认为，如果不算中国，全世界社保覆盖面只有 50%，算上中国就达到 61%，中国将全球社会保障覆盖率拉升了 11 个百分点③。实际上，到目前为止，

---

① 习近平. 扎实推动共同富裕[EB/OL]. 求是网, http://www.qstheory.cn/dukan/qs/2021-10/15/c_1127959365.htm, 2021 年 10 月 15 日。

② 人力资源和社会保障部. 中国政府获"国际社会保障协会社会保障杰出成就奖"[EB/OL]. 人力资源和社会保障部网站, http://www.mohrss.gov.cn/SYrlzyhshbzb/dongtaixinwen/buneiyaowen/201611/t20161118_259793.html, 2016 年 11 月 18 日。

③ 唐胜宏. 中国为何能建成全球最大的社保网络？[EB/OL]. 人民网, http://politics.people.com.cn/n1/2019/1001/c429373-31382836.html, 2019 年 10 月 1 日。

我国已经建成了世界上最大范围的养老保险体系，覆盖人口超过10亿。然而遗憾的是，伴随着改革进入深水区，在养老保险制度理所应当被赋予增进民生福祉的宏观价值功能后，养老保险制度改革既需要确保效率也要维护公平，既需要鼓励竞争也需要保持底线，既需要尊重差异也需要凝聚共识。这些问题的本质，实际上就是在国家治理体系和治理能力现代化这个宏大的时代命题下，系统梳理养老保险制度改革的理论逻辑、历史逻辑和现实逻辑，进一步推动多层次养老保险制度系统性优化，更加有效地提高经济社会治理效能，更加有效地增进民生福祉。

1.1.2 研究意义

从理论意义的角度来看，政府与市场的关系一直是经济学领域重点关注的焦点问题，是贯穿经济学理论的重要主线。从古典经济学到新古典经济学，从马克思的政治经济学到凯恩斯的宏观经济学理论，关于政府与市场的角色定位、互动关系是其理论争论的重要方面。亚当·斯密是古典经济学的集大成者，他主张自由竞争，认为政府应当只负责充当"守夜人"角色，尽量减少干预。马克思则指出市场迫使人类疏远了自我，并认为在生产力与生产关系矛盾的动态发展过程中，阶级最终将不存在，最终将走向没有市场且按需消费的共产主义。新古典经济学的边际生产理论认为在完全竞争市场中，土地、劳动等生产要素将获得等于其边际产品价值的收益是一种正确的分配方式，而并非不劳而获；因此，剥削理论不成立。基于均衡理论，竞争性市场将导致一种帕累托最优状态。制度经济学派强调习惯、风俗、文化、心理等制度性因素在市场中的作用，并认为在应对经济交易的冲突中，政府的干预是必要的。凯恩斯认为，市场自动运行的通常结果是在低于充分就业的水平上形成均衡，因此需要政府的货币政策和财政政策进行适当的干预。由此可见，经济学理论关于政府与市场的关系没有一致合意的意见。中国正处于社会主义市场经济不断发展和完善的过程中，中国多层次养老保险体系也正处于构建、发展和优化的关键阶段。并且，多层次养老保障制度优化的核心问题便是政府与市场的关系抑或是两者之间的某种平衡，与此同时，多层次养老保险体系融入国家治理体系，核心问题也就落在与政府和市场的关系相对应的经济社会治理上来。因此，迫切需要结合中国的实际情况对政府、市场、社会、家庭和个人的边界和互动等问题进行深入探讨和研究，厘清西方国家以及中国的多层次养老保险与国家治理的理论逻辑、历史逻辑、现实逻辑、制度逻辑和制度集成的内在关联，提炼新时代中国国情以及中国国家治理现代化背景下的多层次养老保险制度的独有特征，科学确定其功能特征、实现形态和战略定位，探寻中国式现代化时代命题下的理论和政策创新机制。

从实践意义的视角来看，人口负增长叠加人口老龄化并存现实对健全多层次社会保障制度形成制约。根据联合国预测，2023 年为我国人口负增长"元年"，即意味着从经验来看，总储蓄将超过总消费，长期来看不利于经济增长；与此同时，在老年人口抚养比不断升高、老年人口数量绝对值不断增加的前提下，劳动年龄人口比例和数量的同步下降意味着社会保障需求持续增加的同时供给还在不断减少，这种人口结构的变化对健全多层次社会保障制度形成新挑战。因此，作为社会保障核心内容的养老保险，连同与老年人密切关联的医疗保险，其基金支出的绝对数额以及占国家财政支出的比例将不断上升，将深刻改变未来的国家财政收支结构。另外，信息社会、大数据等新业态新模式层出不穷，不仅会颠覆传统的生存方式、经济发展模式，而且会深刻影响和改变人们的价值理念、行为方式和文化传统。这一系列新环境、新挑战都将对我们如何实现老有所养、老有所依、老有所乐、老有所安提出严峻挑战，并将以前所未有的深度和广度影响国家治理的效能，影响国家和社会未来发展格局。国家治理体系和治理能力是一个国家的制度完备程度和执行能力的集中体现，不断提升国家治理现代化水平，使中国特色社会主义制度更加成熟、更加定型，是摆在我们面前的一项重大历史任务。因此，有必要从国家治理现代化的视角出发，深入探讨我国多层次养老保险制度优化与统筹经济社会发展的逻辑关系，并将多层次养老保险制度优化有机融入国家治理体系进行考量，进而不断推进国家治理体系和治理能力现代化。

1.2 相关文献综述

1.2.1 对多层次养老保险制度设计及运行规律的研究

多层次养老保险制度是在西方工业化国家逐渐形成并在 20 世纪 80 年代开始颇受重视的老年经济保障制度。从西方国家的研究历程来看，针对多层次养老保险制度的系统性研究始于 20 世纪 70 年代全球性经济危机后各国对养老保险结构性改革的重视。其中，各种国际组织对世界形势的预判和对养老保险多层次改革的追踪研究是多层次理论和实践发展的重要动力，而世界银行总结不同实践形态后提出的"三支柱"模式（World Bank，1994①）以及后来完善的"五支柱"体系是被引用较多的关于多层次内涵的研究（Holzmann and Hinz et al.，2005②）。

近年来国际组织对发达国家多层次养老保险制度改革的研究集中在三方面：一是现状追踪。国际社会保障学会（ISSA，2016）每两年对全球超过170个国家社会保障政策进行梳理研究和更新，总结不同发达国家多层次养老保险政策研究和制度设计的最新成果③，经济合作与发展组织（OECD）、欧盟（EU）和世界银行（World Bank）也对成员国各类养老金计划进行了系统性评估，成为关于发达国家多层次养老保险制度现状研究的重要补充，但这些研究基本上定位于对发达国家多层次政策的介绍和评估。二是制度优化。世界银行指出名义账户（NDC）引入多层次体系是有效应对人口老龄化和金融市场脆弱性的重要措施之一，匹配缴费（MDC）在发达国家私人养老金计划扩面中成效显著（Holzmann et al.，2013）④。三是环境预判。针对多层次养老保险制度改革创新的大环境，国际劳工组织（ILO，2017）关注金融危机和经济全球化对全球劳动力市场的挑战，强调发达国家面临的国际移民问题和社会保护问题⑤；面对全球经济发展低速化、人口结构变化和劳动力市场转型，国际社会保障学会（ISSA，2016）指出欧洲国家未来养老金的主要问题是根本性变革和制度可持续，

---

① World Bank，Averting the Old Age Crisis：Policies to Protect the Old and Promote Growth，Oxford：Oxford University Press，1994，pp. 2-14.

② Robert Holzmann and Richard Hinz，Old Age Income Support in the 21st Century：An International Perspective on Pension Systems and Reform，Washington：The World Bank，2005，pp. 1-4.

③ ISSA（The International Social Security Association）. The Americas：Strategic approaches to improve social security Developments and Trends 2016 [R]. The International Social Security Association，Geneva，pp. 1-10.

④ Hinz，Richard and Holzmann，Robert et al.（ed.）. 2013. Matching Contributions for Pensions：A Review of International Experience. Washington，DC：World Bank.

⑤ ILO（International Labor Organization）. World Employment and Social Outlook：Trends 2017 [R]. International Labor Office，Geneva，2017（01），pp. 9-12.

美洲国家则是制度扩面和社会公平①；经济合作组织（OECD，2016）② 和欧盟（EU，2015）③ 则认为在全球养老金整体削减的趋势下，应致力于私人养老金计划的精细化管理和运营效率的提升。

国内学界关于多层次养老保险制度的研究可以追溯至 20 世纪 80 年代，以中国社会科学院周弘为代表，有学术成果相继对世界尤其是欧美发达国家的社会保障制度作全面介绍和比较研究，随着全球经济环境的变化和养老保险战略地位的凸显，对发达国家多层次体系研究更加丰富，呈现趋势化、区域化特征。总体上，我国多层次社会保障体系建设亟待统筹规划与分层分类协同推进，尽快优化并实现法定保障制度定型且全面覆盖，合理设计多层次体系的结构与功能定位是制度优化的关键，而重点任务则是理性有序地推进养老保险、医疗保障、养老服务、社会救助、住房保障等骨干项目的多层次化（郑功成，2019）④。

国内比较有代表性的研究主要集中在以下四个方面：一是关于多层次养老保险发展的趋势及动因研究。从历史发展看，加快推动养老保险制度创新和模式改革已成为全球性趋势和共识，这是"二战"后世界发展模式转换的结果（胡德坤，2005）⑤。从趋势研判看，金融危机后发达国家在养老保险领域的资源投入总体呈削减之势，并向二、三层次养老保险计划拓展（彭姝祎，2016）⑥；全球经济放缓、发达国家潜在经济增速甚低、金融市场不确定和人口老龄化等因素将持续加重养老金计划压力（张宇燕，2016）⑦。从政府与市场关系看，未来多层次养老保险协同发展将以公私合

---

① ISSA（The International Social Security Association）. The Americas：Strategic approaches to improve social security Developments and Trends 2016 [R]. The International Social Security Association, Geneva, pp. 22-31.

② OECD. OECD Pensions Outlook 2016 [R]. OECD Publishing, Paris, 2016（12），pp. 60-88.

③ Sumner, Pamies. 2016. Pension Reforms in the EU since the Early 2000′s：Achievements and Challenges Ahead. Discussion Paper 042, Publications Office of the European Union.

④ 郑功成. 多层次社会保障体系建设：现状评估与政策思路 [J]. 社会保障评论，2019 年第 1 期，第 3-29 页。

⑤ 胡德坤. 第二次世界大战与世界发展模式的转换 [J]. 烟台大学学报（哲学社会科学版），2005 年第 3 期，第 255-258 页。

⑥ 彭姝祎. 世界社会保障发展走向——"中国社会保障学会世界社会保障研究分会 2016 年年会"综述 [J]. 欧洲研究，2016 年第 3 期，第 150-154 页。

⑦ 张宇燕. 行进在礁石和浅滩中的全球经济 [J]. 全球化，2016 年第 2 期，第 60-62 页。

作（PPP）为导向，凸显"有为政府+有效市场"的改革取向（孙祁祥等，2015）①。二是关于多层次养老保险的内涵和难点的研究。有学者较早提出多层次养老保险制度的理论探讨，认为多层次模式将成为各国在21世纪的典型目标模式（林义，1992）②，也有学者提出了我国应加快多层次养老保险制度改革发展以及创新优化战略的顶层设计、战略目标和具体措施等设计思路（郑功成，2011）③，具体可拓展为唯有综合考量经济、社会、文化、技术等多因素，探索基于新发展环境下的路径优化策略，方能找到适合中国国情的多层次养老保险可持续发展之路（林义，2017）④。与此同时，还必须看到构建"多层次混合型"养老保险体系的必然性和商业养老保险在多层次养老保险架构中的重要性，重视当前第三支柱制度设计存在的激励不足等若干问题（郑秉文，2018）⑤。三是关于对西方国家多层次养老保险改革的比较研究。从改革驱动层面来讲，人口老龄化、经济增长低速化暴露了"高福利—高成本"的制度缺陷，福利国家危机使欧洲各国相继由单一福利模式向混合型福利模式转变，市场力量加强（周弘，1996）⑥；有别于欧洲的是，美国的多层次养老保险体系在20世纪呈现"低税收—低保障"特征，私人年金市场发达（李珍，1997）⑦，加拿大的福利提供模式则可以总结为融合了北欧制度型模式与美国剩余型模式（仇雨临，2004）⑧。从制度效能和作用层面来讲，多层次养老保险制度对于减缓社会冲击、熨平经济周期、维持居民生产和消费水平的"缓解效应"在莱茵模式和北欧模式上表现较好，主权债务危机后德国和瑞典经济正增长

---

① 孙祁祥，锁凌燕，郑伟. 社保制度中的政府与市场——兼论中国 PPP 导向的改革 [J]. 北京大学学报（哲学社会科学版），2015 年第 3 期，第 28-35 页。

② 林义. 论多层次社会保障模式 [J]. 中国保险管理干部学院学报，1994（01）：1-10.

③ 郑功成. 中国社会保障改革与发展战略（总论卷）[M]. 北京：人民出版社，2011 年，第 25-26 页。

④ 林义. 中国多层次养老保险的制度创新与路径优化 [J]. 社会保障评论，2017 年第 3 期，第 29-42 页。

⑤ 郑秉文. "多层次混合型"养老保障体系与第三支柱顶层设计 [J]. 社会发展研究，2018 年第 2 期，第 75-90 页。

⑥ 周弘. 丹麦社会保障制度：过去、现在和未来 [J]. 中国农村观察，1996 年第 2 期，第 32-36 页。

⑦ 李珍. 美国社会保障制度改革与经济增长 [J]. 经济社会体制比较，1997 年第 6 期，第 41-45 页。

⑧ 仇雨临. 加拿大社会保障制度对中国的启示 [J]. 中国人民大学学报，2014 年第 1 期，第 57-63 页。

明显，而盎格鲁-撒克逊和地中海国家增长为负（丁纯 等，2012）①。从制度设计层面来讲，有学者探讨了名义账户制（NDC）在欧盟国家的适用性，认为强化二、三层次养老金制度、创新筹资模式是多层次改革的关键（郑秉文，2011）②。

1.2.2 对多层次养老保险制度与治理体系互动关系的研究

从西方国家理论和实践的探索来看，享誉世界的"现代管理学之父"彼得·德鲁克从经济社会发展的宏观视角出发，早在 1976 年就预测养老金所有权对美国公司治理和美国经济总体结构将产生深刻的影响，养老金和社会保险将成为美国未来经济和社会的核心问题③。艾斯平-安德森（1990）发现古典政治经济学对福利和资本关系的争论主要集中在市场和国家的关系上，并指出不同的福利国家都面临着究竟应由市场还是国家来提供充分的和满足中产阶级期望福利的给付问题④。国际劳工组织（ILO，1988）提出了实现良好社会治理和构建养老金体系的一系列原则，即社会对话、广覆盖、群体平等、性别平等、促进社会团结、待遇充足、行政有效率且成本可控、社会力量参与管理、国家监督和财务可持续性⑤。

在研究关注的核心内容层面，以建设积极、健康的社会保障体系为发展目标，与时俱进地优化制度结构，实现多元主体共建共治，再造高效率的运行机制，是以多层次养老保险制度为核心内容的社会保障机制在国家治理中发挥更为重要作用的必由之路（郑功成，2017）⑥。与此同时，社会保障是国家治理的核心社会机制、主要经济工具、必需的政治杠杆、关键

---

① 丁纯，陈飞．主权债务危机中欧洲社会保障制度的表现、成因与改革——聚焦北欧、莱茵、盎格鲁-撒克逊和地中海模式 [J]．欧洲研究，2012 年第 6 期，第 1-20 页。

② 郑秉文．欧债危机下的养老金制度改革——从福利国家到高债国家的教训 [J]．中国人口科学，2011 年第 5 期，第 2-15+111 页。

③ ［美］彼得·德鲁克．养老金革命 [M]．沈国华，译，北京：机械工业出版社，2019 年，第 3-21 页。

④ ［丹麦］考斯塔·艾斯平-安德森．福利资本主义的三个世界 [M]．郑秉文，译，北京：法律出版社，2003 年 11 月第 1 版，第 22-28 页。

⑤ Whitaker, T. Social Security Principles [M]. Geneva：International Labour Office, 1988, pp. 1-17.

⑥ 郑功成．社会保障与国家治理的历史逻辑及未来选择 [J]．社会保障评论，2017 年第 1 期，第 24-33 页。

"利器"以及参与全球治理的重要手段（中国社会保障学会理论研究组，2017）①。我国在已经建成世界上最大的养老保险体系的基础上，还要进一步提高决策层级、促进制度成熟定型、提升制度的灵活性及开放性、加强服务体系建设，以构建相对集中的管理体制（单大圣，2019）②。在中国社会转型期，社会冲突在政治、经济、社保、教育等多个领域发生，各个主体间的不信任也更趋明显，针对多层次养老保险的社会管理向社会治理转变，既不能完全依赖于市场导向也不能完全依赖国家导向，更不能完全交由社会自行处理，应建立政府主导下的社会多元治理机制（刘金发，2014）③。

在研究方法层面，伴随着对社会保障理论和实践研究的不断深入，越来越多的学者认识到对于社会保障的研究，不应将眼光仅停留在机制的借鉴和取舍以及模式的选择等方面，而应从制度本身跳脱出来，从国家治理的大局出发，站在更高的层面审视该问题。有学者认为探索具有中国特色的养老保险制度，应运用制度分析的方法，从经济、社会、文化、历史等更加广阔的视角来分析这一制度安排（林义，1997）④，需跳出社保本身来研究社保，处理好社保与教育、就业、社会治理、国家治理等的关系（童星，2017）⑤。当然，也有学者以制度理性和政治实践为切入点，结合社会保障制度的属性以及其在社会治理创新中的地位，从社会治理创新的视角出发，给出了转变理念、强化能力、加强立法等社会保障制度建设的优化路径（李玉娇，2016）⑥；还有学者从"反思性现代化"这一视角对我国当前社会风险管理体系进行分析，对社会风险管理体系的产生、发展、演化等过程进行分析，从而建立起适应我国当前社会经济形势的社会风险管

---

① 中国社会保障学会理论研究组. 中国社会保障推进国家治理现代化的基本思路与主要方向 [J]. 社会保障评论，2017 年第 3 期，第 3-16 页。

② 单大圣. 中国建成世界最大社会保障体系后的政策选择 [J]. 北京航空航天大学学报，2019（2）：27-33。

③ Jinfa Liu. From social management to social governance: social conflict mediation in China [J]. Journal of Public Affairs,, Vol. 14, 04/4, pp. 93-104.

④ 林义. 社会保险理论分析的新视角——兼论制度分析方法论的意义 [J]. 社会学研究，1997 年第 4 期，第 48-55 页。

⑤ 童星. 国家治理现代化进程中的社会保障 [J]. 社会保障评论，2017 年第 3 期，第 17-28 页。

⑥ 李玉娇. 制度理性—政治实践：社会治理创新下中国社会保障的定位与路径选择 [J]. 行政科学论坛，2016 年第 5 期，第 35-40 页。

理体系的分析框架（黄英君，2018）①；另外也有学者从社会治理的视角分析我国农村社会保障体系建设存在制度、责任、结构等多方面困境，提出要以社会治理创新为视角，从加强顶层设计、进一步优化资源配置等方面持续完善农村社会保障制度（秦继伟，2018）②，同时，通过制度和行动上的"去地方化"，养老保险才能更好地发挥其功能（王春光，2015）③。

在多层次养老保险制度的改革如何融入整体的国家治理体系层面，针对福利国家治理危机，世界银行站在整个经济社会可持续发展的高度，强调在人口加速老龄化和少子化的大背景下，养老保险制度不应只关注老年人本身，提出了建立养老保险"三层次"体系的建议（World Bank，1994）④，随后在总结以往改革发展经验的基础上，又进一步拓展优化凝练形成了养老保险"五层次"的制度设计构想（Holzmann and Hinz et al.，2005）⑤。此外，有学者认为设计良好的养老保险制度除了应减少老年贫困和维系老年人退休后的基本生活外，还应促进制度本身的稳定可持续发展；在多层次养老保险体系中，雇主与雇员都应主动参与，富人与穷人均能从该体系中获益，同时还应关注该制度所依赖的文化与历史环境，而最优的养老保险体系设计往往与政府的诚信度和治理水平密切相关（Robert L. Brown，2008）⑥。亦有学者在总结国际劳工组织（ILO）观点的基础上，提出养老保险政策设计应遵循一系列原则进而确保保障体系的普惠性、综合性和广覆盖，其中一条重要的原则就是应具备良好的治理能力并实现保障体系的公平公正和可持续发展，同时也应推动保障体系自身得到有效的

①　黄英君.公共管理视域下的社会风险管理体系培育：战略、逻辑与分析框架 [J].行政论坛，2018 年第 3 期，第 104-111 页。

②　秦继伟.社会保障的多重困境与优化治理 [J].甘肃社会科学，2018 年第 3 期，第 16-22 页。

③　王春光.制度—行动：社会治理视角下的中国社会保障建设 [J].探索与争鸣，2015 年第 6 期，第 12-17 页。

④　World Bank，Averting the Old Age Crisis：Policies to Protect the Old and Promote Growth，Oxford：Oxford University Press，1994，pp. 2-14.

⑤　Robert Holzmann and Richard Hinz，"Old Age Income Support in the 21st Century：An International Perspective on Pension Systems and Reform"，Washington：The World Bank，2005，pp. 1-4.

⑥　Robert L. Brown. Designing a social security pension system [J]. International Social Security Review，Vol. 61，2008（01），pp：61-79.

管理和正常的运转（Behrendt, Nguyen and Ran, 2019）[1]。同时，学者们认为养老保险与政治、经济、社会、文化高度关联，多支柱体制深受政治经济力量的制约（Holzmann and Stiglitz, 2001）[2]；养老金投资受到环境、社会以及经济治理因素的制约，还和投资者是否愿意选择长期且有效投资，以及投资者对中央、地方政府的信心，投资机构、政策制定者的互动程度密切相关（Ole Beier Sørensen and Stephanie Pfeifer）[3]；而对于公共养老金管理，政府层面更多的政治和行政介入往往会导致管理委员更倾向于降低折现率，而工会的覆盖面和意识形态往往对折现率没有实质性影响（Wang and Peng, 2018）[4]。

在多层次养老保险聚焦到经济治理和社会治理层面，无论是关于经济治理和养老保险制度改革的研究，还是社会治理和养老保险制度改革的研究，一直受到国内外学界和社会各界的广泛关注。从经济治理的视角看养老保险制度，一部分文献认为，较高的养老保险投入和水平可能会对经济增长产生抑制效应，会增加企业成本并推动创新力下降，"保民生"和"促增长"之间往往存在矛盾（贾俊雪 等，2011[5]；Krishnan et al., 2014[6]；赵健宇 等，2018[7]）。还有一部分文献认为，保持相对合理的养老保险水平和相对合理的社会保障模式以及提高人力资本，有利于激发企业家精神并促进经济增长，包括在特定时期的制度转轨的经济效应也是正面

---

① Christina Behrendt, Quynh Anh Nguyen and Uma Ran. Social protection systems and the future of work: Ensuring social security for digital platform workers [J]. International Social Security Review, Vol. 72, 2019 (03), pp. 17–41.

② Robert Holzmann and Joseph E. Stiglitz. New Ideas about Old Age Security: Toward Sustainable Pension Systems in the 21st Century [R]. Washington: The World Bank, 2001, pp. 1–16.

③ Ole Beier Sørensen and Stephanie Pfeifer. Climate change issues in fund investment practices [J]. Social Security Review, Vol. 64, No. 4, 2011, pp. 57–71.

④ Qiushi Wang and Jun Peng. Political Embeddedness of Public Pension Governance: An Event History Analysis of Discount Rate Changes [J]. Public Administration Review, Vol. 78, Iss. 5, 2018, pp. 785–794.

⑤ 贾俊雪，郭庆旺，宁静. 传统文化信念、社会保障与经济增长 [J]. 世界经济，2011 年第 8 期，第 3–18 页。

⑥ Krishnan, K., D. K. Nandy and M. Puri, 2014, "Does Financing Spur Small Business Productivity? Evidence from a Natural Experiment", Review of Financial Studies, vol28 (6), pp. 1768–1809.

⑦ 赵健宇，陆正飞. 养老保险缴费比例会影响企业生产效率吗? [J]. 经济研究，2018 年第 10 期，第 97–112 页。

的（郑伟、孙祁祥，2003[①]；郭凯明、龚六堂，2012[②]；陈曦、边恕 等，2018[③]）。同时，还有部分学者认为地方政府养老保险征缴存在逐底竞争现象，即地方政府为了经济增长、吸引外资，会展开激烈竞争，出现征缴强度与外资流入明显负相关（周黎安，2007[④]；彭浩然、岳经纶 等，2018[⑤]）。从社会治理的视角看养老保险，一部分文献认为养老保险与政治、经济、社会、文化高度关联，包括多层次养老保险制度在内的社会保障制度的改革既不能完全市场导向，也不能完全国家导向，更不能完全交由社会自行处理，而是要把握好制度安排的内在制约因素和运行轨迹，寻找具有中国特色的社会保障制度分析框架（林义，1997[⑥]；Holzmann et al.，2001[⑦]；Ole et al.，2011[⑧]；刘金发，2014[⑨]）。还有一部分文献认为，具有社会"稳定器"的养老保险是国家治理的必要手段和重要工具，要重视治国必先安民，安民必重社保的历史逻辑与理论逻辑，注重突出以人民为中心的发展理念和共建共享共治的社会治理理念，理性客观辩证地认识包括养老保险制度在内的社会保障制度的治理功能，把握好中央政府主导、尊重互助共济基本规律、破除部门和地区本位主义、与时俱进完善制度的原则，从国家治理体系和治理能力现代化的全局推进制度和体系建设（中国社会保障学会理论研究组，2017[⑩]）。

---

① 郑伟，孙祁祥. 中国养老保险制度变迁的经济效应［J］. 经济研究，2003 年第 10 期，第 75-93 页。

② 郭凯明，龚六堂. 社会保障、家庭养老与经济增长［J］. 金融研究，2012 年第 1 期，第 78-90 页。

③ 陈曦，边恕，范璐璐，韩之彬. 城乡社会保障差距、人力资本投资与经济增长［J］. 人口与经济，2018 年第 4 期，第 77-85 页。

④ 周黎安. 中国地方官员的晋升锦标赛模式研究［J］. 经济研究，2007 年第 7 期，第 36-50 页。

⑤ 彭浩然，岳经纶，李晨烽. 中国地方政府养老保险征缴是否存在逐底竞争？［J］. 管理世界，2018 年第 2 期，第 103-111 页。

⑥ 林义. 社会保险理论分析的新视角——兼论制度分析方法论的意义［J］. 社会学研究，1997 年第 4 期，第 48-55 页。

⑦ Robert Holzmann and Joseph E. Stiglitz. "New Ideas about Old Age Security: Toward Sustainable Pension Systems in the 21st Century", Washington: The World Bank, 2001, pp. 1-16.

⑧ Ole Beier Sørensen and Stephanie Pfeifer. Climate change issues in fund investment practices［J］. Social Security Review, Vol. 64, No. 4, 2011, pp. 57-71.

⑨ Jinfa Liu. From social management to social governance: social conflict mediation in China［J］. Journal of Public Affairs,, Vol. 14, 04/4, pp. 93-104.

⑩ 中国社会保障学会理论研究组. 中国社会保障推进国家治理现代化的基本思路与主要方向［J］. 社会保障评论，2017 年第 3 期，第 3-16 页。

在养老保险治理体系优化层面，学者们认为在多层次养老保险治理体系中，管理机构多元化和有效分权以及建立适应当地情况的养老保险基金管理的自治制度（雇员代表、雇主代表、政府机构、基金管理委员会有效制衡）有助于提升基金的可持续水平和公共服务质量，并提高信息传递水平（Ahmadou Yéri Diop, 2003）[1]，而良好治理体系的一个重要特征就是能够有效地回应民众对于老年经济保障的需求和预期，这是确保养老保险制度能够取得预期的制度效能并为经济增长做出贡献的不可或缺的因素，是实现社会保障政策与劳动政策有机协同，帮助人们获得工作机会、减少贫困以及增强社会保护的重要工具（Barr, 2005[2]；Musalem and Ortiz, 2011[3]）。另外，国家治理和养老保险互动过程中的第三方协商机制对于维持有效的政府治理、强化政策协同、消化改革成本以及优化收益分摊也起着至关重要的作用（Ghellab, Varela, Woodal, 2011）[4]。当前社会治理以及政府机构改革的首要任务是构建有效的社会福利和社会公平体系，在为国家整体社会保障体系构建提供体制支撑的过程中，标准化应该成为相关部门设计政策的一个重要参量（Karayev, 2016）[5]。同时绝大多数 OECD 国家都设计了内外部相结合的治理机制和管控措施，用以确保对养老基金强有力的管理并避免政府当局对养老金过分的政治干预，它们认为还应高度重视养老金管理的问责制、适宜性和透明度，只有如此，才能确保养老基金的长期投资收益以及整个社保体系的偿付能力（Juan Yermo, 2008）[6]。也有学者认为在社会福利管理机构中引入多元社会治理元素，将使得职能分工更加明确，治理结构更加清晰，工作氛围得到优化，社会参

① Ahmadou Yéri Diop. Governance of social security regimes: Trends in Senegal [J]. International Social Security Review, 56 (3-4), 2003 (10), pp. 17-23.

② Barr, N. Social security: Toward newfound confidence. Geneva, Preface in R. Levinsky and R. McKinnon (eds.), International Social Security Association, Geneva, 2005, pp. Ⅴ-Ⅷ.

③ Alberto R. Musalem and Maribel D. Ortiz. Governance and social security: Moving forward on the ISSA good governance guidelines [J]. International Social Security Review, 64 (4), 2011 (10), pp. 9-35.

④ Youcef Ghellab, Nancy Varela and John Woodal. Social dialogue and social security governance: A topical ILO perspective [J]. International Social Security Review, Vol. 64, No. 4, 2011, pp. 39-56.

⑤ Karayev, Alipasha Agahanovich et al. Public Administration of Social Security in the Republic of Kazakhstan [J]. Journal of Advanced Research in Law and Economics, Volume VII, Issue 5 (19), 2016, pp. 1051-1057.

⑥ Juan Yermo. Governance and Investment of Public Pension Reserve Funds In Selected OECD Countries [J]. Financial Market Trends, 01 Jan 2008, pp. 133-161.

与度提升且政府合法性增强（Verdeyen and Buggenhout，2003）[1]，而养老保险治理体系本身也可以看作组织架构和行政流程的一个重要组成部分，治理能力和制度设计或多或少决定了社保服务的质量和受众的收益，政策制定者、公民社会、行政官僚、同僚、行政官僚的服务对象、雇主、雇员、基层公务员、公民、工人之间的良好互动将有助于改革多层次养老保险管理流程和提升政策效能（Roddy McKinnon，2016）[2]。

在针对特定国别的研究方面，总体而言，包括养老保险制度在内的社会保障制度是中西方国家进行国家治理时的共同选择，该制度在中西方国家的基本原理是趋同的，但由于具体国情的不同，其在理念、目标、路径、责任划分、管理模式等方面呈现出显著差异（丁建定，2019）[3]。有学者通过国家治理的视角，分析了中国国内农民工的社会权利和覆盖面，认为地方政府在执行中央政府养老保险制度时存在困难，对农民工吸引力较大且经济较发达地区更容易保留对农民工的歧视政策，若没有足够的资金支撑，更加有效针对农民工的国家治理体系变革便不会发生（Davies and Ramia，2008）[4]。有学者以日本为例，认为其养老金管理首要的问题就是治理结构弱化，突出表现为忽略了养老保险参与者的角色定位和重要作用，而事实上，养老保险的参与者、社会保险代理机构以及厚生劳动省之间严格且明确的权责划分是必不可少的（TAKAYAMA，KITAMURA，2009）[5]。此外，良好的社会组织发育是构成优质社会治理体系的基础，中国多层次养老保险制度优化在一定程度上可以学习借鉴德国在构建社会保障体系中社会组织所发挥的作用（王震，2016）[6]。

---

① Vanessa Verdeyen and Bea Van Buggenhout. Social governance：Corporate governance in institutions of social security, welfare and healthcare [J]. International Social Security Review, Vol. 56, 2003 (02), pp. 45-63.

② Roddy McKinnon. Introduction：Pursuing excellence in social security administration [J]. International Social Security Review, Vol. 69, 2016 (3-4), pp. 5-19.

③ 丁建定. 作为国家治理手段的中西方社会保障制度比较 [J]. 东岳论丛, 2019 年第 4 期, 第 27-33 页。

④ Gloria Davies and Gaby Ramia. Governance Reform towards "Serving Migrant Workers"：The Local Implementation of Central Government Regulations [R]. The China Quarterly, 2008, pp. 140-149.

⑤ Noriyuki TAKAYAMA and Yukinobu KITAMURA. How to Make the Japanese Public Pension System Reliable and Workable [J]. Asian Economic Policy Review, 2019 (04), pp. 97-116.

⑥ 王震. 德国社会保障体系中的社会组织 [J]. 国际经济评论, 2016 年第 1 期, 第 90-102 页。

1.2.3 对治理水平和制度优化水平测度的研究

针对治理水平评估的研究。目前笔者还没有发现国际上直接的仅仅针对经济、社会治理水平的评价研究，但推广到国家治理或者社会治理的层面，国际上流行的治理评价体系大致可分为四类。一是联合国开发的评价指标体系，主要包括民主治理指标框架、人类发展报告、人文治理指标（HGI）和民主治理测评体系；二是多边机构治理评价指标体系，主要包括世界银行主导的世界治理指标（WGI）、治理与反腐败观察、国家政策与制度评估，以及经济合作与发展组织倡导的人权与民主治理测评指标框架，其中 WGI 在国内较为流行，也有学者直接使用 WGI 开展了一系列国家治理的理论和实证研究[①]；三是双边机构的治理评估，包括英国海外发展组织（ODI）主推的世界治理评估、美国国际开发署（USAID）提出的民主与治理框架，以及荷兰国际关系研究所倡导的治理与腐败评估（GA-CA）；四是第三方独立机构的治理评估，包括自由之家的"世界自由指数"、世界经济论坛的"全球治理倡议"、民主与选举援助组织的"民主评估"等[②]。国内有代表性的研究主要包括三类：一是针对国家治理评价方法的研究，在当代中国特定情境下，需要围绕"体系""能力"和"现代化"这三个关键词，把握国家治理评估与地方治理评估、政府治理评估与社会治理评估的比较特征；将执行力作为治理能力评估的重要维度，采用静态评估与动态评估相结合、客观评估与主观评估相结合的方法；将依法治国作为治理现代化指标设计的重要导向，在操作设计方面真正体现现代化的特征（陈志勇，2015）[③]。二是针对国家治理评价指导思想和原则的研究，国家治理能力不仅仅体现在处理"政府—市场—社会"所构成的政治关系上，也体现在"社会支持—制定政策—政策执行"的全政治过程之中，衡量国家治理能力，首先取决于执政党对治国理政内在规律的认识和把握（杨光斌，2019）[④]。三是针对国家治理评价具体指标的研究，有学者

---

① 何国华，童晶.国家治理体系完善有助于促进金融稳定吗？——基于全球 214 个国家的数据检验 [J].经济管理，2018 年第 12 期，第 5-20 页。

② 俞可平.关于国家治理评估的若干思考 [J].华中科技大学学报（社会科学版），2014 年第 3 期，第 1-2 页。

③ 陈志勇，卓越.治理评估的三维坐标：体系、能力与现代化 [J].中国行政管理，2015 年第 4 期，第 79-84 页。

④ 杨光斌.衡量国家治理能力的基本指标 [J].前线，2019 年第 12 期，第 45-48 页。

认为国家兴亡，在一定程度上取决于国家治理商数的高低，即"治商"，系以商数形式衡量国家治理水平的数量指标，其数值是国家治理体系中国家治理能力与国家治理成本的比值（江必新，2015）[①]；而中共中央编译局的相关课题组则提出一个包含人类发展、社会公平、公共服务、社会保障、公共安全和社会参与六个基本维度的中国社会治理评价指标体系，体现了民主、法治、公平、正义、稳定、参与、透明、自治等社会治理的重要价值和理念[②]。

针对多层次养老保险制度建设、制度改革抑或是优化的评估，目前一般会采用政策保障水平的概念，即用多层次养老保险制度保障水平来测度。目前国内比较有代表性的研究主要包括三类：一是提出养老保险制度保障水平测量的基本原则和标准，即生存公平是"保障适度"的下限标准，劳动公平是"保障适度"的上限标准，应着力推动城乡居民养老保险的适度发展，推动职工社会保障费率适度降低，统筹好养老保险全国统筹的地区间收入再分配均衡问题（穆怀中，2019）[③]。二是提出具体的养老保险水平测量方法，按照人口结构理论和 Cobb-Douglas 生产函数，提出了养老保险制度保障水平测定模型，即 $S = Sa/W \cdot W/G = Q \cdot H$，$S$ 代表养老保险制度保障水平；Sa 代表养老保险支出总额；W 代表工资收入总额；G 代表国内生产总值；Q 代表养老保险支出占工资收入的比重，即养老保险负担系数；H 代表工资收入占国内生产总值的比重，即劳动生产要素投入分配比例系数（穆怀中，1997）[④]；也有学者指出，养老保险制度在发展初期，其增长水平低于经济增长水平，在养老保险制度高度发达乃至危机时期，其增长水平高于经济增长水平，并提出养老保险增长率和 GDP 增长率的比值 $CSS = RSSL/RGDP$，用类似于经济学意义上弹性的概念来测量养老保险水平（杨翠迎、何文炯，2004）[⑤]。三是针对养老保险制度保障水平的国际比较，财政部社会保障司课题组在 2007 年曾经对部分 OECD 国家、部

---

① 江必新，邵长茂. 论国家治理商数 [J]. 中国社会科学，2015 年第 1 期，第 102-118 页。

② "中国社会管理评价体系"课题组. 中国社会治理评价指标体系 [J]. 中国治理评论，2012 年第 2 辑，第 2-29 页。

③ 穆怀中. 社会保障的生存公平与劳动公平——"保障适度"的两维度标准 [J]. 社会保障评论，2009 年第 2 期，第 3-13 页。

④ 穆怀中. 社会保障适度水平研究 [J]. 经济研究，1997 年第 2 期，第 56-63 页。

⑤ 杨翠迎、何文炯. 社会保障水平与经济发展的适应性关系研究 [J]. 公共管理学报，2004 年第 1 期，79-85 页。

分其他国家以及我国的养老保险制度保障水平进行了横向对比，认为养老保险支出水平随经济发展和人口老龄化发展而逐步提高已成为普遍趋势且发达国家基本处于稳态，我国养老保险制度发展水平还落后于发达国家，在发展中国家处于中间位置[①]；另有学者借鉴欧盟社会保障统计体系，对我国包括养老保险在内的社保支出进行了横向比较、研究和测算，结果显示我国社会保障支出规模不断扩大，发展速度处于高位，社会保障支出构成与欧盟相似，但人均水平与欧盟有较大差距（察志敏 等，2017）[②]。此外，我们还必须注意的是，除了使用多层次养老保险制度保障水平测度制度优化水平外，还有学者强调多层次养老保险的可持续发展也是制度优化的重要方面。例如，有学者指出伴随着人均预期寿命的延长，个人账户的基金余额将不能满足职工退休后的需求，应尽快推动政策创新并实施渐进式的延迟退休方案，否则养老保险制度的可持续性将面临严峻挑战（张畅玲 等，2003[③]；梁宏，2015[④]）；还有学者利用保险精算和会计平衡原理或者采取不同条件下的养老金调整方案，从财务可持续性和待遇充足性双重视角检验制度的有效性并对缺口进行测算，评估了养老金未来的收支缺口，认为确保养老保险制度的长期可持续并推进制度加快参数调整和持续改革优化对于整个社会经济协同发展具有重要的现实意义（王晓军，2013[⑤]；周娅娜，林义，2017[⑥]）。

1.2.4 国内外相关研究评述

在全球化背景下，发达国家多层次养老保险制度改革面临的复杂环境和改革实践引起国内外学界的高度重视，国外学者主要围绕着政府与市场

---

① 财政部社会保障司课题组. 社会保障支出水平的国际比较 [J]. 财政研究，2007 年第 10 期，第 36-42 页。

② 察志敏，等（社会支出统计指标及可行性研究"课题组）. 我国与欧盟社会保障支出对比分析 [J]. 调研世界，2017 年第 9 期，第 10-13 页。

③ 张畅玲，吴可昊. 基本养老保险个人账户能否应对老龄化 [J]. 中国人口科学，2003 年第 2 期，第 53-58 页。

④ 梁宏. 延迟退休对减少基础养老金支付的效果——基于未来人口年龄结构的探讨 [J]. 南方人口，2015 年第 3 期，第 45-56 页。

⑤ 王晓军，米海杰. 养老金支付缺口：口径、方法与测算分析 [J]. 数量经济技术经济研究，2013 年第 10 期，第 49-62 页。

⑥ 周娅娜，林义. 城镇职工基本养老金调整方案设计与检验 [J]. 保险研究，2017 年第 9 期，第 3-14 页。

的关系、多层次养老保险体系改革等内容开展研究，总体呈现出理论分析、实证研究、区域分析与国别研究融合的趋势，对发达国家多层次养老保险制度改革优化面临的挑战、动力、路径和成效进行了追踪研究，对多层次养老保险体系与国家治理的互动关系也进行了探讨，有的研究甚至深入到了养老保险本身的治理架构和相应的行政管理体制机制方面，研究视角日趋微观化、多元化。

国内关于多层次养老保险制度与治理体系的研究在理论层面的分析已经取得了一定进展，提出了一系列政策主张且内容相对聚焦，但专门就多层次养老保险制度与国家治理体系的逻辑关系和作用机理以及如何通过多层次养老保险制度优化进而提升国家治理能力还缺乏深入系统的分析。具体呈现以下特色：一是研究内容方面，国内学界对发达国家和我国多层次养老保险体系的制度概况和改革背景作了全面介绍，但对多层次体系的联动机制、缓解效应以及其如何有效融入国家治理体系的研究则需进一步深化。尤其在当前百年未有之大变局、"黑天鹅"事件频发、人口老龄化加剧的大背景下，如何通过多层次养老保险制度的优化增加国家治理能力进而抵御各种挑战风险成为不得不思考的问题，亟待预判多层次养老保险制度改革优化面临的更多不确定性和新问题，强化养老保险改革研究的战略性和系统性。二是研究方法方面，国内研究呈现出经济学、社会学和历史比较制度分析等研究范式，但较少将演化经济学、系统论、制度分析等方法纳入研究范式，考虑到无论是对国家治理体系的研究，还是对多层次养老保险的研究，都应充分考虑政治、经济、文化、历史等综合性因素，因此，需要整合学科融合创新的交叉研究与传统的经典研究范式，案例需要丰富，实证研究有待加强，研究视野和方法有待拓展。三是研究视角方面，对多层次模式与国家治理的协同效应的根源性分析和影响机制的深层次探讨仍需加强，对宏观制度和政策运行的微观基础需量化研究。

1.3　研究思路、内容及方法

1.3.1　总体思路和技术路线

本书始终坚持问题导向，遵循"发现问题→分析问题→解决问题"的基本思路。首先通过对相关理论的梳理、归纳和反思，从多层次养老保险制度优化、国家治理体系和治理能力现代化两个时代命题出发，从理论上分析了其机制模式的影响途径。其次，本书在理论分析的基础上，为了使研究内容更加聚焦，选取了国家治理体系中与养老保险制度关系最为密切的经济社会治理，并对我国和西方多层次养老保险制度融入经济社会治理体系的演进历程进行梳理，立足于我国经济社会治理面临的主要问题，分析了我国多层次养老保险制度与治理体系的协同关系，同时总结出多层次养老保险制度融入经济社会治理的经验特征，并凝练形成制度优化应遵循的一般原则。为了进一步深入分析多层次养老保险制度创新对国家治理体系和治理能力现代化水平影响的内在机理，本书紧紧围绕从党的十八大以来，习近平总书记在治国理政的一系列主张与改革举措中重点强调的"人民性"和"制度建设"，即"能给国家和人民带来实实在在的好处"且"制度成熟而持久"①，将多层次养老保险制度优化分解为制度保障水平和制度可持续性两个方面。结合理论分析结果和我国多层次养老保险制度定位，将国家治理体系和治理能力现代化水平具体化为与养老保险制度关系最为密切的经济社会治理能力，并以此为基础，利用计量分析的方法，采用省级面板数据，对养老保险制度保障水平和经济社会治理能力的内在逻辑进行了论证。同时，本书建立协同治理框架，深入透析多层次养老保险制度内部，分析了基本养老保险基金的可持续性以及一、二、三层次的互动发展对经济社会治理的影响，并通过对养老保险制度主要参数的敏感性分析，以期化解长寿风险等突出问题并助力提升我国经济社会治理能力进而推进国家治理体系和治理能力现代化。最后，结合对西方国家养老保险融入国家治理体系情况的回顾、评价与反思，提出国家治理现代化背景下我国多层次养老保险制度优化的建议。本书研究的总体技术路线如图 1-1 所示：

---

① 双传学. 推动制度优势更好转化为治理效能（深入学习贯彻习近平新时代中国特色社会主义思想）［N］. 人民日报，2022 年 07 月 21 日 11 版。

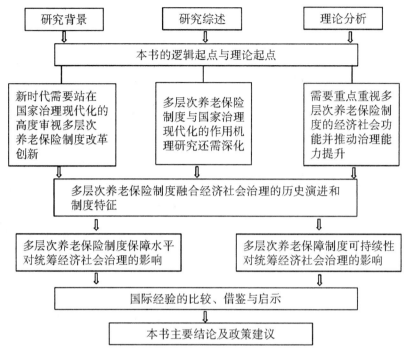

图 1-1　本书技术路线

1.3.2　研究内容

本书主要分为以下七个部分：

第 1 章为导论，主要说明选题的背景与研究意义。当前改革进入深水区，构建多层次养老保险体系并持续优化制度安排，仍有一系列问题亟待破解。改革进入深水区，既需要确保效率也需要维护公平，既需要鼓励竞争也需要保持底线，既需要尊重差异也需要凝聚共识。这些核心问题的背后，实际上就是在国家治理能力现代化这个宏大的时代命题下，如何进一步优化多层次养老保险制度。同时，本章分别从多层次养老保险体系建设、多层次养老保险体系与国家治理互动关系以及国家治理水平和社会保障水平测量三个层面展开文献综述，指出了现有研究存在的问题和不足，并提出本书的总体思路、技术路线、研究内容、研究方法以及本书的创新点和下一步可以改进的地方。

第 2 章为理论分析，将国家治理现代化与构建多层次养老保险体系分为五个理论阶段，即政府与市场的关系和第三条道路的弥合、公共选择理论与福利多元主义、社会资本和国家安全理论、风险社会和现代治理理论、共建共享共治的社会治理理论以及以人民为中心和可持续发展理论,这五大方面内容在理论关系上呈现出层层递进的特征。随后,在对理论回溯、分析和拆解的基础上,提出了本书的理论框架。

第 3 章为我国多层次养老保险体系融入治理体系的演进历程、内在逻辑和制度特征。全书运用历史分析和文献回顾的方法,从经济社会治理的视角出发,回顾了我国多层次养老保险体系融入治理体系的历程,并以此为基础,在学理上凝练出两者的协同关系、制度变迁的经验特征以及优化原则。我国多层次养老保险制度优化在推进我国治理能力和治理体系现代化的过程中发挥了重要作用,逐步从国企改革配套制度走向国家治理的中心,顺应了老龄社会的系统变迁并体现出自发性、渐进性和诱致性,成为建设现代经济体系的重要政策工具。

第 4 章为我国多层次养老保险制度保障水平对国家治理能力影响的实证分析——基于省级面板数据的分析。通过将国家治理水平具体化为经济社会治理水平,将多层次养老保险制度保障水平定义为城镇职工基本养老保险制度保障水平,描述性统计评估了经济治理、社会治理、多层次养老保险水平的关系,并深入系统内部,利用计量模型分别分析了多层次养老保险保障水平对社会治理水平和经济治理水平两个方面的影响机制和影响程度。当然,这里需要重点说明的是,将多层次养老保险制度优化分解为制度保障水平和制度可持续性,主要是基于习近平总书记关于“人民性”和“制度建设”的系列讲话精神。

第 5 章为我国多层次养老保险制度可持续性评估及其对国家治理能力的冲击分析。本章明确指出当前多层次养老保险制度最核心问题为基金可持续问题,并利用保险精算方法,对财务可持续和协同发展情况进行评估。评估结果表明,多层次养老保险制度长期可持续对于提升经济社会治理能力至关重要,进而对于推进国家治理体系和治理能力现代化也至关重要。

第 6 章为作为经济社会治理手段的中西方养老保险制度比较。本章系统梳理了西方多层次养老保险制度作为重要政策工具介入经济社会治理的全过程以及制度的模式和特点,并寻求我国多层次养老保险制度改革创新和路径优化可以借鉴的方式方法。

第 7 章为本书主要结论及政策建议。指出伴随着我国社会主要矛盾发生变化，人民群众生活水平持续改善，公众对民生保障制度的水平和范围的预期将越来越高，对社会风险的认知也越来越深刻。因此，越是在内外部环境发生深刻变革的时期，越是风险挑战多发的时期，越要面向国家治理体系和治理能力现代化，加快我国多层次养老保险制度优化步伐，满足人民多层次多样化需求。

1.3.3 研究方法

本书以习近平新时代中国特色社会主义思想为指导，重点聚焦习近平经济思想，以经济学、人口学、精算学、社会保障学等理论为基础，具体的研究方法主要有：

（1）跨学科研究方法。多层次养老保险制度与国家治理现代化之间的逻辑关系、传导途径和影响机制并不是孤立存在的，而是内嵌于复杂的政治、经济、社会、文化与当时的历史环境中，与此同时，这种作用机理也与参与其中的微观主体的各种行为存在着天然的关系。为此，本书借鉴跨学科的研究方法，通过把握各个学科之间的交叉点、融通点，综合运用经济学和其他社会科学的跨学科研究视野、方法和结论，揭示出多层次养老保险保障制度在国家治理现代化层面的制度本质及内在运行规律，以利于更加深刻地认识和把握事物的真正本质。

（2）文献研究方法。本书通过梳理与总结国内外关于养老保险和国家治理、经济社会治理的相关经典著作和学术文献（核心期刊论文、学位论文等），利用万德数据库（商业版）以及其他相关数据库和统计年鉴，积累了大量的原始数据以及互联网基础资料等，在深入进行文献研究的基础上，认真分析和充分吸收了现有文献的思想、理念、理论、方法和成果，为构建本书的理论框架、分析框架和整体逻辑奠定了坚实基础。

（3）比较分析方法。本书在研究中大量地采用了比较分析法，将横向对比与纵向对比相结合。例如通过纵向对比来揭示全球和我国多层次养老保险制度和国家治理现代化的演变趋势；通过横向比较西方国家多层次养老保险制度融入国家治理体系的理念创新、制度优化和实践经验并从正反两个方面总结、分析其经验和教训，为我国通过优化多层次养老保险制度进而提升国家治理能力起到了积极的借鉴作用。

（4）实证研究方法。本书构建了基于省级面板数据的计量经济模型以及基于联合国人口展望数据的养老金精算模型，综合运用计量分析、保险精算等方法，借助 STATA、SPSS 等计量和统计分析软件或程序，揭示了我国多层次养老保险制度优化对我国国家治理现代化的影响程度和影响逻辑。

（5）新制度主义方法。本书在分析过程中使用了制度变迁分析的两大视角，即分别从演化论及历史分析的角度来解释制度变迁过程、机理，试图从多视角揭示多层次养老保险制度作为政策工具介入经济社会治理的变迁规律。在演化视角下，本书把制度看作演进过程的结果，既考虑了演进过程中的路径依赖，又考虑了演进过程中政治、经济、社会综合作用的结果。与此同时，本书采用历史分析的视角，基于统筹经济社会治理的出发点和具体研究视角，牢记我国当前以及未来一段时间内的多层次养老保险制度优化和模式选择不可能脱离历史传承的原则，在历史长河中去寻找制度演进规律并以此为依据推进制度创新。

（6）系统论方法。本书借鉴系统论的方法，将研究对象看作复杂巨系统，统筹考虑了多层次养老保险制度的经济形态、社会形态和意识形态，并分别从该系统的空间结构、时间结构分析问题。从空间结构上讲，本书将总系统分解为不同分系统，注重优化多系统的布局并综合控制、经纬交叉，实现多目标协同、多因子相关的局面；从时间结构上讲，本书将研究对象分成由多个阶段组成的过程系统，渗透往返、盘旋曲折，形成复杂的过程结构并得出相应的结论。

1.4 本书的创新点与不足

1.4.1 创新点

第一，本书的选题视角新颖并且弥补了我国学术界将多层次养老保险制度纳入国家治理研究框架的薄弱环节。本书从国家治理体系和治理能力现代化的宏观大背景出发，结合多层次养老保险制度建设对经济社会治理的影响，对该制度改革创新和路径优化进行了系统研究，丰富并拓展了我国养老保险制度优化研究的视野领域。如何推动多层次养老保险制度优化并提升养老保险制度的可持续发展水平是全球范围内养老保险制度改革优化面临的重大难题。当前关于该问题的研究，较多是从人口老龄化、公共政策、代际资源配置等视角出发，而面向国家治理现代化的研究视角非常欠缺，本书的研究是一个新的有益尝试。与此同时，国际社会保障学会把社会保障体系纳入治理范畴，基本上始于 2011 年；中国社会保障学会是从 2017 年开始逐渐将社会保障体系与国家治理现代化体系的研究结合起来的，总体上国内外的研究起步都比较晚，后续也鲜有学者继续跟踪和深入研究，因此相关研究还存在很多盲点、不足之处以及薄弱环节。

第二，本书着重强调了多层次养老保险制度与经济社会治理之间的理论逻辑，是对当前关于多层次养老保险制度理论研究的一个有益补充。本书系统梳理了多层次养老保险制度建设和国家治理的关系，并具体到经济社会治理层面，从政府与市场的力量博弈和争论出发，剖析了多层次养老保险制度的本质内涵和价值追求，探索了基于中国特定情境下的养老保险制度与国家治理的"耦合共生"的分析框架，并重点明确了多层次养老保险制度的经济功能和社会功能，而上述分析少见于前期国内研究中。

第三，本书跳出了传统的就"社保论社保"的研究框架，突出了统筹协调、高效务实地推动多层次养老保险制度优化。本书明确指出国家治理能力提升与多层次养老保险制度优化已经成为新时代需要密切关注的重大理论和现实问题，突出了对养老保险制度优化的整体、系统、动态的研究，注重将多层次养老保险制度优化与经济社会治理相结合、与多方参与提升养老保险服务和供给质量以及强化养老保险制度赖以生存的财富基础相结合、与加强文化建设提升民众老龄金融素养相结合，同时还强调了多层次养老保险制度本身参数优化、动态调整和不同层次间的互动，分析凝练多层次养老保险制度融入经济社会治理大局的典型特征并反过来促进经济社会治理的一般性原则，探索了多层次养老保险制度优化并助力国家治理能力提升的中国方案。

第四，本书在研究方法上采用了计量、精算等方法，对以往的规范性研究进行了补充和验证并发现了新的影响机制。本书发现，我国多层次养老保险制度的优化确实可以从整体上推进经济社会治理能力的提升，这是对以往规范性研究的一个有益延伸。此外，本书还发现，多层次养老保险制度保障水平提高可以有效促进以产业结构升级为衡量指标的经济治理能力和以城乡居民可支配收入比为衡量指标的社会治理能力提升，人力资本、创新能力、居民储蓄对于提升社会治理能力具有明显中介效应，在全国范围内多层次养老保险制度保障水平与统筹经济社会治理水平呈现出明显的地域特征，而这些具体的影响机制通过规范性研究的方法往往是比较难发现的。

1.4.2　不足及有待进一步研究之处

受笔者认知能力、知识水平、研究方法、研究视野和研究经验所限，尽管本书在写作时着重强调和努力追求在理论分析、研究方法和政策建议上有所创新和突破，但本书仍有一些地方需要进一步完善、优化和补充。第一，关于我国未来人口数据的预测，虽然有大量学者对人口预期寿命和死亡率进行了预测和推演，但实际上其各自结果都是建立在不同的研究假设和测算目标之下的，并没有权威且公认的结果。因此，本书直接采用了联合国人口预测数据，故本书中的人口模型与现实情况的拟合度可能还有待提高。第二，限于国家治理以及多层次养老保险体系的复杂性，纯粹的经济模型的推导异常复杂，本书对于经济治理水平、社会治理水平以及多层次养老保险制度优化程度的测量只是针对本书研究关注的重点选择了相应的替代变量，测量和评估还不够系统。因此，本书的计量模型更多的是建立在理论分析和实践经验以及对研究问题的整体把握层面上，严谨的经济数理推导模型还未能有所建树。第三，除了多层次养老保险外，其他社会保险和商业保险项目也对国家治理体系和国家治理能力现代化有着十分重要的作用，例如在新冠疫情冲击下，如何提升多层次医疗保障制度的适应性、灵活性和弹性，同时更好地化解和防范未知风险，这些问题后续还有待深入研究。

2 多层次养老保险制度与国家治理现代化的理论演化

在当前我国治理体系中，多层次养老保险制度虽然已经从最初的纯粹为经济体制改革配套拓展为助力社会建设的重要组成部分，成为一个兼具生产性和调节性、功能性和价值性的综合性制度安排[①]；但在推进治理体系现代化的进程中还未被赋予应有的地位，进而在经济治理、社会治理等方面的作用还有待进一步加强。这不仅给多层次养老保险制度进一步守正创新、理性优化带来消极影响，而且削弱了国家治理的综合效果，不利于国家治理现代化的实现。因此，必须站在国家战略的高度，准确把握多层次养老保险制度作为国家治理手段的积极和正向功能，客观理性积极地审视国家治理现代化框架下多层次养老保险制度的优化，并通过合理的理论创新，进一步引导和推动多层次养老保险制度完善，进而提升国家综合治理的水平和有效性。实际上，研究多层次养老保险制度和国家治理体系的关系，首先需要回答的一个理论问题就是为什么多层次养老保险制度可以促进国家治理体系和治理能力现代化，或者说为什么在国家治理体系中需要多层次养老保险制度来发挥作用。从理论演进的脉络出发，养老保险制度介入国家治理主要经历了五个典型的理论阶段。

2.1 政府、市场的争论和第三条道路的弥合：逻辑起点

2.1.1 市场失灵

回顾福利经济学以及公共管理早期文献，其核心话题基本上都围绕着

[①] 鲁全. 中国共产党对社会保障认识的变迁与发展（1997—2017）[J]. 国家行政学院学报，2017 年第 6 期，第 99-104 页。

政府和市场的关系展开。亚当·斯密代表的经济自由主义主张政府应该发挥好"守夜人"的责任，创造出自由、平等、公正的环境，履行好维护国家安全以及合理的经济社会秩序并提供公共产品和公共服务的职能①。以哈耶克为代表的芝加哥学派也重视市场力量，诟病养老保险等公共政策过多介入经济社会治理。显而易见的是，市场主导的国家治理理论的核心是重视"看不见的手"的作用，依靠"看不见的手"对国家、社会和经济进行自发调节，当然也包括对养老保险领域内各种关系和问题的自发调节。因此，在古典自由主义理论框架下，针对养老保险等公共政策，衡量优劣的标准是政府介入程度的高低，即管得越少的政府就越是好政府。

然而以市场主导为核心内容的古典自由主义理论在指导国家治理方面存在明显的缺陷和不足，"经济人"假设与生俱来的主观性和空想性使得追求公共利益的国家治理成为无源之水和无本之木，特别是类似于养老保险这样的公共政策目标的实现往往受到个人利己主义的桎梏。也正是由于古典自由主义理论的局限性，作为全球最早的世界贸易中心的英国在十九世纪初就出现生产严重过剩和消费不足并存的尴尬局面，随后 1929 年到 1933 年席卷全球的经济危机使西方国家彻底陷入崩溃，市场万能理论跌下神坛，经济社会治理矛盾突出，具体表现在经济增长乏力，劳资矛盾激化，民生问题、失业问题等社会问题层出不穷，极大程度上侵蚀了国家治理的基石。正是在这样的经济社会治理背景下，以 1908 年英国的《养老金法》、1991 年英国的《国民保险法》、1935 年美国的《社会保障法》、1945 年法国的《社会福利法》等法律为依据，养老保险制度作为国家治理的重要手段之一应运而生②。然而，必须清楚的是，该时期的养老保险制度介入国家治理，仅仅定位于满足民众的基本生活需要，体现的是执政党和政府当局的"底线思维"。若从当前多层次养老保险的视角来看，这一阶段的保障仅仅是单一层次的、低水平的经济保障。

2.1.2 政府失灵

毫无疑问，伴随着市场主导型国家治理模式的缺陷持续凸显，在难以调和的经济和社会危机面前，各个利益集团的诉求逐渐被国家利益所超

---

① 亚当·斯密. 国富论 [M]. 谢宗林，李华夏，译. 北京：中央编译出版社，2010.
② 郑功成. 社会保障与国家治理的历史逻辑及未来选择 [J]. 社会保障评论，2017 年第 1 期，第 24-33 页。

越，也正是在这一时期，凯恩斯主义以及社会民主主义加快发展，在这些理论的指导下，福利体制在西方国家普遍建立，福利国家的治理模式逐渐变为西方国家的主流①。这些理论主张限制放任自由，主张国家干预，得到了亟须寻求更稳定生活的民众的认可，并与当时统治阶级和政府当局的主观意愿高度吻合。这种福利体制的普遍建立意味着资本与福利相脱节的外在关系开始向福利嵌入资本的深刻转变。当然，也有理论将福利国家制度视为特殊政治经济关系的总和，突破了传统观念对于福利国家的认知，指出福利国家的成因包括了社会政策等历史发展因素，体现了国家制度的传统特征，是西方各国为了妥善应对 20 世纪 30 年代以来不断发展的资本主义国家治理危机进而达成利益联盟或者利益妥协的结果②，是国家治理方式的重新调整。

从经济治理方面来看，所谓的"福利制度"不再是强加于经济系统或者经济增长的负担，而是在对各种养老保险资源的整合与运用的基础上，统筹政府、市场、社会（含家庭以及个人）三者之间的关系，并将福利国家区分出不同的体制，而这本身就可以被看作多层次养老保险制度的雏形③。在这一时期福利意识形态已经把养老保险制度看作资本积累和经济复苏的"助推器"以及维护政治稳定并缓解社会矛盾的"缓冲器"，养老保险的代内互助共济功能和代际财富再分配功能，可以增加经济发展的动力，防止经济衰退。从社会治理方面甚至拓展到政治学的视角来看，养老保险制度越来越受到统治阶级的青睐，不断完善多层次养老保险制度逐渐成为在资本主义国家构建政府合法性基础的重要砝码和手段，也极大地增进了个体与国家之间的依附关系，避免了大规模的社会运动和社会冲突的发生，促进了整体的社会整合。

但以凯恩斯主义为核心内容的国家干预理论并没有从根本上解决西方国家面临的治理问题，特别是凯恩斯主义过分强调政府干预的作用，长期的政府投资和经济刺激政策导致政府赤字不断扩大，进而引发 20 世纪 70 年代西方国家普遍的滞涨。聚焦到养老保险领域，不难发现的是 20 世

---

① 贾玉娇. 走向治理的中心：现代社会保障制度与西方国家治理——兼论对中国完善现代国家治理体系的启示 [J]. 江海学刊，2015 年第 5 期，第 107-113 页。

② 考斯塔·艾斯平-安德森. 福利资本主义的三个世界 [M]. 郑秉文，译. 北京：法律出版社，2003 年版，第 6 页。

③ 谢斯馥. 全新维度下的福利资本主义——评《福利资本主义的三个世界》[J]. 中国社会保障，2011 年第 7 期，第 39 页。

纪 70 年代以来，发达国家开始纷纷进入深度老龄化社会，各国均面临不同程度的养老金代际冲突问题。具有福利刚性的养老金制度作为福利国家的重要制度安排，其可持续发展受到诸如人均实际和预期寿命不断增加、老年人医疗护理费等费用节节攀升、家庭结构和家庭关系呈现新的变化、家庭趋于小型化等众多严峻挑战，养老保险体系面临严重的财政支出压力以及财政赤字的风险，养老金需求甚至由经济问题演化为社会问题进而上升为政治问题。但由于养老保险制度路径依赖的惯性以及福利刚性的制度安排使其改革遭遇巨大阻力，福利国家的治理方式被重新思考和论证①。

2.1.3　第三条道路

无论是自由主义理论指导下产生的大萧条，还是凯恩斯主义指导下产生的福利国家危机，都促使理论界思考新的国家治理范式。于是，20 世纪 70 年代以后，面对互联网的持续普及、全球化的快速发展和人口老龄化程度不断加深，新自由主义提出政府因干预过多而失灵，主张经济和社会政策应以自由经济为主、政府干预为辅。20 世纪 80 年代，吉登斯突破非"左"即"右"的思想束缚，强调应重塑政府和市场的合作关系并建立各个利益相关方之间的平衡机制，明确"第三条道路"。这一思想引发了全球范围内关于治理理论和治理实践的广泛发展和深度讨论。以吉登斯为首的倡导第三条道路理论的学者认为不应该把市场与政府对立起来，市场并不总加剧不平等，有时也可以是克服不平等的手段；政府需要促进平等主义，但即使在其美好的用意下也可能制造不平等②。市场运行基于个人的自由，有助于个人自由的发展，成功的市场比其他竞争性机制能引致更大的繁荣，比其他类型的经济制度更具活力；但市场本身不能应对较大的社会成本，不能培育自身需要的人力资源，不能自我管制③。另外，20 世纪80 年代以来，人类社会进入了全球化、后工业化进程，在高度复杂和高度不确定性条件下，建立"有限政府"以及透明、高效、负有责任的行政管

---

① 林义. 中国多层次养老保险的制度创新与路径优化 [J]. 社会保障评论，2017 年第 3 期，第 29-42 页。

② 安东尼·吉登斯. 第三条道路及其批判 [M]. 北京：中共中央党校出版社，2002 年 1 月第 1 版，第 33-377 页。

③ 安东尼·吉登斯. 第三条道路及其批判 [M]. 北京：中共中央党校出版社，2002 年 1 月第 1 版，第 33-377 页。

理系统已成为必然趋势①。因此，第三条道路理论主张提高政府效率，强调应引导市场围绕着公共利益和社会利益运转，不仅要发挥政府与市场的力量，还要注重第三部门的发展，实现治理结构多元。这在一定程度上和后文要讲的福利多元主义异曲同工。

在养老保险制度建设方面，第三条道路理论认为：一是权责统一，即责任与权利相对应，这是养老保险制度强调主体多元以及形成政府与市场合力的一种体现，我国基本养老保险制度缴费多方负担机制就可以看成是该思想的体现。二是技能的缺乏是造成收入差距以及贫困的重要原因之一，要适应知识经济浪潮，通过投资教育以提升人力资本以及缓解不平等，该理念实际上暗含就业导向的保障理念，而良好的养老保险制度恰恰就可以成为免除人们老年时期经济保障压力，引导民众增加教育投入进而提升人力资本的重要手段②。三是养老保险体系项目庞大而繁杂，在推动多层次养老保险制度优化、构建多层次养老保险体系中，第三部门的引入和作用发挥将有助于缓解在养老保险领域政府与市场暂不能或不愿触及的一些困境。

2.2 公共选择和福利多元主义的引入：视野拓展

2.2.1 公共选择理论

20 世纪中期，公共选择理论逐渐成长为新的经济学科。若从经济社会治理的视角来看，将公共选择理论的一般原理运用在养老保险制度优化领域（包括但不限于养老保险相关主体的偏好显示、寻租、政治市场、利益集团行为等）十分贴切。公共选择理论突破了传统主流西方经济学将政治决策作为经济研究的外生变量的限制，将经济决策主体和政策决策主体统一纳入"理性人"假设③。针对养老保险的公共选择是将养老保险体系打

---

① 雷晓康，马子博，等.中国社会治理十讲［M］.北京：中国社会科学出版社，2019 年 10 月第 1 版，第 2-4 页。

② 林义，等.多层次社会保障体系优化研究［M］.北京：社会科学文献出版社，2021 年 12 月第 1 版，第 50-51 页。

③ 杨燕绥，闫中兴.政府与社会保障——关于政府社会保障责任的思考［M］.北京：中国劳动社会保障出版社，2007 年 8 月第 1 版，第 122 页。

造成居民、企业、非营利机构、中介组织、政府等公共选择主体对养老保险政策的意愿转换成可以实施的养老保险制度安排所依据的一种机制，由于这种机制在很大程度上关注的是利益相关者，故而可以真实显示出政府、中介组织、非营利机构、企业、居民等公共选择主体的偏好，并直接影响养老保险制度安排的总体政策效能和保障资源的配置效率。此外，多层次养老保险公共选择的模式也可以理解为在养老保险品（例如政策）供应过程中，各项针对政策的提出、审议、制定、执行、监督、评价，在多元公共选择主体——既包括作为需求者的居民（公民、消费者）、利益集团（行业协会、保险公司部、社会组织等），也包括作为供给者的政府（中央政府、地方政府），依据合法的路径在表达政策意愿（偏好）过程中，各多元公共选择主体之间存在的关联关系的规律性特征的总和，即可以理解为养老保险制度公共选择模式是对养老保险制度形成过程中规律性特征的抽象概括。当然，值得一提的是，为了突破公共选择理论关于偏好一致、人是完全自利和完全理性等一系列理论缺陷，行为经济学开始认识到市场参与者具有认知偏差，很容易产生非理性行为，进而得出理想化政府干预的结论并将该结论运用于研究政治活动，发现政治活动参与者也存在认知偏差问题[1]。因此，当政府当局在设计多层次养老保险制度时，该政治活动的参与者往往是有限理性且存在认知偏差的，往往会受到既定框架、损失规避效应、可得性认知偏差、现状认知偏差等的影响[2]，甚至注重短期局部利益而忽略了长期和社会整体利益，进而降低了政府干预经济治理和社会治理的效率。

2.2.2 福利多元主义

从 20 世纪 70 年代开始，西方学者基于政府和市场互动逻辑以及依托于该逻辑形成的福利范式的争论，提出了在理论和实践层面具有很大影响力的福利多元主义。该理论倡导福利的供应主体应由主权国家或政府当局一元独支转向多元合作，强调国家和政府、企业与市场、社会组织、家庭

---

① James Alm, Carolyn J. Bourdeaux. Applying Behavioral Economics to the Public Sector [J]. Review of Public Economics, 206（03）, 2013（09）, pp. 91-134.

② 汤吉军，戚振宇. 行为政治经济学研究进展 [J]. 经济学动态，2017 年第 2 期，第 102-111 页。

以及每一个个体的协同分工与密切合作，强调相关主体共同承担福利责任①。

从构成主体来看，福利多元主义强调福利来源的多元化，福利供给既不完全是国家的责任，也不能完全依赖市场，而是全社会共同协同的产物；因此，福利多元主义也被称为混合福利经济（mixed economy of welfare），这和本书研究的多层次养老保险供给主体如出一辙。福利多元主义最早可追溯到英国的《沃尔芬德的志愿组织的未来报告》（1978 年），其突出特点就是建议把志愿组织纳入社会福利体系，并主张将福利多元主义积极运用于英国福利政策的实践中②。后来，哈奇（Hatch）、罗斯（Rose）、伊瓦斯（Evers）、约翰逊（Johnson）等学者均对福利多元主义理论进行了深化、阐释和拓展③。但总结起来，无论是何种理论，都没有超越对国家公权、市场组织、家庭、社会组织、个人和社会网络在福利供给中的责任分工问题探讨，争论的焦点主要就集中于非营利性组织、社会非正式网络、家庭是否应该被纳入福利主体以及如何纳入福利主体的问题④，回归到本书的研究对象，其本质就是多层次养老保险的供给主体的问题。

从主体的职能关系来看，有效参与和权利分割是福利多元主义的核心主题，即多元福利实现的途径问题，也可以理解为治理方式问题。有效参与意味着政府应将主要精力集中于构建福利供给的顶层设计和框架构建、创造和维系养老保险制度得以良性发展的社会经济条件以及在筹集运行资金（资金的筹集和运行也应交由政府和市场各负其责）与协调等方面负主要责任；权利分割意味着养老保险不再由主权国家或政府当局一元提供，而是将提供福利供给的责任合理分解到社会、市场以及其他主体之中，政府的福利责任被逐渐分解或者被其他社会部门局部替代承担。事实上，福利多元主义理论所讲的职能关系和党的十九大报告提出的"打造共建共治共享的社会治理格局，加强社会治理制度建设，完善党委领导、政府负

---

① 陈友华，庞飞. 福利多元主义的主体构成及其职能关系研究 [J]. 江海学刊，2020 年第 1 期，第 88-95 页。

② Gilbert，N.，Welfare Pluralism and Social Policy [M]. Midgley, Handbook of Social Policy Edited by: Midgley, J., Tracy, M. B. and Livermore, M., Thousand Oaks, CA: Sage. Publications, 2000, pp. 61.

③ 林义，等. 多层次社会保障体系优化研究 [M]. 北京：社会科学文献出版社，2021 年 12 月第 1 版，第 49-50 页。

④ 陈友华，庞飞. 福利多元主义的主体构成及其职能关系研究 [J]. 江海学刊，2020 年第 1 期，第 88-95 页。

责、社会协同、公众参与、法治保障的社会治理体制"① 的部署如出一辙，深度体现了我国聚焦现实情况并吸收福利多元主义的理论成果的制度创新。

总而言之，从理论分析的角度来说，无论是只依靠国家、政府，还是只依靠市场、企业，抑或是只依靠家庭或社会组织作为单独的福利提供者，都存在明显的不足和缺陷；只有多个主体联合起来，才能相互补充，良性发展。国家提供养老保险的核心目的是避免"市场失灵"，但是由于"政府失灵"的普遍存在，由国家垄断福利提供并大包大揽的模式也会招致批评、不满或者带来新的问题；国家和市场提供社会福利的核心目的则是纠正"家庭失灵"，与此同时，家庭、志愿组织、第三部门参与提供福利则又可以有效避免和补偿"市场失灵"与"政府失灵"。最后，基于福利多元主义的主张以及基于国家提供社会福利时不可能排除市场机制和家庭提供社会福利的现实情况，多层次混合福利（mixed welfare）的混合社会（mixed society）就应运而生了。福利多元主义理论促使人们深刻认识到了国家财政、国家能力对于福利体系构建和完善的重要性，以及市场和家庭对社会福利的不可或缺的贡献，可以明显看出，提供福利的各个主体并不是相互竞争、此消彼长、互相替代的关系，而是相互补充、相辅相成的②。

2.3 社会资本与国家安全：制度基础

2.3.1 社会资本理论

20 世纪 70 年代以来，经济学、社会学、政治学以及管理学中的组织行为理论都开始不约而同地关注社会资本（social capital）。近年来，社会资本已经成为统筹经济社会治理，进而促进经济转型、经济增长并维护社会稳定、政治稳定的一个关键性因素，与多层次养老保险的制度优化的关

---

① 新华网. 习近平：决胜全面建成小康社会 夺取新时代中国特色社会主义伟大胜利——在中国共产党第十九次全国代表大会上的报告 [EB/OL]. http://www.xinhuanet.com/politics/19cpcnc/2017-10/27/c_1121867529. htm,2017 年 10 月 27 日。

② 彭华民，黄叶青. 福利多元主义：福利提供从国家到多元部门的转型 [J]. 南开学报（哲学社会科学版），2006 年第 6 期，第 40-48 页。

系也日渐密切，特别是针对低收入群体的养老保险问题。社会资本理论认为信任不是社会资本存在的具体形式，而是社会资本的形成与成功的集体行动之间相互作用产生的必然结果。换言之，即基于社会资本的信任是在参与网络、制度规则反复作用于集体行动的过程中逐渐产生、强化的。而信任程度的增加又可以扩大社会网络的交互半径，提升制度规则的规制功能，在这样一个循环往复的过程中，信任、网络和规则会处于同一时空域并形成一种相互促进的关系①。

在论述社会资本理论的过程中，社会资本的特性是一个无法回避的话题。结合社会资本一般可以理解为在社会网络中的可以借助其达到某种特定目的或实现某种特定功能的资源，因此可以得出社会资本的两个特性：一是社会资本的嵌入性，也就是说社会资本不是个人直接拥有或可以支配的社会资源，而是内嵌于社会的关系网络和个人的私人关系结构中②；二是社会资本的回报性，即在社会交往中能够得到预期回报的社会关系投资③。很显然，理性人都会预期通过帮助他人以求在未来获得他人的回报，这种回报性的渊源来自人类社会交往的"义务和期望"关系，具体内容包括：信息、知识、技能的交流与共享，就业机会的增加和就业渠道的拓展，个人工资或是收入的增加等④。

总而言之，社会资本虽然可以定位为正式支持制度或者正式福利政策外的补充形式，但由于这种补充形式可以有效地调动和配置资源，对个人开展有目的的行动、增加收入、提高生活质量具有重要的影响。聚焦到本书重点关注的建立在中国传统的人情社会基础之上的多层次养老保险制度，对于人们克服城乡二元结构带来的空间隔离、管理体制"差别化"带来的制度隔离、身份认同"内卷化"带来的自我隔离以及社会交往"边缘化"带来的社会隔离⑤具有不可忽视的作用，也有助于人们进一步维护并

① 雷晓康，马子博. 中国社会治理十讲 [M]. 北京：中国社会科学出版社，2019 年 10 月第 1 版，第 34 页。
② 刘中起，风笑天. 社会资本视阈下的现代女性创业研究：一个嵌入性视角 [J]. 山西师大学报（社会科学版），2010 第 1 期，第 60-63 页。
③ ［美］林南. 社会资本——关于社会结构与行动的理论 [M]. 张磊，译. 北京：社会科学文献出版社，2020 年 7 月第 1 版，第 19-30 页。
④ 燕继荣. 投资社会资本——政治发展的一种新维度 [M]. 北京：北京大学出版社，2006 年 5 月第 1 版，第 130-156 页。
⑤ 李梦娜. 社会资本视角下城市农民工反贫困治理研究 [J]. 农村经济，2019 第 5 期，第 121-127 页。

发展基于血缘关系、工作关系、同乡关系以及友谊等建立起来的社会支持，更好地抵御各种风险挑战，进而有效提升经济社会治理能力，强化国家治理能力。

2.3.2 国家安全理论

党的十八大以来，国家层面对国家安全的重视达到了前所未有的高度。2014年4月15日，习近平总书记在中央国家安全委员会全体会议上明确提出总体国家安全观，其核心要素就是以人民安全为宗旨，以政治安全为根本，以经济安全为基础，以军事、文化、社会安全为保障，以促进国家安全为依托，并在整体上提升国家安全治理能力①。而多层次养老保险制度的改革创新，不仅涉及人民安全、经济安全、社会安全，更加涉及政治安全，直接关系到国家治理体系和治理能力现代化。《中华人民共和国国家安全法》将国家安全定义为"国家政权、主权、统一和领土完整、人民福祉、经济社会可持续发展和国家其他重大利益相对处于没有危险和不受威胁的状态，以及保障持续安全状态的能力"②。

从国家安全和国家治理的逻辑关系看，国家安全是国家长治久安的重要依托，维护国家安全是全国人民的根本利益之所在，也是国家治理的重要内容之一。从结构视角来说，国家治理与安全治理相互支撑、相互促进、相互强化。安全治理是国家治理的重要有机组成部分，安全治理能力的高低则依托于国家治理能力的强弱，安全治理能力也是体现国家治理能力的一个重要方面；当然，国家治理的效能也依赖于安全治理的效能，安全治理造就的良好环境是国家治理顺利开展的基础③。从功能视角来说，维护国家安全是国家的主要职能，安全治理的核心目标是确保国家各个方面处于安全的状态。显而易见，不同的社会制度、宏观形势、历史文化背景都有着明显不同的安全治理方式。

学术界关于国家安全的研究主要有美国学派和欧洲学派两大分支。美国学派更加重视军事、政治、外交和国家等传统问题研究；欧洲学派更加

---

① 陈文清，等.全面践行总体国家安全观（第五批全国干部学习培训教材）[M].北京：人民出版社、党建读物出版社，2019年3月第1版，第17-19页。

② 中华人民共和国国家安全法 [EB/OL].中央政府门户网站，http://www.gov.cn/xinwen/2015-07/01/content_2888316.htm,2015年7月1日。

③ 颜晓峰.总体国家安全观确立了国家安全治理的价值引领[EB/OL].人民网，http://theory.people.com.cn/n/2014/0417/c40531-24906262.html,2014年04月17日。

重视威胁安全的国内因素和社会学问题，即当前所讲的社会安全问题，因此又被称为"国际政治社会学"（International Political Sociology, IPS）学派，也正是因为欧洲学派对美国学派的背离和拓展，其研究也被称为"批判安全研究"。特别是 20 世纪 90 年代以来，欧洲安全学派的研究范式已经极大地改变了美国安全研究的理论图景，涵盖了政治经济、社会宗教、文化历史、制度环境等各个领域，安全的对象也由传统的国家拓展到了社会、家庭和个体。欧洲学者认为，全球化使得非传统安全具有全球扩散性和渗透性，安全威胁的源头更加复杂多样①。

具体到多层次养老保险制度与国家安全，其核心内容一方面可定义为该制度是否具有可持续发展的能力，另一方面可定义为人们是否对该制度有着充分的信心②。显而易见，多层次养老保险体系和制度的完善程度、有序程度、长期可持续发展程度、应对各种冲击和挑战的能力与国家和社会安全成正比；反之，国家和社会对养老保险制度改革创新的关注、支持力度以及对养老保险体系建设的资源投入力度也与民众对该体系的认同度成正比。当然毫无疑问，伴随着信息社会和大数据的快速发展，公众对于养老保险制度和体系的信任将越来越难通过外部强加，而是在国家和公民、企业和员工、个人和团体、个人和个人之间持续磨合、不断调整中逐渐形成。

总而言之，国家安全理论认为，多层次养老保险体系可持续发展是国家安全的重要组成部分，多层次养老保险体系建设的成果直接决定了人民的幸福感和满意度，可以看成国家治理效能的"晴雨表"之一。新形势下，我国实现高质量发展面临的挑战和风险明显增多，国际形势波谲云诡，周边环境复杂敏感，"灰犀牛"与"黑天鹅"并存，各种挑战和风险联动突发。因此，在这种大背景下，要协调处理好各种社会利益关系、化解社会矛盾、促进各阶层和谐共处、实现人民安居乐业、社会文明进步，多层次养老保险体系建设和制度优化将发挥越来越重要的作用。

---

① 刘胜湘. 国家安全：理论、体制与战略 [M]. 北京：中国社会科学出版社，2015 年 12 月，第 34—83 页。

② 刘斌，林义. 国家安全视角下构建多层次养老保险体系的制度创新——基于城镇职工养老保险缴费比例下调后基金缺口的测算 [J]. 财经科学，2020 年第 8 期，第 39—51 页。

2.4　风险社会和现代治理：改革背景

2.4.1　风险社会理论

"风险社会"一词由德国社会学家乌尔里希·贝克提出，乌尔里希·贝克针对人类生存发展、社会结构变迁所遇到的风险进行深刻思考后，提出风险社会理论。贝克（1986）认为，"在自然和传统失去它们无限效力并依赖于人的决定的地方，才算上风险"①；此外，乌尔里希·贝克根据风险的特征，将风险划分为两个阶段，即工业社会阶段和风险社会阶段。在工业社会，财富生产、工业生产和保障就业岗位占据主导地位，其他一切都没有得到重视；而在风险社会，风险意识被广泛认同，一切后果均由现代化、经济化和技术化的不断发展和快速演变造成，这些后果使得妄图通过制度设计就能让事情变得能够被预测并可以控制的做法受到挑战②。美国危机管理专家罗伯特·西斯（Robert Health）认为针对风险社会的危机管理是对危机事前、事中、事后所有方面的管理，并将危机管理的过程划分为四个阶段：缩减力阶段、预备力阶段、反应力阶段、恢复力阶段③。因此，无论是自然灾害（例如地震）、突发事件（例如群体性事件），还是重大疫情（例如新冠疫情），都具有极高的复杂性、紧迫性和重要性，能否有效应对危机便成为对政府治理能力的考验，也成为公共管理的重要组成部分。最新研究表明，在高度复杂且不确定的条件下，不仅需要治理技术的专业化和现代化，更需要统筹经济社会治理的综合性理论以及宏观视角，需要综合运用社会管理、大数据、信息化、多元治理等理论探讨风险社会中的危机治理。

我国多层次养老保险制度在融入国家治理体系的过程中，面临的外部

---

① ［德］乌尔里希·贝克. 风险社会［M］. 何博闻，译. 南京：江苏人民出版社，2004 年 7 月第 1 版，第 54 页。

② ［德］乌尔里希·贝克，约翰内斯·维尔姆斯. 自由与资本主义——与著名社会学家乌尔里希·贝克对话［M］. 路国林，译. 杭州：浙江人民出版社，2001 年 12 月第 1 版，第 125-160 页。

③ ［美］罗伯特·西斯. 危机管理［M］. 王成，等译. 北京：中信出版社，2004 年 1 月第 2 版，第 377-381 页。

政治、经济、社会等宏观环境并不乐观，受全球新冠疫情持续冲击，加之世界范围内经济严重衰退，我国消费、投资、出口下滑，就业压力明显加大，中小微企业经营困难进一步凸显，金融等领域风险有所聚集，财政收支矛盾更加突出。另外，与西方国家不同的是，我国在人口快速老龄化的同时还伴随着少子化、高龄化和城乡分布不均衡等显著特征。毫无疑问，少子化即意味着养老供给的减少在未来 20 年内将影响劳动力结构进而影响养老保险制度赖以运转的财富基础，甚至影响国家治理体系的物质基础；高龄化又增加了半失能、失能人口的绝对数量和相对比重，养老资源、养老服务投入都将大大增加，这意味着养老需求的上涨。另外，由于我国固有的城乡二元结构，大量农村留守老人的生活照料、经济保障、健康维持、精神慰藉等问题逐渐凸显，有可能演化为严重的社会治理问题甚至是伦理问题。此外，从我国抗击新冠疫情应对风险的实际经验来看，针对突如其来的风险，我们党和各级政府结合国情，迅速出台了一系列临时性社会保障政策措施，采取了全球范围内最为积极的防疫措施，积极应对疫情挑战，为抗击新冠疫情做出了不可替代的贡献，成为全球范围内关注老年群体的典范。然而，虽然这种依靠临时出台的应急性政策措施取得良好的制度绩效，但也从另一侧面表明了包括养老保险、医疗保障等在内的我国多层次社会保障制度尚未成熟[1]，制度的韧性、灵活性以及系统性还有待进一步提升，各个主体的协同性还需更好的谋划。

因此，在全面建成小康社会并阔步迈向全面建设社会主义现代化国家新征程、实现中华民族伟大复兴的时代背景下，构建高质量的中国特色多层次养老保险制度，已经成为一项紧迫且艰巨的任务。多层次养老保险制度有机融入国家治理体系可以看作一个典型的风险管理问题，只有不断加深对风险社会的认知，通过风险管理各种原理、方法、技术，充分衡量多层次养老保险制度运行中的各种风险，及其对国家经济和社会治理体系的冲击和影响，才能寻找到最适宜的我国多层次养老保险制度创新的方式和路径。

2.4.2 现代治理理论

20 世纪 90 年代以来，无论是自由主义引导下产生的经济大萧条，还

---

① 郑功成，桂琰. 中国特色医疗保障制度改革与高质量发展 [J]. 学术研究，2020 年第 4 期，第 79-86 页。

是凯恩斯主义引导下的福利国家治理危机，都促使理论界和学术界重新思考国家治理范式，伴随着全球化的迅猛发展以及发达国家内部政治制度、公共政策以及经济结构的深刻变革，加之公民社会的迅速成熟和信息技术的快速发展，为现代治理理论的产生提供了丰富土壤。一般而言，从统治或者行政管理走向现代治理是人类政治发展的普遍趋势，国家治理的理想状态是实现善治，善治的本质特征就是实现政府与公民对社会政治事务的协同治理①。现代治理探索的是地方力量、民间力量、个体力量崛起及其引发的公私领域界限的日渐模糊、国家和社会事务组织与运行方式变化，以及因而产生的国家角色和政府职能的更张，治理的价值取向是以人为本，核心目标是治理有效②。换言之，现代治理理论意味着治理主体多元化，既可以是传统意义上的国家、政府或者其他公共机构，也可以是市场、社会、家庭等非政府组织；治理的客体往往拓展为传统意义上不可治理或难以治理的问题；治理的向度具备双向特征，既可以通过行政手段、强制手段实现治理，也可以借助谈判、协商等柔性方式实现治理；治理的机制是灵活且具有弹性的，除正式的机制以外，非正式的协调和沟通也能达到各方利益诉求。在现代治理理论的指导下，针对福利国家难以承受的养老保险支出，众多国家都开始了公共服务供给领域治理方式、公共职能承担领域治理方式、公共权力行使领域治理方式的改革，纷纷效仿"三支柱"或"五支柱"养老保险体系改革方案，主张筹资渠道丰富化、责任主体多样化、保障水平合理化，代表了世界范围内多层次养老保险制度优化的基本原则和方向。

2.5 共建共享共治和以人民为中心：现实路径

2.5.1 共建共享共治的社会治理格局

美国学者德隆·阿西莫格鲁认为长期经济增长的关键是制定包容性的政治制度和经济制度，积极有效地推进经济社会治理。所谓的"包容性制

---

① 俞可平. 推进国家治理体系和治理能力现代化 [J]. 前线，2014 年第 1 期，第 5-13 页。
② 江必新，王红霞. 国家治理现代化与社会治理 [M]. 中国法制出版社，2016 年 3 月第 1 版，第 4-8 页。

度"的核心是在政治上民众有选择权、选举权，领导人是人民的代理人；在经济上任何主体都有平等进入市场且获取相应财富的权利和机会，即所谓的起点公平。而汲取性制度恰恰与之相反，政治制度沦为个人利益的保护伞，经济制度蜕变为垄断控制的助推器①。与之相对应，党的十九大明确指出"全面建成覆盖全民、城乡统筹、权责清晰、保障适度、可持续的多层次社会保障体系"，并提出"打造共建共享共治的社会治理格局"②，明确了新时代我国推进社会治理现代化并优化包括养老保险制度在内的社会保障制度的指导思想。新中国成立以来，特别是改革开放以来，社会主义市场经济快速发展带来社会主体快速多元化和社会利益格局多样化，在经济社会治理过程中，党的各级组织、各级政府、社会团体、市场机制、企业主体、家庭和民众个人共同发挥作用，逐渐打造形成了共建共治共享的社会治理新格局。从我国70多年的提升治理能力的进展和基本经验来看，作为经济社会治理重要手段之一的多层次养老保险制度，应沿着共建共享共治的战略目标和既定方向，逐步从单支柱或单层次向多支柱或多层次优化，从政府一元主导向多元共治和普遍共享共建优化，从依靠行政和控制手段向统筹指挥协同控制监督和灵活应对优化，从保障人民群众的基本生活水平避免因病因老致贫并维护社会稳定向推动社会进步和经济高质量发展优化，真正成为新时期提高经济社会治理水平进而推进国家治理体系和治理能力现代化的重要制度安排。

2.5.2 以人民为中心的发展理念

党的十八大以来，以习近平同志为核心的党中央高瞻远瞩并提出以人民为中心的发展思想，彰显了人民至上的崇高价值追求，反映了坚持人民主体地位的内在客观要求和中国共产党人的初心使命，确立了践行新发展理念必须始终坚持的基本原则，具有重大的理论意义和现实意义③。有学者认为，在第四次工业革命席卷全球，带来例如数字经济、人工智能等历

① 德隆·阿西莫格鲁，詹姆斯·罗宾逊. 国家为什么会失败 [J]. 李增刚，译. 长沙：湖南科学技术出版社，2015年5月第1版，第31-48页。

② 习近平. 决胜全面建成小康社会 夺取新时代中国特色社会主义伟大胜利——在中国共产党第十九次全国代表大会上的报告 [EB/OL]. 新华网，http://www.xinhuanet.com/politics/19cpcnc/2017-10/27/c_1121867529.htm，2017年10月27日。

③ 施成杰，侯永志. 深入认识以人民为中心的发展思想 [N]. 人民日报，2017年6月22日07版。

史性变革的同时，不平等会成为经济社会治理面临的系统性挑战①。也正是在这一历史阶段，习近平总书记站在全人类社会历史发展的高度，在深刻复杂变化的国内外环境中，审时度势，凭借其卓越的政治智慧，秉持"不忘初心、牢记使命"的信念，坚守其在青年时代就立下的为人民奉献自己的誓言，坚持"我将无我，不负人民"，基于人民的立场，始终践行民生价值追求，研判、指导、推动中国特色社会主义民生建设的生动实践，凝练形成习近平总书记关于民生问题的重要论述，推动21世纪马克思主义跨越式发展，为破解世界民生难题和全人类减贫起到积极的引领与示范作用，充分体现了"以人民为中心的发展理念"的全局性、系统性、整体性与长远性②，成为推动多层次养老保险制度优化的根本价值取向。

与之对应的是，在坚持、完善和不断发展中国特色社会主义制度并推进国家治理体系和治理现代化过程中，还有一个重要方面就是积极培育人民群众的国家治理主体意识③。若从政治发展视角来看，社会主义国家的本质特征是人民乃国家之主人，必须在国家治理过程中始终坚持群众路线，推动多层次养老保险制度优化紧紧围绕着为人民服务的主线向纵深推进；若从经济发展视角来看，人民是推动经济发展的决定性因素，必须在经济社会发展过程中始终坚持以人民为中心；若从社会发展视角来看，让人民幸福安康是共产党人的初心和使命，必须依靠发展补齐民生短板，推进全体人民实现共同富裕。以人民为中心的发展理念促进的是社会公平，追求的是民主正义，需要完成的目标是实现公民、社会、经济和国家的协同共进，赋予了多层次养老保险制度优化新的深刻时代内涵，为其在国家治理体系中更好地发挥作用指明了前进方向。

2.5.3 对长寿时代可持续发展的不懈追求

当前，从各国政策实践来看，制约多层次养老保险制度可持续发展的核心问题基本上可明确为长寿风险所带来的基金缺口问题。柯布·道格拉斯认为，经济增长主要受劳动力、资本和科技进步的影响，其中劳动力就

---

① [德] 克劳斯·施瓦布. 第四次工业革命——转型的力量 [M]. 中信出版社，2016年6月第1版（2019年10月第14次印刷），第6-9页。

② 贾玉娇. 习近平民生系列重要论述的主要来源与形成逻辑 [J]. 社会保障评论，2019年第1期，第30-42页。

③ 桑玉成. 培育人民群众的国家治理主体意识 [N]. 人民日报，2018年1月15日07版。

受到长寿风险的制约。西方经济学理论认为，劳动力供给不足、社会的储蓄率降低将导致资本形成率降低，还将导致社会创新力不足，进而使得经济增长放缓。一方面，步入长寿时代，财富鸿沟现象将进一步加剧，低收入群体的境况将进一步恶化，针对老年人的经济保障、健康保障、心理疏导等的社会保障需求则会随之增加，对多层次养老保险体系提出更高要求，中央和地方政府财政也必将面临更大压力。另一方面，步入长寿时代，人类预期寿命和实际寿命将大幅延长，生活水平和人力资本持续提升，将成为社会的财富增长的来源，亦有研究表明在长寿时代，人工智能、数字经济、区块链等新技术的普及应用会对劳动力数量绝对值的下降产生显著的替代效应，未必会出现所谓的基于经验主义的经济下行①。总而言之，长寿时代会给经济和社会带来新的供给和需求，为各个年龄段、各层次人员提供创新、就业和经济增长的新机会②，也使得长寿成为多层次养老保险制度创新、优化和可持续发展必须考虑的核心议题。

此外，还必须注意到，多层次养老保险制度的可持续发展也是实现经济社会可持续发展的必要条件，与经济、社会、生态、环境、能力建设存在密不可分的联系，特别是在经济社会可持续发展以及提升经济社会治理能力方面，多层次养老保险制度的调节作用是不可替代的。当前，由于我国多层次养老保险制度内涵丰富、涉及面广、体系庞大且政策性强，加之养老保险制度的核心目标是熨平个人的终生消费，减贫及对收入和财富进行再分配③，为了实现这些目标需要权衡储蓄、减贫、收入再分配等目标之间的相互关系。与此同时，我们必须看到的是，21 世纪是人口老龄化且长寿的世纪，多层次养老保险制度优化的最终目标是实现制度的可持续发展④，功在当代、利在千秋。在推进这样一个复杂的系统工程改革过程中，若在可持续方面的顶层设计或具体操作中出现大的失误，将陷入极其严重的经济社会危机甚至是政治危机。因此，必须站在可持续发展的理论高度，系统推进多层次养老保险制度改革并有效融入国家治理现代化体系。

---

① 林义，等.多层次社会保障体系优化研究［M］.北京：社会科学文献出版社，2021 年 12 月第 1 版，第 58-60 页。

② 陈东升.长寿时代的理论与对策［J］.管理世界，2020 年第 4 期，第 66-85 页。

③ 尼古拉斯.巴尔，彼得.戴蒙得.养老金改革：理论精要［M］.郑秉文，等译，北京：中国劳动保障社会出版社，2013 年 9 月第 1 版，第 26 页。

④ Robert Holzmann and Joseph E. Stiglitz. New Ideas about Old Age Security: Toward Sustainable Pension Systems in the 21st Century［R］. Washington: The World Bank，2001, pp. 1-16.

2.6　理论评述和理论框架

2.6.1　理论评述

结合以上分析，从理论基础的嬗变历程来看，早期的争论主要集中在国家和市场的关系上，成为各种理论主张的主要依据和演化生长的逻辑起点。后来，在多层次养老保险制度的改革历程和优化过程中，国家成为输入和输出的首要环节，偏向市场的养老保险体制是政府执政理念和政策设计引导的结果，偏向普惠的养老保险体制亦可看成是国家排除了市场机制和合作原则的结果，而中间道路自然不言而喻。因此，可以看出，国家治理成为我们定义多层次养老保险制度的核心问题，新的宏观时代背景对多层次养老保险制度在国家治理体系中的地位和功能提出了新的要求，也指明了下一步多层次养老保险制度优化、改革和完善的基本方向。

同时，通过以上理论分析可以明显看出，无论是关于养老保险的何种研究视野，政府责任与市场力量的角逐实际上是循环往复、交替出现的，其基本内容核心无非围绕着政府与市场、公平与效率、管制与自由展开，所谓新理论不过是对旧理论的回归、修正或综合，其本质可以看成是资本主义国家对政治关系、经济危机、社会矛盾的回应与调整。而事实上，经过多年的发展演变，结合本书研究的主题，从面向国家治理现代化的视角看多层次养老保险制度，各种理论之间的边界日益模糊，自由主义逐步由完全自由放任向承认适当的政府干预进行合理性转变，而国家干预主义也逐渐认识到市场经济的效率，强调将宏观政策与市场自发调节有机结合；与此同时，福利多元主义、第三条道路、公共选择理论、社会资本理论、国家安全理论、风险社会理论以及危机管理理论都是站在不同的视角审视多层次养老保险制度，而共建共享共治理论、以人民为中心的理论以及可持续发展理论则是将对多层次养老保险的理论视阈推向了新的高度，开辟了马克思主义政治经济学新境界。

2.6.2　理论框架

（1）整体理论框架

随着经济的发展和全球范围内生活水平的不断提高，全球范围内养老保险所涵盖的内容毫无例外地从兜底保障式确保老年人的基本生活拓展到改善生活质量、提升人力资本、甚至助力经济增长等方面。总体上，多层次养老保险制度优化是国家治理体系和治理能力现代化的重要内容，该制度的顶层政策设计水平、执行情况和制度效能是中国特色社会主义制度更加成熟更加定型的重要标志之一。反过来，有效提升国家治理体系和治理能力现代化水平亦将为多层次养老保险制度的优化和完善提供良好的政治环境、经济基础、社会环境、政策环境、行政支持和文化氛围。以上两个方面相互作用，共同促进，将加快推动制度本身更加成熟和定型，进而有效推进国家治理体系和治理能力现代化。从系统论的观点出发，国家治理体系和多层次养老保险制度构成一个"内协调外适应"的稳定系统，两者总体上呈现出明显的"耦合共生协调"的正向相关关系，其具体逻辑关系如图2-1所示。

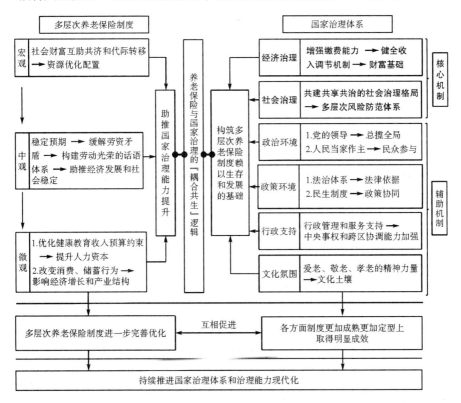

图2-1　多层次养老保险制度与国家治理体系的互动机制

注：需要特别注意的是，突出显示的是国家治理体系中和养老保险制度最为相关的经济治理和社会治理。

就多层次养老保险制度优化对国家治理能力提升的积极推进作用而言，在宏观层面，不断优化多层次养老保险制度有助于实现社会财富的互助共济和代际转移，提高经济治理的资源配置效率并促进社会团结和公平正义，促进国家治理能力提升。在中观层面，不断优化多层次养老保险制度将有效稳定人民群众预期，有效缓解劳资矛盾，在文化层面构建起劳动光荣、奋斗可贵的话语体系，提升民众对政府合法性的认同感，更好发挥社会"稳定器"的功能，助推经济高质量发展。在微观层面，不断优化多层次养老保险制度，将优化民众在教育、健康、医疗等方面的收入预算约束曲线，有效提升人力资本；同时，将在一定程度提高人民群众边际消费倾向，长期可塑造国家整体的消费和储蓄习惯，并影响经济增长和产业结构。

就国家治理能力提升对多层次养老保险制度优化的基础性作用而言，国家治理体系从坚持党总揽全局、协调各方的领导核心地位的政治体制，坚持以人民为中心、强调人民当家作主的制度体系，全面推进依法治国的总目标引领下的中国特色社会主义法治体系，具有强大执行力和动员力的中国特色社会主义行政体制，以公有制为主体、多种所有制经济共同发展的中国特色社会主义经济制度，繁荣和谐的社会主义先进文化，统筹城乡关注困难群体的民生保障制度，以及共建共享共治的社会治理机制八个具体方面，直接为多层次养老保险制度的构建提供了根本遵循、根本依据和根本保障，构筑起多层次养老保险制度赖以运行和发展的基础。

我们还必须看到，国家治理涉及宏大的政治、文化、经济、社会、意识形态、生态文明、历史甚至是军事等一些系列内容，从理论上讲都与多层次养老保险制度相关，但为了使本书的理论分析更加聚焦，针对收支规模最大的社会保障项目的养老保险制度，在宏大的国家治理的大背景下，我们仍须将关注点集中在经济治理和社会治理以及两者之间的协同上。这是因为，多层次养老保险制度作为体现代际和代内财富分配的最为重要的政策工具之一，不仅影响了宏观经济运行，而且随着商业养老、个人养老金、养老服务的持续介入，本身又成为经济发展的一部分。另外，还必须要看到的是，作为社会"稳定器"的多层次养老保险制度，已经成为政府履行公共服务和社会管理职能的重要手段和内容，以及构建党的十九届四中全会提出的"人人有责、人人尽责、人人享有的社会治理共同体"① 的重要抓手，其核心本质可理解为党委、政府领导下的多元共治。

为此，在细化理论框架的过程中，本书将多层次养老保险制度与国家治理中的经济治理、社会治理的关系定义为核心机制。具体而言，在经济治理层面，党的十九届四中全会确立了公有制为主体、多种所有制经济共同发展等一系列社会主义基本经济制度，这种具有中国特色的社会主义经济制度有利于在风云变幻的国际形势下推进我国经济的高质量发展，有利于增强企业和个人缴费能力，健全收入再分配调节机制，可以为多层次养老保险制度的可持续发展提供稳定的财政保障以及相应的财富基础。在社会治理方面，打造共建共治共享的社会治理格局将有效引导政府、社会、企业、家庭、个人共同参与多层次养老保险制度建设，构筑起更高水平的风险防范体系。从其他辅助机制层面来讲，在政治环境方面，党的领导制度事关坚持和完善中国特色社会主义制度，是推进国家治理体系和治理能力现代化的根本方向和根本保证，为多层次养老保险制度建设提供稳定的政治环境，历史和实践已经表明中国社会的长治久安和民生的不断发展，核心是党的有力领导；此外，我国人民当家作主的制度体系为民众、社会组织、商业机构参与多层次养老保险制度改革和优化提供了根本途径。在政策环境方面，中国特色社会主义法治依托完备的法律规范体系可在很大程度上重塑社会秩序、规范社会行为，并内生出社会发展动力，为多层次养老保险制度优化以及加快成熟和定型提供了法律基础和依据；同时，党中央提出的统筹城乡的民生保障制度超越了一般概念的社会保障范围，将有效实现养老、医疗、教育、就业、扶贫等多种民生保障制度的有机协同，更好满足人民群众对于美好生活的多层次多样化需求。在行政支持方面，中国特色社会主义行政体制和各级政府组织架构为多层次养老保险制度顺利实施提供了强有力的行政管理支持以及相应的养老服务，加强了政府在养老保险方面的事权以及跨区域协调能力。在文化氛围方面，繁荣发展的社会主义先进文化有助于广泛凝聚起敬老、孝老、爱老的共同认知，为多层次养老保险制度优化构筑起丰富的精神土壤。

---

① 中共中央.中共中央关于坚持和完善中国特色社会主义制度推进国家治理体系和治理能力现代化若干重大问题的决定[EB/OL].新华网(受权发布),http://www.xinhuanet.com/politics/2019-11/05/c_1125195786.htm,2019 年 11 月 5 日。

（2）多层次养老保险制度的经济功能分析

多层次养老保险制度在国家治理的大框架下发挥其经济治理功能，可总结为以下四个方面：一是能为国民提供稳定可靠的心理预期，激励民众减少当期储蓄并进行消费，改善经济结构。二是可帮助老年人增强其消费能力，有助于整个社会消费水平的提升，继而推动经济增长。三是解除民众老年时期经济保障薄弱的后顾之忧后，有利于引导民众增加对健康、教育、职业培训等人力资本方面的投资，对提升劳动力整体素质，提高国民收入，甚至长远来看对提升整体国家竞争力都有积极作用。四是多层次养老保险制度的执行以及体系的运转本身就是国家或地区第三产业的重要组成部分，特别是二、三层次以及养老保险服务业直接吸引社会投资，吸纳社会就业，为经济发展贡献力量。此外，多层次养老保险制度可以有效调整生产关系，改善劳动关系，提升员工满意度，促进整体社会劳动生产效率的提升。

（3）多层次养老保险制度的社会功能分析

与其他市场行为不同的是，多层次养老保险制度优化的核心追求是公共利益，而在追求公共利益的过程中始终不可避免的就是永远存在仅依靠市场机制难以调节的领域。众所周知，大多数国家的基本养老保险制度是在政府强制并主导下实施的法定制度，而以基本养老保险制度为依托拓展出来并形成的多层次养老保险体系本身的构建成为政府投入人力、物力、财力最多的公共事务之一[①]。多层次养老保险制度参与国家治理并在社会治理方面发挥作用主要表现在：一是多层次养老保险制度的互助共济功能将有效化解社会风险与消减贫困，加之我国全面建成小康社会、第一个百年奋斗目标顺利实现，全面开启建设社会主义现代化国家新征程并旨在实现共同富裕的新发展阶段，为老年人提供良好的多层次的甚至是全方位的经济保障，将有助于为全体国民提供稳定安全的预期，直接助力社会稳定和经济发展，直接为保障国家安全贡献力量。二是多层次养老保险制度的代内收入再分配以及代际资源再配置的功能，将有效调节财富分配格局和资源配置结果，弥合不同利益群体、不同阶层间的社会裂痕，为调节社会矛盾、促进社会团结、实现共享发展、维系公平正义提供基础保障。三是多层次养老保障制度的人文关怀功能，使得全体国民脱离了对基本的温饱

---

① 中国社会保障学会理论研究组.中国社会保障推进国家治理现代化的基本思路与主要方向 [J].社会保障评论，2017年第3期，第3-16页。

的考虑，更加深刻认识到美好生活的重要意义，更加关注精神的享受和人力资本的提升，将在长远推动社会进步。当然，此处需要的注意的是，多层次养老保险制度在经济治理和社会治理方面的功能并不是割裂的，这也是本书将经济治理、社会治理和多层次养老保险制度优化结合起来进行研究探索的理论出发点。

（4）多层次养老保险制度优化的内在结构解析

国际国内的实践表明，判断制度是否具有优越性，不能仅仅考察其制度框架设计，更为重要的是，要看该制度能否给国家和人民带来实实在在的好处，能否得到有效运行进而有效提升国家治理能力、维护好社会秩序并有效应对公共事务治理难题①。为此，为了深入分析多层次养老保险制度对国家治理体系和治理能力现代化水平影响的内在机理，本书紧紧围绕党的十八大以来，习近平总书记治国理政的一系列主张与改革举措中重点强调的"人民性"和"制度建设"，即针对"人民性"强调的"能给国家和人民带来实实在在的好处"以及"制度建设"强调的"制度成熟而持久"，将多层次养老保险制度分解为制度保障水平和制度可持续性两个方面。这种对多层次养老保险制度的内在结构解析，有利于形成人民美好生活的"人民性"与制度治理能力的"制度建设"升级循环往复，从而释放社会主义政治与制度优势，为全球提供不同于西方的现代化发展方案与道路②。综合而言，在多层次养老保险制度的内在结构解析的过程中，一方面审视民众生活的需求、民情的变动特点，即制度的保障水平的问题；另一方面还要审视国家或者社会中制度变迁的方向和逻辑，即制度优化朝着什么方向可持续发展的问题，从而更加深刻地洞察中国社会维系和变动的基本机制和逻辑③。

---

① 双传学. 推动制度优势更好转化为治理效能（深入学习贯彻习近平新时代中国特色社会主义思想）［N］. 人民日报，2022 年 07 月 21 日 11 版。

② 贾玉娇. 人民视角下中国养老保障制度质量检验与优化思路［J］. 华中科技大学学报（社会科学版），2020 年第 4 期，第 48-54 页。

③ 肖瑛. 从"国家与社会"到"制度与生活"：中国社会变迁研究的视角转换［J］. 中国社会科学，2014 年第 9 期，第 88-104 页。

2.7　基本概念界定

根据本书的研究重点，本书的基本概念主要包括多层次养老保险制度、国家治理体系和治理能力现代化、经济社会治理。

关于"多层次养老保险制度"，本书认为首先需要澄清的是养老保险制度的多层次有别于养老保障制度的多层次，前者并不包括非正式制度下的家庭成员、慈善组织等提供的直接性代际转移支出，以及社会救助或其他部门提供的养老资源。多层次的养老保险制度一般分为基本层次和补充层次，基本层次一般以政府为主导，为老年人提供基本的经济保障和精神慰藉；补充层次一般以市场、企业和个人等微观主体为主导，为老年提供更为体面、更加丰富的经济保障和养老服务。从理论分析的视角出发，多层次养老保险制度一般由以下三个部分构成：一是非缴费型养老保险，主要资金来源为财政补贴，用于保障城乡老年居民最为基本的生活，类似于国民年金制度；二是统筹养老保险，主要以社会平均工资和个人退休前工资收入为基数并依据相应的参数进行调整的针对职工的基本养老保险制度，资金主要来源于现收现付模式的统筹账户和部分财政补贴甚至是中央调剂金以及国有资本划转等形式；三是缴费关联的养老保险，资金来源以缴费积累额和投资收益为主，按个人账户并完全以市场化模式运作，包括基本和补充层次的个人账户体系①。而本书为了更贴近全球范围内的政策实践和我国的实际情况，将多层次养老保险制度界定为第一层次的针对城镇职工和城乡居民的基本养老保险制度，第二层次的企业年金和针对机关事业单位的职业年金，以及第三层次的商业养老保险和个人养老金。

关于"国家治理体系和治理能力现代化"，从世界历史角度看，国家与治理永远相伴而生，任何国家均不能除外，国家无论是履行政治统治职能，还是维护经济社会发展，抑或是处理社会公共事务，都离不开行之有效的制度支撑和治理体系与治理能力作为保障，否则国家机器将无法正常运转②。国家治理体系和治理能力现代化主要囊括两个层面的内容，一是国家治理体

① 林义，等.多层次社会保障体系优化研究［M］.北京：社会科学文献出版社，2021年12月第1版，第23-44页。

② 张来明.以国家治理体系和治理能力现代化保证和推进中国社会主义现代化［J］.管理世界，2022年第5期，第1-5页。

系和国家治理能力，针对这一概念，党的十九届四中全会明确指出，中国特色社会主义制度是党和人民在长期实践探索中形成的科学制度体系，我国国家治理一切工作和活动都依照中国特色社会主义制度展开，我国国家治理体系和治理能力是中国特色社会主义制度及其执行能力的集中体现[1]。习近平总书记也明确提出，国家治理体系是在党领导下管理国家的制度体系，包括经济、政治、文化、社会、生态文明和党的建设等各领域体制机制、法律法规安排，也就是一整套紧密相连、相互协调的国家制度；国家治理能力则是运用国家制度管理社会各方面事务的能力，包括改革发展稳定、内政外交国防、治党治国治军等各个方面[2]。二是现代化，所谓的现代化是在试图回答"怎样治理社会主义这样一个全新的社会形态"，是不断通过体制机制改革、政策创新和制度优化使得中国特色社会主义制度更加成熟、更加定型[3]。在本书的研究中，所谓的现代化也指的是各项制度更加成熟、稳定和定型，其核心目的是通过制度建设使得生产力进一步发展，社会更加稳定和谐，体制机制更具活力，国家整体竞争能力不断提升。

关于"经济社会治理"，从党的十九届四中全会精神以及国家治理的视角出发，经济社会治理可以看成国家治理的重要和关键组成部分[4]。一般而言，经济社会治理的具体内容可分为两个层面，一是针对经济治理，党的十八大以来，以习近平同志为核心的党中央在经济治理领域提出了一系列重大科学判断、方向原则和政策方针，党的十九届四中全会明确指出，在经济治理方面要坚持社会主义基本经济制度，更好发挥政府作用，充分发挥市场在资源配置中的决定性作用，加快建设现代化经济体系[5]。随后不久，党中央、国务院提出"宏观经济治理"概念，指出"完善宏观经济治理体制"，具体包括完善政府经济调节、市场监管、社会管理、公

---

① 中共中央. 中共中央关于坚持和完善中国特色社会主义制度 推进国家治理体系和治理能力现代化若干重大问题的决定[EB/OL].新华网, http://www.xinhuanet.com/politics/2019 - 11/05/c_1125195786.htm,2019 年 11 月 5 日。

② 习近平. 切实把思想统一到党的十八届三中全会精神上来[EB/OL].人民网,http://theory.people.com,cn/n/2014/0102/c49169-24000494.html,2014 年 1 月 2 日。

③ 江必新，王红霞. 国家治理现代化与社会治理 [M]. 北京：中国法制出版社，2016 年 3 月第 1 版，序：第 3-5 页。

④ 江小涓. 当前中国经济社会治理的七项重点任务[EB/OL].人民网, http://theory.people.com.cn/n1/2020/0819/c40531-31828279.html,2020 年 8 月 19 日。

⑤ 中共中央. 中共中央关于坚持和完善中国特色社会主义制度 推进国家治理体系和治理能力现代化若干重大问题的决定[EB/OL].新华网, http://www.xinhuanet.com/politics/2019 - 11/05/c_1125195786.htm,2019 年 11 月 5 日。

共服务、生态环境保护等职能，创新和完善宏观调控，进一步提高宏观经济治理能力①。结合本书研究的内容以及国内主流经济学者观点，本书所研究的经济治理可定义为以"三去一降一补"（去产能、去库存、去杠杆、降成本、补短板）五大任务为抓手，与货币政策、财政政策有机协同，在确保中国经济平稳运行的基础上加快推动经济结构的持续优化②，需要特别注意的是，本书在谈到经济治理时更加强调产业结构的转型和升级。二是针对社会治理，党的十九届四中全会明确指出，社会治理是国家治理的重要方面，建设共建共享共治社会治理制度，保持社会稳定、维护国家安全是当前我国社会治理的主要目标和方向③。因此，结合本书研究的重点内容以及国内学者主流观点，本书所研究的社会治理是指推动多元治理主体和谐有序参与治理，构建权责对等、共享共治的社会治理共同体，高水平凝聚各方力量并推动治理创新，持续提升政府体系的多维整合能力，推动政府治理与社会调节、居民自治良性互动，推动中国社会公共性有序发展④，并重点强调了加快弥合城乡差距、促进共同富裕。当然，需要注意的是，本书所讲的经济社会治理中的经济治理和社会治理并不是割裂的，两者都是推进国家治理体系和治理能力现代化的重要环节和内容，特别是在全面建成小康社会的基础上实现共同富裕，要坚持统筹协调的工作方法，实现社会和经济的同步、协调、可持续发展⑤，兼顾效率、公平、民主等治理价值，正确处理好国家、市场、社会的三元关系。

---

① 中共中央，国务院. 中共中央 国务院关于新时代加快完善社会主义市场经济体制的意见 [EB/OL].中华人民共和国中央人民政府网站, http://www.gov.cn/zhengce/2020 - 05/18/content_5512696.htm,2020 年 5 月 18 日。

② 刘伟，陈彦斌. 新时代宏观经济治理的发展脉络和鲜明特点 [J]. 中国经济评论, 2022 年 Z1 期，第 85-89 页。

③ 中共中央. 中共中央关于坚持和完善中国特色社会主义制度 推进国家治理体系和治理能力现代化若干重大问题的决定[EB/OL].新华网, http://www.xinhuanet.com/politics/2019 - 11/05/c_1125195786.htm,2019 年 11 月 5 日。

④ 黄晓春. 党建引领下的当代中国社会治理创新 [J]. 中国社会科学, 2021 年第 6 期，第 116-135 页。

⑤ 李伟，马玉洁. 国家治理现代化视域下社会治理与经济发展的关系研究 [J]. 当代经济管理, 2020 年第 1 期，第 8-13 页。

3 多层次养老保险融入经济社会治理的制度变迁

伴随着 1949 年 10 月 1 日中华人民共和国成立开创了中国历史的新时代，我国建立现代养老保险制度也彻底拉开了序幕。实际上，我国养老保险改革是中国整个改革事业发展的重要组成部分，也是维系经济改革与社会转型的必要且重要的条件。从 1949 年到现在，我国养老保险制度经历了全面而深刻的变革，如果从养老保险制度融入国家治理体系大局的视角出发，我国养老保险制度实质上走过了一条具有明显中国特色的以政府为主导、先试点后推广以及渐进式改革与发展之道路[①]。在党中央的统一部署下，与计划体制相适应的传统养老保险制度已经蜕变为与市场经济体制相适应的新型养老保险制度，并逐渐拓展成为服务于经济社会治理进而推进国家治理现代化大局的重要政策工具，为全球养老保险制度变革创造了中国经验。从上文的分析也可以明显看出，在国家治理的大视野下，与多层次养老保险制度关系最为密切的就是经济治理和社会治理以及两者之间的相互协同。作为经济治理的"助推器"，多层次养老保险制度可以有效配置代际和代内财富资源，而多层次养老保险制度高质量发展本身又将成为经济发展的一部分；作为社会治理"稳定器"，多层次养老保险制度已经成为政府履行公共服务和社会管理职能的重要手段和内容，以及构建多元共治社会治理体系的重要抓手之一。因此，结合第 2 章理论分析阶段关于多层次养老保险制度的经济功能和社会功能的系统分析，为了确保研究内容更加聚焦，本章将重点分析多层次养老保险融入经济社会治理的制度变迁历程、制度变迁与治理模式的协同关系、经验总结以及后续制度优化应遵循的一般性原则。

---

① 林义，等.多层次社会保障体系优化研究［M］.北京：社会科学文献出版社，2021 年 12 月第 1 版，第 40-42 页。

本章参考历史制度主义的方法，考虑到关键节点对制度变迁具有重大意义，发生在关键节点的重大事件和决策将直接决定下阶段的制度发展方向，因此将分析重点聚焦于关键节点（critical juncture）[1]。实际上，历史制度主义兴起于 20 世纪 80 年代，注重特殊历史过程、历史事件和环境要素的综合作用，其显著特征就是将历史分析和制度研究结合起来，并把制度变迁作为因变量，分析制度产生、运转、改革和废除的条件和环境[2]。按照多层次养老保险融入经济社会治理的研究视角以及历史制度的分析方法，伴随中国共产党执政理念的发展变化，我国的养老保险制度可以简要分为三大历史阶段。一是在 1949—1977 年建立起来的传统的国家保障型的针对劳动者的社会养老保险制度，二是 1978—2012 年建立起来的具有全民共享性质的"统账结合"型社会养老保险制度[3]，三是党的十八大以来（2012 年至今）在统筹完善经济社会治理体系的大背景下建立起来的可持续的多层次养老保险制度。以上这些制度变迁折射的不仅仅是我国民生改善与人民社会权益扩张，更是我国经济社会治理能力提升的直接体现。

3.1　我国多层次养老保险制度演进历程

从 1949 年新中国成立至今，我国在短短 70 多年内完成了西方工业革命近 300 年才能完成的任务。其间，我国养老保险制度为了尽可能地融入经济社会治理体系并推动提升经济社会治理能力，其改革范围之广、力度之大、程度之深均是前所未有的。从经济社会治理的角度来审视我国养老保险制度改革优化历程，党的集中统一领导为养老保险制度改革提供了根本保障，稳定和谐的社会氛围为养老保险制度改革提供了良好的大环境，快速的财富积累为养老保险制度改革提供了一定程度的物质基础。还有一点必须说明的是，以上这些改革并未引发系统性风险，除了制度本身设计符合我国经济社会治理的现实因素外，在一定程度上依然要归功于过去几

---

① 林闽钢，霍萱. 中国社会保障的制度变迁——以 1997、2008 年经济危机为关键节点的考察 [J]. 武汉大学学报（哲学社会科学版），2019 年第 6 期，第 169-179 页。

② J. Mahoney, K. Thelen. Explaining Institutional Change：Ambiguity, Agency, and Power [M]. New York：Cambridge University Press, 2010. pp. 06-07.

③ 郑功成. 从企业保障到社会保障——中国社会保障制度变迁与发展 [M]. 北京：中国劳动社会保障出版社，2009 年 9 月第 1 版，第 3-10 页。

十年我国国民经济飞速增长、职工工资不断提升，以及农民因外出务工和土地承包导致的收入快速增长产生的替代效应[①]。

然而，当经济进入新常态，经济增长放缓后，特别是在共同富裕的大背景下，以往的养老保险制度的缺陷问题就会有所凸显，在多年以来形成的效率优先、竞争法则、激励功能属性的影响下，养老保险天然就应具有的社会属性和公共属性不足就自然会引发一系列保障不充分、不均衡的问题，而这恰恰是共同富裕目标对社会保障改革提出的新要求。因此，有必要从我国养老保险制度变迁路径中寻找优化国家治理体系和提升治理能力现代化水平并最终推动共同富裕的历史逻辑和现实逻辑。

3.1.1 计划经济时期的国家保障型养老保险制度

计划经济时期（1949—1977 年），特别是新中国成立之初，国家经济基础极其薄弱，人民基本生活还无法得到保障，各项事业百废待兴，迫切需要建立与当时经济和社会制度相适应的养老保险制度。在当时计划经济条件下，经济政策和社会政策的界限其实并不明显，很多经济政策在制定之初就有着天然的保障功能，可视为"广义"的社会保障制度，其核心目的就是突出社会公平和国家优先发展之理念，党和政府致力于消除工与农、城与乡、体力与脑力劳动"三大差别"。为此，中央层面一是为社会革命构建了比较公平的社会基础。在城市对手工业进行了社会主义民主改造，建立起全世界独特的以全民和集体所有制为主的所有制制度，解除了广大工人的后顾之忧；在农村实行土地改革，约占当时全国农村人口 70% 的 3 亿无地、少地农民分到约 7 亿亩土地和大批生产工具，并不再向地主交纳地租[②]，使得农民有了赖以生存的物质基础。这本质上是让劳动者占有生产资料，是一种隐性的社会保障，也为广大工人、农民的养老提供了基础物质保障。二是建立了基本物资的统购统销和配给制度。也就是说粮食由国家出面向农民定向收购，对城市 2 亿人口按计划和指标供应[③]，基本物资统购统销和配给的范围也由 1953 年的粮食逐步扩大到副食、服装以

---

① 郑功成. 中国社会保障 70 年发展（1949—2019）：回顾与展望 [J]. 中国人民大学学报，2019 年第 5 期，第 1-16 页。

② 江宇. 论中华人民共和国前 30 年的社会保障 [J]. 社会保障评论，2018 年第 4 期，第 125-134 页。

③ 焦连志，刘旸. 浅谈新中国粮食计划票证制度的形成溯源 [J]. 企业导报，2011 年第 20 期，第 222-223 页。

及其他日用品。这种经济制度可以有效地降低养老保险成本，解除城乡居民对老年生活的后顾之忧，最大程度、最快速度地积累在当时集中发展重工业和推进国家重点项目建设所需的资金，避免了其他西方国家在工业化早期所发生的巨大的社会成本和惨痛的社会动荡。三是建立了依托于公有制经济的充分就业的劳动力市场和按劳分配与集体分配相结合的分配制度，在这种经济制度下，国营企业和人民公社既可以看成经济组织和生产组织，也可以看成社会福利组织，而口粮分配则是实行基本口粮为基础的按劳分配制度，其中按人头平均分配的口粮比例一般可高达70%到80%①，人民公社则实施集体核算、集体分配的制度。按照考斯塔·艾斯平-安德森的福利分析框架，在计划经济时期的经济制度实质是降低劳动力和基本物资的商品化程度，或者说在极大程度上推动了福利的去商品化，进而抵消了资本带来的劳动异化并为公民个人追求自由和全面发展提供了可能性，这和西方国家设立包括养老保险在内的社会保障制度如出一辙。

在这种宏观的经济制度和社会环境的导向下，我国的养老金制度建立于20世纪50年代初期，该制度建立以社会主义生产资料公有制为基础，内化成为当时高度计划型的国民经济体制的组成部分。计划经济时期的养老金制度还没有多层次的概念，主要可以分为两类：一是针对机关事业单位工作人员的退休制度。该制度始于1950年政务院颁布的新中国第一个有关退休的政策性文件《关于退休人员处理办法的通知》，覆盖了机关、铁路、邮电、海关等部门。随后，1955年年底，国务院（原政务院）颁布《国家机关工作人员退休处理暂行办法》，标志着适用于体制内的全体机关事业单位工作人员的退休金制度正式建立，此后直到1982年历经调整，但总体的框架和思路一直没有发生系统性变化②。二是针对国营企业和集体企业的企业职工退休制度。该制度始于1951年政务院颁布的《中华人民共和国劳动保险条例》，后来根据国家经济社会治理现状和制度运营情况不断扩大范围，成为覆盖全体国有企业职工的重要制度设计，也被看成我国工人阶级经过多年抗争取得的胜利果实之一。当然该制度也经历了1958年、1969年、1978年等数次的政策调整。与此同时，针对集体企业职工的

---

① 梅德平. 20世纪60年代调整后农村人民公社个人收入分配制度 [J]. 西南大学学报（社会科学版），2005年第1期，第99-103页。

② 郑功成. 中国养老金：制度变革、问题清单与高质量发展 [J]. 社会保障评论，2020年第1期，第3-18页。

养老金制度主要源于 1966 年 4 月当时的第二轻工业部（主要负责管理国营、集体和个体手工业生产和一部分轻工业生产的部门）和全国手工业合作总社联合颁布的《关于轻、手工业集体所有制企业职工、社员退休统筹暂行办法》①。在上述制度框架下，个人无须缴费，全国均按照国家统一的养老金标准执行，不同群体之间的退休金待遇差距不大，平均替代率超过八成。毫无疑问，机关事业单位工作人员退休金发放由国家财政承担，企业职工的退休金由职工所在单位或所在企业负责，单位无力承担时则由财政承担兜底责任。

总体而言，此时养老保险制度改革和优化的主要内容是将在动荡的社会环境、凋敝的国民经济下由传统家庭承担的风险转由政府承担，核心是体现社会主义制度的优越性，属于典型的国家-单位型保障。正如江宇（2018）② 和席恒（2021）③ 所言，共和国早期的社会保障（含养老保险）虽然是针对有限人群（城镇产业工人和公职人员等）的低水平保障，但着眼于社会事业，具有强烈的时代性、福利性和公益性，摆脱了西方国家先经济再保障的路径依赖，跳出了世界许多其他国家"穷、愚、病"的恶性循环的贫困陷阱，节约了大量的社会成本，牢固树立起劳动光荣的话语体系，实现了人力资源水平跃升和社会稳定，为改革开放积累了长达几十年的"人口红利"，为国家快速推进工业化和现代化奠定了坚实的基础。必须看到的是，在中国共产党严密高效的组织下，我国养老保险制度在执行过程中与群众工作紧密结合，依托国家财政力量、集体力量和社区等多种组织的互助作用，弥补了新中国成立初期的税收体系和专业化服务体系（例如商业保险体系等）经济资源的不足，这种比单纯依靠专业人员服务模式更加节省成本的人际互助模式，有力地促进了当时的社会团结。

3.1.2 改革开放以来的"统账结合"型养老保险制度

从 1978 年开始我国开始了具有跨时代意义的改革开放。在这样的大背景下，养老保险制度也随之进入了波澜壮阔的改革探索阶段。为了配合我

---

① 郑功成.中国养老金：制度变革、问题清单与高质量发展 [J].社会保障评论，2020 年第 1 期，第 3-18 页。

② 江宇.论中华人民共和国前 30 年的社会保障 [J].社会保障评论，2018 年第 4 期，第 125-134 页。

③ 席恒，余澍，李东方.光荣与梦想：中国共产党社会保障 100 年回顾 [J].管理世界，2021 年第 4 期，第 12-23 页。

国国有企业改革，传统意义上的"单位人"开始向"社会人"转变，"国家—单位"的劳动保险制度模式似乎并不能适应越来越具有灵活性的劳动者，居于社会保障制度核心地位的养老保险制度的探索与优化成为当时最重要的任务之一。随着国务院 1978 年 104 号文（《国务院关于安置老弱病残干部暂行办法》）以及《国务院关于工人退休、退职的暂行办法》的颁布，我国离退休人员数量和费用增长很快，主要原因为在退休费由国有企业自行安排的制度下老企业负担过重，因此按当时劳动人事部要求，1983 年退休费社会统筹在个别地区试点并在次年全面推开，统筹首先在国有企业实施，后来也陆续在集体所有制企业推开，统筹的项目自然就囊括了退休人员长期性各种开支的费用总计，本着以收定支、略有结余的原则按一定比例从职工工资总额中提取。这种统筹模式打破了"单位制"篱笆，为整体养老保险实现社会统筹奠定了思想和实践基础①。

1984 年，党的十二届三中全会顺利通过《中共中央关于经济体制改革的决定》，从此我国的市场经济体制改革拉开大幕，明确提出进一步贯彻执行"对内搞活经济、对外实行开放"的方针，加快以城市为重点的整体经济体制改革的步伐②。这次改革的核心是增强企业的活力，计划体系、价格体系、劳动工资制度以及国家机构的经济管理职能都被纳入配套改革的环节，关于社会保障的改革没有直接列入其中。但从历史分析的视角来看，实际上这段时间内关于社会保障制度如何适应经济社会协同发展和治理的讨论已经开始并主要集中在养老保险制度改革上，其中有两个方面体现得最为直接。一是在国家和企业的关系上突破了全民所有同国家直接经营企业一概而论的传统观念以及政府对企业大包大揽的做法；二是在经济利益分配上突破了"把社会主义分配制度理解为完全平均和同步富裕"的观念，明确鼓励一部分地区、企业和个人依靠勤奋劳动先富起来，并在企业内部实行工资奖金同经济效益挂钩③，这就为后来的以养老保险改革为主要内容的社会保障制度改革优化提供了赖以生存的制度环境和经济

---

① 高书生. 社会保障改革何去何从 [M]. 中国人民大学出版社，2006 年 6 月第 1 版，第 50-53 页。

② 中共中央. 中共中央关于经济体制改革的决定[EB/OL].中央政府门户网站,http://www.gov.cn/test/2008-06/26/content_1028140. htm,2008 年 06 月 26 日。

③ 国务院发展研究中心世界发展研究所研究员，原国家物资部政策研究司司长.十二届三中全会《关于经济体制改革的决定》的七大历史突破[EB/OL].中国共产党新闻网,2013 年 11 月 5 日,http://theory.people.com.cn/n/2013/1105/c40531-23434799.html（原载于经济日报）。

土壤。

实际上在《中共中央关于经济体制改革的决定》发布后的第二年（1985 年），自时任中央领导对中国社会科学院美国研究所朱传一之文章《什么是中国社会保障改革的方向》批示以来，党中央就意识到社会保障制度的改革，特别是养老保险制度改革也是经济体制改革配套的重要内容，需组织专业队伍设计方案①。随后，1985 年党的十二届四中全会顺利通过《中共中央关于制定国民经济和社会发展第七个五年计划的建议》②明确提出社会保障制度改革要与经济体制改革相配套、社会化管理和单位管理相结合并以社会化管理为主。到了 1991 年，中央政府在发布新中国成立以来首个专门针对养老保险的文件，即《国务院关于企业职工养老保险制度改革的决定》时明确提出逐步建立起基本养老保险与企业补充养老保险和职工个人储蓄性养老保险相结合的制度，当时虽然没有明确提出"三层次"概念，但其制度框架和政策思路却比世界银行首次正式提出并建立"三支柱"养老保险体系提前了整整 3 年，这也可以看作我国构建多层次养老保险的政策开端③。

随后，按照社会保障（含养老保险）要体现经济社会治理的主要原则，即养老保险制度的保障水平要与我国社会生产力发展水平以及经济社会治理的各方面的承受能力相匹配，管理体制和政策设计要统一化、制度执行和监管要法制化；当时的国家计划委员会、国家体改司等综合性部门，劳动人事部、民政部、卫生部等专业部委，以及前全国老龄委、总工会等具有官方性质的专业社会团体，都曾对养老保险制度改革进了专题研究并向党中央、国务院提交了相应的政策建议。单纯回顾这段时期我国养老保险制度的改革，可总结为两个关键节点的选择，即：1993 年关于我国养老保险制度到底该不该实行社会统筹与个人账户相结合的如火如荼的大讨论，以及 1994 年我国养老保险制度如何实现社会统筹与个人账户相结合的大讨论。从政策实践看，1993 年 11 月，党的十四届三中全会正式通过的《中共中央关于建立社会主义市场经济体制若干问题的决定》首次从中

---

①　张力之. 中国社会保障改革述评［J］. 社会学研究，1989 年第 4 期，第 85-100 页。

②　中共中央. 中共中央关于制定国民经济和社会发展第七个五年计划的建议［EB/OL］. 中华人民共和国国家发改委官网，https://www. ndrc. gov. cn/fggz/fzzlgh/gjfzgh/200709/P020191029595672223126. pdf，2007 年 9 月 12 日。

③　郑秉文. 构建多层次养老保险体系与第三支柱的"突破"［N］. 工人日报，2021 年 8 月 23 日第 07 版。

央层面对养老保险的资金来源和保障方式进行了明确，即城镇职工养老保险由单位和个人共同负担，农民养老以家庭保障为主要方式，并适当给予社区扶持，有条件的地方可按照自愿原则给予农民个人储蓄积累式的养老保险①。基于此，国务院 1995 年正式印发《关于深化企业职工养老保险制度改革的通知》，主张将"统账结合"的实施办法向全国推开，其最显著的特点为在法定养老金制度中创造性地引入了私有化个人账户②。

具体而言，就是按照中央原则思路与基本框架，以属地管理的模式由各地自主选择筹资比例各不相同的个人账户规模，其中用人单位缴费进入社会统筹，个人缴费计入个人账户。在制度执行过程中，面对全国各地统账结构比例不一带来的诸多问题，国务院于 1997 年决定将统账筹资比例统一调整为"20+8"，即用人单位缴费率为 20%，个人缴费率为 8%。但各地实际执行情况并不一致，如广东等省一直低于 20%，东北部分地区则高于 20%，这种差异固然有广东省老年抚养比相对较低的现实因素，但各地出于维护自身利益格局、推动经济发展的考虑而出现的养老保险征缴"逐底竞争"的现象也同样存在③。

如果从经济社会治理的视角来审议这段时间的制度优化改革，明显可以看出的是，养老保险制度改革社会统筹部分采取现收现付制的初心旨在追求公平，个人账户采取完全积累制的初衷旨在体现效率与激励，这是当今世界既区别于智利个人账户模式又区别于俾斯麦模式的独特制度模式。这种具有跨时代意义的剧烈变革措施有利于促进职工观念的改变，形成了对缴费和基金管理的有效监督，淡化了行业统筹带来的矛盾，同时又反过来促进了企业经营机制转换和劳动力的合理流动，整体上在为老年人提供经济保障的同时又促进了经济社会的资源优化配置。

随后，进入 21 世纪的第一个五年（2000—2005 年），此时养老保险在经历了 20 世纪的一系列改革调整后，开始面临一些新的具体问题，特别是在全国各地在贯彻落实《国务院关于建立统一的企业职工基本养老保险制度的决定》（国发〔1997〕26 号）的过程中，正值亚洲金融危机大爆发，

---

① 中共中央. 中共中央关于建立社会主义市场经济体制若干问题的决定[EB/OL].人民网,http://www.people.com.cn/item/20years/newfiles/b1080.html,1993 年 11 月 14 日。

② 郑功成. 中国养老金：制度变革、问题清单与高质量发展 [J]. 社会保障评论，2020 年第 1 期，第 3-18 页。

③ 彭浩然，岳经纶，李晨烽. 中国地方政府养老保险征缴是否存在逐底竞争? [J]. 管理世界，2018 年第 2 期，第 103-111 页。

国内经济形势发生很大变化，加之国内产业结构调整力度加大，一些传统产业由于产能过剩和技术落后被淘汰，一些长期亏损且扭亏无望、严重污染环境和资源枯竭型企业被迫关闭，养老保险的收缴率和收缴金额连年下降；但退休人员数量却以每年 200 万的速度快速增加，养老保险出现了收支不平衡，养老金出现拖欠情况。在这种形势下，确保养老金按时足额发放就成为当时极其重要的政治任务，而制度建设就不得不受到影响。

也正是在 2000 年 4 月，时任总理朱镕基在辽宁省就国有企业改革和社会保障体系建设问题进行专题调研，其核心问题就是国有企业"三年脱困"胜利在望，但要真正实现国有企业的根本改革，前提是要建立一个独立于企业、事业单位之外的社会保障体系。与此同时，朱镕基总理还透漏要在年底前拿出具体的实施方案，经中央批准后在辽宁省先行试点。也就是在这段时间，我国无论是政界还是学术界关于养老保险的政策研究和学术讨论异常活跃，大家针对前期改革遇到的问题以及当前养老保险制度面临的现实经济和社会问题，围绕着个人账户该不该取消、是否应该继续坚持"统账结合"制度模式、坚持"统账结合"制度模式的理由是什么，以及如何完善"统账结合"等核心话题开展了一系列研究并向中央提出了各自的方案。

就在 2000 年年末，国务院经过慎重考虑正式发布了《完善城镇社会保障体系试点方案》，其核心是以"统账结合"作为养老保险制度模式，社会统筹和个人账户基金实行分开管理，扩大风险分担范围并增加激励因素[①]。更加值得注意的是，试点方案要求在突出建立独立于企事业单位之外的养老保险体系的基础上，还提出了资金来源多元化、保障制度规范化以及管理服务社会化。随后，2002 年党的十六大明确提出要建立健全同经济发展水平相适应的包括养老保险制度在内的社会保障体系，明确要求坚持社会统筹和个人账户相结合的原则，不断完善城镇职工基本养老保险制度，多渠道筹集和积累社会保障基金，鼓励有条件的农村地区探索建立农村养老保险制度[②]。

显然，这一时期我国的养老保险制度已经开始形成多层次保障的雏

---

① 林闽钢，霍萱. 中国社会保障的制度变迁——以 1997、2008 年经济危机为关键节点的考察 [J]. 武汉大学学报（哲学社会科学版），2019 年第 6 期，第 169-179 页。

② 江泽民. 在中国共产党第十六次全国代表大会上的报告 [EB/OL]. 中央政府门户网站，http://www.gov.cn/test/2008-08/01/content_1061490.htm,2008 年 8 月 1 日。

形，超越了配套制度的范畴，并开始向经济社会治理的核心领域介入，呈现出公平与效率相结合、效率优先的政策取向。更加值得称赞的是，该时期的养老保险制度改革实现了从自下而上到自上而下的转变、从单项推进到综合推进拓展、从双轨并存到全面建设新制度跨越，"国家+社会"的养老保险框架基本形成①，为国有企业改革能够顺利进行、整体的社会保障制度信誉逐渐恢复、国民经济快速发展做出了应有贡献。

另外，在"统账结合"的总体制度框架下，在我国经济发展和社会进步等各方面开始加速融合时期（2006—2011 年），以 2006 年为重要的时间节点，党的十六届六中全会在《中共中央关于构建社会主义和谐社会若干重大问题的决定》中首次将养老保险制度改革纳入"社会事业"范畴，并注重强调加强制度建设以及保障社会公平正义，这代表党中央已经深刻认识并注重强调养老保险制度的公共产品属性，引导养老保险回归到社会事业中②。其核心思想是社会公平正义是社会和谐的前提条件，必须加紧优化改革对促进社会公平正义具有重大作用的制度设计，保障人民在政治、经济、文化、社会等方面的权利和利益。

在随后一段时间内，特别是在 2008 年美国次贷危机影响到中国经济发展的大背景下，为更好地通过改善民生和激发内需来应对危机，我国在不断完善以"统账结合"模式为核心的城镇职工基本养老保险制度的基础。2009 年开始试点"统账结合"模式的农民养老保险制度，该制度由政府代替用人单位的角色，完全由财政对该制度提供支持，并向达到 60 岁及以上的农村户籍人口提供均等化且具有福利性性质的养老金待遇，而农民的养老保险个人账户是在个人参保缴费并加上政府的适当补贴建立起来的。该制度自建立以来不断发展并于 2012 年实现了城乡居民养老金制度全覆盖，劳动力人数中参加基本养老保险供款的比例高达 73.87%，此后增速虽然放缓但一直处在增长状态③，这标志着中国养老保险改革与发展进入全面建设时期并与社会公平正义紧密联系起来。

另外，在这一时期，养老保险制度还呈现出一个显著的特征，就是法

---

① 郑功成. 从国家—单位保障制走向国家—社会保障制——30 年来中国社会保障改革与制度变迁［J］. 社会保障研究，2008 年第 2 期，1-21 页。

② 林义，任斌. 政治经济视角下的中国社会保障：变迁逻辑与发展经验［J］. 社会科学，2020 年第 10 期，第 57-69 页。

③ 林闽钢，霍萱. 中国社会保障的制度变迁——以 1997、2008 年经济危机为关键节点的考察［J］. 武汉大学学报（哲学社会科学版），2019 年第 6 期，第 169-179 页。

治化、体系化进程明显加快。2010年10月全国人大常委会制定《中华人民共和国社会保险法》并于2011年实施，规定了中国要建立以权利与义务相结合的社会保险为主体的新型社会保障体系，这是首次在法律层面对包括养老保险在内的社会保险责任划分做出了明确，而且国家财政对基本养老保险的责任承担方式既不是按固定比例的筹资责任分担，也不是按待遇给付分担，而是当养老保险基金出现收不抵支时由财政给予最后的兜底保障①，这是党中央从经济社会治理的角度、从法律的层面厘清养老保险的责任，进一步体现了中国共产党真挚的为民情怀。还必须提到的是，2012年6月，国务院批转印发了《社会保障"十二五"规划纲要》，这是我国首次对包含养老保险在内的社会保障进行全方位、系统化的布局和研究，该规划亦明确指出，过去十年是我国养老保险体系建设最快的时期，特别是在该时期基本养老保险框架体系初步形成，并明确提出更加注重保障公平、更加注重统筹城乡发展、更加注重优质高效服务、更加注重可持续发展②。以上表明，这一时期的养老保险制度构建，已经被明确纳入建设持续稳定的社会保障网的大框架中，服务于全面建设小康社会，更加突出了养老保险的公共和社会属性。

3.1.3　党的十八大以来的多层次养老保险制度

党的十八大以来（2012年至今），从制度设计的理念视角来看，党中央站在加强社会建设以及维护社会和谐稳定的战略高度，在党的十八大报告中明确提出，要改革和完善企业以及机关事业单位社会保险制度，整合城乡居民基本养老保险，逐步做实养老保险个人账户，实现基础养老金全国统筹，建立保障待遇确定机制和正常调整机制③。紧接着2013年党的十八届三中全会明确将社会保障在2006年其被视为"社会事业"的基础上纳入"社会事业改革创新"范畴。2015年，为了统筹推进覆盖城乡的养老保险体系建设，国务院为机关事业单位工作人员建立类似于企业职工的社会养老保险制度和职业年金制度，最终目标是逐步建立独立于机关事业单

---

① 常委会.中华人民共和国社会保险法[EB/OL].中华人民共和国中央人民政府网站,http://www.gov.cn/flfg/2010-10/28/content_1732964.htm,2010年10月28日。

② 国务院.国务院关于批转社会保障"十二五"规划纲要的通知（国发〔2012〕17号）[EB/OL].http://www.gov.cn/zwgk/2012-06/27/content_2171218.htm,2012年6月14日。

③ 胡锦涛.坚定不移沿着中国特色社会主义道路前进,为全面建成小康社会而奋斗[EB/OL].人民网,http://cpc.people.com.cn/n/2012/1118/c64094-19612151-7.html,2012年11月18日。

位体系之外、保障方式多样化、资金来源丰富化、管理服务社会化的养老保险体系①。由于该制度建构坚持权利与义务相对等、公平与效率相结合、量力而行、平稳过渡、稳步推进等原则，同时充分考虑了统筹城乡、化解"待遇差"、促进机关事业单位深化改革、全面体现工作人员劳动贡献，加之国家财政作为坚实后盾，其迅速实现了全覆盖。实际上党的十八大和十八届三中全会都已经对推进机关事业单位养老保险制度改革提出了要求，中央全面深化改革领导小组则将这一方案列为 2014 年的重点任务②。随后，2017 年人力资源和社会保障部提出进一步完善企业职工基本养老保险省级统筹制度的要求，以解决部分省份尚未实现省级统筹的现实问题，为全国统筹奠定了基础；2018 年，国务院确立了职工基本养老保险基金中央调剂制度（国发〔2018〕18 号），规定了中央调剂制度的指导思想以及资金的筹集、拨付、管理、保障与实施的具体办法，截至 2020 年，地方上缴的基本养老保险中央调剂基金收入已经高达 7 379.55 亿元③。与此同时，国家还在 2018 年正式推出城乡居民基本养老保险待遇确定以及基础养老金正常调整机制，将连续按照年均 5%~10% 的增长水平调整退休人员基本养老金水平制度化、体系化。2019 年，党的十九届四中全会要求坚持和完善统筹城乡的民生保障制度，明确将包括多层次养老保险体系的社会保障体系纳入国家治理体系和治理能力现代化的大框架中④，将多层次养老保险体系建设和养老保险制度的优化推到了新的理论和实践高度。

从养老保险结构性改革来看，这段时期呈现出快速丰富化和体系化的特点，主要表现为二、三层次养老保险开始发展，其中最核心的就是 2017 年《"十三五"国家老龄事业发展和养老体系建设规划》明确提出推动多支柱、全覆盖、更加公平、更可持续的社会保障体系进一步完善和更加优化，构建包括职业年金、企业年金、商业养老保险和个人储蓄在内的多层

① 国务院.国务院关于机关事业单位工作人员养老保险制度改革的决定（国发〔2015〕2号）[EB/OL].中华人民共和国中央人民政府官方网站,http://www.gov.cn/zhengce/content/2015-01/14/content_9394.htm,2015 年 01 月 14 日。

② 胡晓义.社会保障与社会进步 [M].北京：中国文史出版社,2018 年 8 月第 1 版,第 144-148 页。

③ 财政部.关于 2020 年中央决算的报告[EB/OL].中华人民共和国财政部官方网站,http://www.mof.gov.cn/zhengwuxinxi/caizhengxinwen/202106/t20210608_3715911.htm,2021 年 6 月 8 日。

④ 中共中央.中共中央关于坚持和完善中国特色社会主义制度推进国家治理体系和治理能力现代化若干重大问题的决定[EB/OL].中华人民共和国中央人民政府官方网站,http://www.gov.cn/zhengce/2019-11/05/content_5449023.htm,2019 年 11 月 5 日。

次养老保险体系，并推进个人税收递延型商业养老保险试点①，成为这段时期养老保险制度结构性优化的主要方向。一直以来，由于受经济转型、企业改制等客观环境限制，除大型央企外大多数企业出于自身经营效益考虑，导致补充养老保险发展动力机制不足，企业年金的运行机制及商业保险产品体系衔接不畅等问题。我国第一层次养老保险发展缓慢，特别是第二层次按照单一信托模式运作的企业年金计划对保险契约型的团体补充商业养老保险挤出效应明显，企业年金计划扩面缓慢的同时也对商业养老金计划的协同发展产生不利影响②。正是由于多层次养老保险体系发展不畅，为了减少养老金"并轨"阻力，引导企业年金健康持续发展，2015年4月国务院办公厅印发施行《机关事业单位职业年金办法》，明确了基金采取个人账户方式管理，其核心目的就是进一步完善推动建立多层次养老保险体系，进一步完善机关事业单位工作人员养老保险体系，促进人力资源合理流动③。2018年2月，国家相关部委研究发布了《企业年金办法》，将企业年金定义为职工在依法参加基本养老保险的基础上由企业为职工自主建立的补充养老保险制度④，从而强调了企业年金的自主性，并展开了EET型税收优惠政策（"EET"是指在受益人退休领取资金时征税的一种延迟纳税政策）。2017年7月，国务院发布《国务院关于加快发展商业养老保险的若干意见》，要求到2020年基本建立安全、专业、规范的商业养老保险体系，进一步激发了商业养老保险在健全养老保险体系、促进养老服务业发展、促进经济高质量发展等方面的生力军作用⑤。2018年4月，财政部、税务总局、人力资源社会保障部、银保监会、证监会五部委联合

---

① 国务院.国务院关于印发"十三五"国家老龄事业发展和养老体系建设规划的通知[EB/OL].中华人民共和国中央人民政府官方网站,http://www.gov.cn/zhengce/content/2017-03/06/content_5173930.htm,2017年3月6日。

② 林义.中国多层次养老保险的制度创新与路径优化[J].社会保障评论,2017年第3期,第29-42页。

③ 国务院办公厅.国务院办公厅关于印发机关事业单位职业年金办法的通知（国办发〔2015〕18号）[EB/OL].中华人民共和国中央人民政府官方网站,http://www.gov.cn/zhengce/content/2015-04/06/content_9581.htm,2015年4月6日。

④ 人社部,财政部.企业年金办法（中华人民共和国人力资源和社会保障部、中华人民共和国财政部令,第36号）[EB/OL].中华人民共和国人力资源社会保障部官方网站,http://www.mohrss.gov.cn/SYrlzyhshbzb/zcfg/flfg/gz/201712/t20171221_284783.html,2017年12月18日。

⑤ 国务院办公厅.国务院办公厅关于加快发展商业养老保险的若干意见（国办发〔2017〕59号）[EB/OL].中华人民共和国中央人民政府官方网站,http://www.gov.cn/zhengce/content/2017-07/04/content_5207926.htm,2017年7月4日。

发布《关于开展个人税收递延型商业养老保险试点的通知》，使得党的十九大明确地推进多层次养老保险体系建设①，推动第三支柱商业养老保险发展政策得以真正贯彻和执行。随后我国商业养老保险产品数量与创新性均有所提升，保险深度与密度加速提高。截至 2020 年年末，参考郑秉文（2016）②、刘斌（2020）③ 养老保险占寿险大约 20% 的说法推算，我国商业养老保险深度和密度分别达到 0.47% 和 339 元④。

总体上，从经济社会治理的角度来讲，这段时期可总结为养老保险制度的创新、探索和优化时期，核心旨在加快推动并构建多层次养老保险体系，强调养老保险制度改革对治理能力和治理体系现代化的积极作用，即随着基本养老保险制度的日渐完善和二、三层次的逐步发展，制度改革已经超越了基本养老保险制度的参量改革，开始更加关注理念变革和结构性改革，在不断完善多层次养老保险制度的同时将其纳入国家治理体系和治理能力现代化的大视野。

具体而言，这段时期的养老保险制度优化，一是准确界定了政府、企业、社会和个人的责任边界，明确了经济治理和社会治理的界限，给民众以正确的民生预期引导，实现了养老保险制度理念的升级和突破，即直接由政府提供的福利性养老保险必须适度且符合我国实际，引导民众在依法享受国家基本养老保险制度的基础上，自身也理性安排个人的全生命周期财务平衡，平滑人生不同阶段的消费，实现家庭代际赡养、社会互助共计以及更大范围内世代互济。二是合理地调整了养老保险的体系结构，在单一层次的养老保险体系下，无论是中央政府还是地方政府，都面临不断提高养老金水平和降低缴费率的双重压力。在这种大背景下，政府站在经济社会治理的视角，通过政策的引导让渡出一定的替代率和基本保险费率的空间，为二、三层次养老保险的发展预留足够的空间，进而在延展了养老保险体系自身稳定性的基础上推进了国家治理能力和治理体系的现代化。

---

① 国家税务总局. 关于开展个人税收递延型商业养老保险试点的通知（财税〔2018〕22 号）[EB/OL]. 中华人民共和国国家税务总局官方网站，http://www.chinatax.gov.cn/n810341/n810755/c3389866/content.html，2018 年 4 月 2 日。

② 郑秉文. 第三支柱商业养老保险顶层设计：税收的作用及其深远意义 [J]. 中国人民大学学报，2016 年第 1 期，第 2-11 页。

③ 刘斌，林义. 国家安全视角下构建多层次养老保险体系的制度创新——基于城镇职工养老保险缴费比例下调后基金缺口的测算 [J]. 财经科学，2020 年第 8 期，第 39-51 页。

④ 原始数据来源于 wind 数据库，2020 年年底，全国寿险收入为 2.39 万亿元，国内生产总值为 101.36 万亿元，总人口为 14.12 亿，保险密度和保险深度为本书作者测算。

三是开始强调发挥市场在完善养老保险制度中的作用,满足广大人民群众差异化的需求,引导各方进一步深刻认识养老保险供给市场的潜力,引导人们长期投资于个性化的养老金产品。

当然,我们还必须看到,在脱贫攻坚战取得了全面胜利后,习近平总书记 2021 年在《求是》杂志第 20 期刊登的文章《扎实推动共同富裕》中明确提出,当前,全球收入不平等问题突出,一些国家贫富分化、中产阶层塌陷,导致社会撕裂、政治极化、民粹主义泛滥,教训十分深刻!我国必须坚决防止两极分化,促进共同富裕,实现社会和谐安定。并明确要求,重点是加强基础性、普惠性、兜底性民生保障建设;即使将来发展水平更高、财力更雄厚了,也不能提过高的目标,搞过头的保障,坚决防止落入"福利主义"、养懒汉的陷阱①。这些重要论断为我国加快推动新时期共同富裕背景下养老保险制度改革创新和养老保险体系完善奠定了坚实基础。因此,在共同富裕的时代背景下,我国对多层次养老保险制度的思考和实践又有了新一步的进展。

从理念方面来讲,共同富裕是全体中国人民的富裕,既包括物质生活的富裕,也包括精神生活的富裕,既不是少数人的富裕,也不是整齐划一的平均主义,而是要分阶段推动共同富裕。因此,在经济发展、社会进步和物质基础可持续的基础上,重点应加强基础性、普惠性、兜底性民生保障建设,并持续保障和不断改善民生。根据第七次全国人口普查结果,我国 60 岁及以上人口为 26 402 万人,占比为 18.70%;65 岁及以上人口为 19 064 万人,占比为 13.50%。在共同富裕的目标指引和人口老龄化、少子化不断加剧的大背景下,针对关于"谁来养""去哪养""花多少钱养"等一系列养老保险问题,2021 年 2 月,习近平总书记在中共中央政治局第二十八次集体学习时把包括养老保险在内的社会保障总结提炼为一个"基本制度保障"、一个"重要制度安排"、一个"大问题",其是保障和改善民生、维护社会公平、增进人民福祉的基本制度保障,是促进经济社会发展、实现广大人民群众共享改革发展成果的重要制度安排,是治国安邦的大问题②。与此同时,习近平总书记明确提出要加大再分配力度,强化互

---

① 习近平.扎实推动共同富裕 [J].求是,2021 年 20 期,第 1-10 页。
② 赵雁.习近平在中共中央政治局第二十八次集体学习时强调,完善覆盖全民的社会保障体系,促进社会保障事业高质量发展可持续发展[EB/OL].求是网,http://www.qstheory.cn/yaowen/2021-02/27/c_1127147298.htm,2021 年 2 月 27 日。

助共济功能，把更多人纳入社会保障体系①，成为我们不断满足人民群众多层次多样化的养老保障需求，着力具有中国特色的多层次养老保险体系，进一步织密织牢社会安全网并提升经济社会治理能力的理念先导。在习近平总书记亲自擘画下，多层次养老保险制度优化作为一项十分重要的民生工作将被摆到前所未有的政治高度上，特别是"以人民为中心"以及"共享"理念的提出要求社会各界高度重视多层次养老保险制度的高质量发展，加快推动共同富裕。与此同时，"抓民生就是抓发展"的理念也更加深入人心，多层次养老保险制度设计和执行的水平，老有所养、老有所医、老有所乐的具体情况将日益成为观察各地经济社会治理水平和高质量发展成色的重要窗口和基本标尺。

从实践层面来讲，步入共同富裕的新时代，我国养老保险也经历了极不平凡的历程。这段时间以来，党中央国务院先后发布了一系列纲举目张的重要战略和决定。一是中共中央、国务院 2021 年 6 月发布《中共中央国务院关于优化生育政策促进人口长期均衡发展的决定》，该决定将对推进养老、育幼服务体系建设统筹谋划，将婚嫁、生育、养育、教育一体考虑，建立健全以"一老一少"为重点的全覆盖全生命周期的人口服务体系②，这直接推动了儿童及涉老社会保障制度建设。二是 2021 年重阳节前夕，习近平总书记对老龄工作做出重要指示，明确要求高度重视并切实做好老龄工作，贯彻落实积极应对人口老龄化国家战略，把积极老龄观、健康老龄化理念融入经济社会发展全过程，加大制度创新、政策供给、财政投入力度，健全完善老龄工作体系，强化基层力量配备，加快健全社会保障体系、养老服务体系、健康支撑体系③。习近平总书记的这一重要指示，要求无论是政界还是学界，都要深刻认识人口老龄化给经济社会带来的深远影响，深刻认识老龄工作在党和国家事业全局中的重要地位，深刻认识多层次养老保险制度优化、多层次养老保险体系构建、养老服务范围深度

① 赵雁. 习近平在中共中央政治局第二十八次集体学习时强调，完善覆盖全民的社会保障体系，促进社会保障事业高质量发展可持续发展[EB/OL]. 求是网，http://www.qstheory.cn/yaowen/2021-02/27/c_1127147298. htm,2021 年 2 月 27 日。
② 中共中央，国务院. 中共中央国务院关于优化生育政策促进人口长期均衡发展的决定[EB/OL].中华人民共和国中央人民政府网站，http://www. gov. cn/xinwen/2021-07/20/content_5626190. htm,2021 年 7 月 20 日。
③ 郝璐然. 习近平对老龄工作作出重要指示[EB/OL].中华人民共和国中央人民政府网站，ht-tp://www.gov.cn/xinwen/2021-10/13/content_5642301. htm,2021 年 10 月 13 日。

拓展、老年人社会参与、老龄产业发展以及构建老年友好型社会等与老龄事业密切相关的重大事项之间的协同关系，及其与经济社会治理的整体协同关系。三是中共中央、国务院发布《中共中央 国务院关于加强新时代老龄工作的意见》，旨在立足新时代、适应新形势、贯彻新理念、明确新任务，走出一条中国特色积极应对人口老龄化道路①，着力形成党委领导、政府主导、社会参与、全民行动的框架体系，努力挖掘人口老龄化带给国家的发展机遇，牢固树立"积极老龄观"，着力推动"健康老龄化"。毫无疑问，在党中央和国务院宏观规划的指引下，近年来专属商业养老保险试点步伐明显加快，国家在 2021 年 6 月 1 日起在浙江省（含宁波）和重庆市推进专属商业养老保险试点，排名靠前的商业保险公司都在积极参与。试点还不到一年时间；2022 年 3 月起，专属商业养老保险试点就已扩大到全国范围，并允许其他养老保险公司参与专属商业养老保险试点；2022 年 4 月，《国务院办公厅关于推动个人养老金发展的意见》应运而生，充分彰显了我国加快推动商业养老保险和个人养老金发展，加快建设多层次、多支柱养老保险体系的决心与魄力。

总结这一时期养老保险制度优化的理念和实践，经济和社会治理的本质是统筹发展与安全，谋求更高质量的发展和更高水平的安全，扎实推进共同富裕，夯实党长期执政的基础。治理工具开始摆脱科层局限，走向大格局、大治理和集成智慧，网格化、大数据、智能化、数字化水平不断提升。此时民生价值的目标指向共同富裕，治理工具的目标指向共同体建设，二者殊途同归，都通往"大同"社会，中国多层次养老保险制度优化已逐步建起以和平、发展、公平、正义、民主、自由为核心的全人类共同价值观。见表 3-1。

---

① 中共中央，国务院.中共中央、国务院关于加强新时代老龄工作的意见［EB/OL].中华人民共和国中央人民政府网站，http://www.gov.cn/xinwen/2021-11/24/content_5653181.htm，2021 年 11 月 24 日。

3 多层次养老保险融入经济社会治理的制度变迁 | 69

表 3-1 我国多层次养老保险制度融入经济社会治理体系的变迁历程

历史阶段	时间节点	核心特征	党中央指导思想	典型表现	标志性中央文件
计划经济时期的国家保障型制度	1949—1977 年	补缺型养老保险阶段	1956 年党的八大确立全国人民的主要任务是集中力量发展社会生产力,实现国家工业化,逐步满足人民日益增长的物质和文化需要。在该背景下,养老保险制度改革和优化必须服从国家经济社会发展大局	1. 典型的国家—单位型保障。2. 在新中国建设时期树立起劳动光荣的话语体系。3. 党领导工人阶级多年抗争的胜利果实。4. 尚未出现多层次的制度理念	《中华人民共和国劳动保险条例》(1951)
改革开放以来的"统账结合"型制度	1978—1999 年	改革探索阶段	1984 年党的十二届三中全会通过了《中共中央关于经济体制改革的决定》,提出劳动工资制度改革;1991 年国务院正式发文提出逐步建立基本养老保险与企业补充养老保险、职工个人储蓄性养老保险互相结合的制度;1992 年党的十四大确立我国市场改革取向的大思路,即从体制、机制和制度等方面,把国民经济运行的轨道从计划经济转向市场经济,其中养老保险改革就是重要的子项目	1. 恢复与重建相结合。2. 顶层设计与地方试点相结合。3. 为国有企业改革配套。4. 开始在农村试水养老保险。5. 开始出现多层次的制度理念和相关官方表述	《国务院关于企业职工养老保险制度改革的决定》(1991)《中共中央关于建立社会主义市场经济体制若干问题的决定》(1993)
改革开放以来的"统账结合"型制度	2000—2005 年	现代养老保险制度阶段	2002 年召开党的十六大明确提出建立健全同经济发展水平相适应的社会保障体系,是社会稳定和国家长治久安的重要保证	1. 形成多层次养老保险的雏形。2. 服务于整体市场经济改革。3. 建立独立于企业事业单位之外、资金来源多元化、保障制度规范化、管理服务社会化的养老保险体系	《关于完善城镇社会保障体系的试点方案》(2000)
	2006—2011 年	从配套制度向社会政策转变阶段	2006 年党的十六届六中全会明确将养老保险纳入"社会事业"范畴,指出社会公平正义是社会和谐的基本条件,必须加紧建设对保障社会公平正义具有重大作用的制度,保障人民在政治、经济、文化、社会等方面的权利和利益	强调养老保险制度的公共产品属性,包括多层次养老保险制度改革优化在内的社会保障事业迈入法制化新征程	《国务院关于开展新型农村社会养老保险试点的指导意见》(2009)《中华人民共和国社会保险法》(2010)《国务院关于开展城镇居民社会养老保险试点的指导意见》(2011)

养老保险与大国之治——对我国多层次养老保险制度优化的思考

表3-1(续)

历史阶段	时间节点	核心特征	党中央指导思想	典型表现	标志性中央文件
党的十八大以来的多层次制度	2012—2020年	多层次养老保险体系构建阶段	2012年发布我国首部社会保障五年规划，2013年党的十八届三中全会明确将社会保障纳入"社会事业改革创新"范畴，2016年发布我国历史上第二部人力资源和社会保障五年规划，2019年党的十九届四中全会要求坚持和完善统筹城乡的民生保障制度，明确将社会保障体系纳入国家治理体系和治理能力现代化的大框架	1. 强调以增强公平性、适应流动性、保证可持续性为重点，建立健全更加公平、更可持续的养老保险制度； 2. 强调建立全面覆盖、城乡统筹、公平统一、安全可持续的多层次养老保险体系； 3. 强调多层次养老保险制度改革对于治理能力和治理体系现代化的积极作用	《国务院关于批转社会保障"十二五"规划纲要的通知》(2012)《人力资源和社会保障事业发展"十三五"规划纲要》(2016)《降低社会保险费率综合方案》(2019)
	2021年至今	纳入共同富裕的大视野阶段	2021年习近平总书记在全国脱贫攻坚总结表彰大会上做出要解决发展不平衡不充分问题、缩小城乡区域发展差距、实现人的全面发展和全体人民共同富裕。习近平总书记2021年2月在中共中央政治局第二十八次集体学习时强调，要完善覆盖全民的社会保障体系，促进社会保障事业高质量发展可持续发展	1. 强调多层次养老保险制度优化应进一步拓展理论和政策视野，服务于保障和改善民生，服务于维护社会公平，服务于增进人民福祉，服务于促进经济社会发展和国家长治久安。 2. 强调包容与共享	《中华人民共和国国民经济和社会发展第十四个五年规划和2035年远景目标纲要》(2021)《人力资源和社会保障事业发展"十四五"规划》(2021)《国务院办公厅关于推动个人养老金发展的意见》(2022)

资料来源：本书作者根据历年多层次养老保险政策变迁整理，其中在三大阶段中仍可划分出具体的细分阶段并呈现出相应的阶段性特征。

3.1.4 基于演进历程的若干启示

第一，依据经济社会治理的现实需要推进养老保险制度持续优化和体系建设成为我国多层次养老保险高质量发展的突出特征。中国养老保险体系构建和制度优化的特殊性在于中国面临的现实问题和制度基础与西方国家以及其他率先推进养老保险制度的市场经济国家完全不同。面对新中国如火如荼的建设问题，劳动保险应运而生；而面对国有企业改革后的职工问题，在运行了数十年的劳动保险制度的基础上，养老保险制度的创立解决了社会成员脱离单位体系后面临的社会风险，还促进了人力资本的合理流动；面对市场经济转型带来的譬如基本养老金缺口、灵活就业人员社保等无法被职工基本养老保险制度、居民基本养老保险制度所覆盖的社会问题逐渐凸显时，加速推进多层次养老保险制度优化和共同富裕的理念就应运而生。

第二,"项目融合式保障"的特殊形式是适应我国经济社会治理的需要而明确的保险运行机制。在多层次养老保险政策实践中,特别针对城乡居民养老保险,我国创造性地将保险和福利有机融合,政府、市场、个人紧密协同,通过保险和福利叠加,满足全体居民基本养老需求,快速实现了养老保险制度性全覆盖。

第三,"统账结合"的制度框架使得我国多层次养老保险制度在实现互助共济基本功能的前提下激励了社会成员参与保险制度的热情。我国"统账结合"的制度框架既不同于遵循补缺原则的自由主义模式(liberal regimes),又不同于以工作和个人贡献为主导的法团模式(corporatist regimes),也不是遵循普遍原则的社会民主模式(social democratic regimes),该制度框架和制度模式虽饱受争议且还在不断改革优化,但不得不承认的是其为近二十年来我国经济可持续发展以及社会稳定提供了必要的支撑。

第四,在中国共产党的领导下,充分利用自身体制优势和组织能力,通过多层次养老保险制度优化助推全民共享经济社会发展成果。凭借着公有制经济的独特优势,我国成功实现划拨一定比例国有资产进入社保基金,顺利实施中央调剂金制度,实现了全体人民共享经济发展成果,追求共同富裕的"大同"社会,充分体现了中国特色社会主义的优越性。

3.2 制度变迁与治理模式的协同关系

3.2.1 当前多层次养老保险的制度框架

我国养老金保险制度自 20 世纪 50 年代初期建立加之 90 年代官方首次提出构建多层次养老保险的制度理念以来,经过多年的改革发展,特别是党的十八大以来,党中央把养老保险体系建设摆在更加突出的位置,按照坚守底线、突出重点、完善制度、引导预期的思路,多次研究审议改革和完善基本养老保险制度总体方案,现已形成相对完整的多层次养老保险制度框架。具体展开,我国第一层次的法定基本养老保险制度由城镇职工基本养老保险、机关事业单位工作人员基本养老保险、城乡居民基本养老保险三大制度构成;第二层次的年金制度由针对企业职工的企业年金、针对机关事业单位的职业年金两大制度构成;第三层次的个人养老金目前主要由个人税收递延型商业养老保险试点以及 2022 年开始实施的采取完全积累模式的个人养老金构成，目前仍在起步阶段。

就第一层次法定基本养老保险制度而言，现行的法定养老金制度始于20世纪80年代中期，国有企业职工退休金制度从单位负责制到试行行业统筹，再到社会养老保险的探索，逐步建立了针对农民的新型农村社会养老保险制度、针对居民的城镇居民养老保险制度，并对体制内机关事业单位工作人员养老保险进行了改革。但长期以来，我国养老保险制度横向上处于碎片化状态，基本养老保险制度被人为分割为城、乡制度，即城镇基本养老保险和农村养老保险；体制内、外制度，即企业职工基本养老保险和机关事业单位退休养老制度等多个板块。为了加快推动构建统筹城乡和体制内外的养老保险制度，2010年，由人力资源社会保障部、财政部制定并经国务院同意的《城镇企业职工基本养老保险关系转移接续暂行办法》正式实施，结束了以农民工为主体的跨区域流动群体多头参保问题，切实促进了人力资源合理配置和有序流动，提升了经济社会治理效能；2014年，国务院发布《国务院关于建立统一的城乡居民基本养老保险制度的意见》，结束了制度上以户籍关系为基础的城乡二元养老保险格局，并以就业关系和就业状态为依据，将覆盖城乡的养老保险制度优化为包括农民工、灵活就业人员在内的城镇职工基本养老保险制度，以及涵盖城乡非就业居民和农民的城乡居民养老保险制度；2015年，国务院发布《国务院关于机关事业单位工作人员养老保险制度改革的决定》，实现机关事业单位和企业养老保险制度并轨，开启了体制内外统筹发展的新篇章，覆盖城乡的基本养老制度体系进一步优化；2018年，国务院印发《国务院关于建立企业职工基本养老保险基金中央调剂制度的通知》，正式宣布建立企业职工基本养老保险基金中央调剂制度，该制度作为实现养老保险全国统筹的前提，可以有效衡平我国地区间企业职工基本养老保险的基金负担，助力基本养老保险制度提升可持续发展能力和水平。

就二、三层次养老保险而言，国务院2000年印发《国务院关于印发完善城镇社会保障体系试点方案的通知》（国发〔2000〕42号），企业补充养老保险正式被更名为"企业年金"；2004年，随着《企业年金试行办法》《企业年金基金管理试行办法》的同步实施，我国第二层次的企业补充养老保险正式确立了信托管理模式；2015年，国务院在实现机关事业单位和企业养老保险制度并轨的同时为机关事业单位人员建立起了第二层次的补充养老保险计划职业年金；2020年，人社部下发《人力资源社会保障部关于调整年金基金投资范围的通知》，扩大了年金的投资范围，将权益类资产投资上限提高到40%，放宽了信托产品发行主体的限制条件，促进了新形势下年金的投资运营，也更好地适应了当前共同富裕目标下经济社会治理的现实情况。与此同时，我国商业性养老保险自《国务院关于保险业改革发展的若干意见》（国发〔2006〕23号，国十条）和《国务院关于加快发展现代保险服务业的若干意见》（国发〔2014〕29号，新国十条）相继实施以来，支持第三层次商业养老保险快速发展的顶层设计逐渐明晰，随后2018年正式在上海、福建（含厦门市）和苏州工业园区开展个人税收递延型商业养老保险的试点。2022年国务院正式印发《国务院办公厅关于推动个人养老金发展的意见》（国办发〔2022〕7号），标志着适合中国国情、受到政府政策支持、个人自愿参加、市场化运营的个人养老金正式进入历史舞台，将有助于构建与基本养老保险、企业（职业）年金相衔接，其他个人商业养老金融业务统筹协调发展的多层次养老保险政策体系。

从图3-1所示的我国多层次养老保险制度体系可以看出，我国的养老保险制度在变革、优化和重构过程中面临的环境和问题极为复杂。一方面，在国有企业改革大潮推动导致传统退休金制度无法为老年人提供经济保障的条件下，基于效率取向以及世界银行（WTO）等国际组织和霍尔茨曼等西方著名经济学家的推波助澜，中国借鉴智利公共养老金私人化的做法，将个人账户引入法定养老金制度，其政策意图是走出一条有别于其他西方国家的新路径，而以上制度优化的初心是有效控制政府责任并逐步强化个人责任，但由于追求效率的个人账户与基于公平公正取向的公共账户天然存在悖论，故而将两种性质完全不同的养老保险制度合二为一的政策效果并不完全理想，且二十多年来始终处于争议之中。其中，理论界和实务界争论的焦点就是做大还是做小个人账户、是做实还是做虚个人账户，以至于这一制度迄今仍有争论；另一方面，不容忽视的是，养老金制度的变革和优化，不仅涉及政府、单位、职工三方的筹资责任分担的问题，还涉及新制度实施时已经退休的"老人"、新制度实施前参加工作但实施后退休的"中人"，以及新制度实施后参加工作的"新人"的养老金权益厘定的问题，随之而来的就是社会统筹与个人账户的权责界定问题、历史责任如何化解等一系列问题，以及政府内部各单位、各部门的权责分配问题。这些改革背后错综复杂的关系决定了从传统退休金制度到社会化的养老保险制度再到现如今的多层次养老保险制度的优化，本质上是一场深刻的权利格局的调整和相关利益的重新分配①。

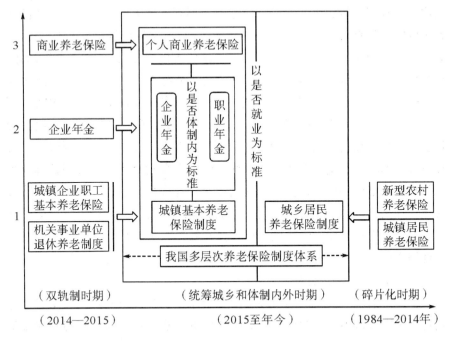

图 3-1 我国多层次养老保险制度体系

资料来源：本书作者根据实际情况整理绘制。

3.2.2 三维视角的协同关系透析

在回顾我国多层次养老保险制度融入经济社会治理制度演进历程的基础上，如若将研究的视野进一步拓展到更大范围的人类社会演进历程，也可以发现，伴随着养老保险制度的改革以及社会风险的不断演化，经济社会治理的方式也在随之发生变化。在农业社会及以前，社会风险主要集中为自然灾害，当时技术水平限制导致生产力总体极为低下，加之人类步入老年后抵御外界风险的能力将进一步降低，这种农业社会的天然脆弱性直接决定了民众对养老保险制度的天然需求；而与这种生产力水平相对应的经济社会治理模式基本上可总结为"统治式行政"，即以家庭和宗族保障为基础和核心，在维护皇权的目标指引下给予民众用以维持基本生计的水

---

① 郑功成. 中国养老金：制度变革、问题清单与高质量发展 [J]. 社会保障评论，2020 年第 1 期，第 3-18 页。

3 多层次养老保险融入经济社会治理的制度变迁 ┊ 75

平低下的救济。随着社会化大生产推动着工业社会的来临，国家的经济社会治理方式和针对老年人的经济保障形式都有了极大的进步，市场经济代替了以农业生产和交换为主的小农经济，工业成为经济增长的主要驱动力，社会管理模式、经济发展方式和产业结构日趋复杂，工人阶级成为经济社会发展的主体和中坚力量；同样的与工业社会生产力相对应，此时政府一般采取"管理式行政"的模式参与国家治理，化解不同阶层之间（例如资本家和工人）日益尖锐的阶层矛盾，并推动养老保险逐步实现法制化、制度化。在进入以互联网、大数据、云计算等为标志的信息社会后，经济发展面临的环境复杂多变，各种生产关系纵横交错，社会利益诉求多元化且更加难以协调，社会阶层分化加速，各种社会矛盾交织叠加并跨域演化，加之自媒体的发展以及民众意识的觉醒，人民群众对经济社会治理的参与意愿更加强烈、影响也更加直接有效，为了满足信息时代经济社会治理的实际需要，"多元共治的服务行政"范式和多层次养老保险制度开始走上历史舞台和大众视野。

从经济治理、社会治理和多层次养老保险三维视角的协同关系看，特别是我国建成世界最大的养老保险体系后将面临比新中国成立初期和改革开放初期更为复杂多样的政策选择，多层次养老保险制度已经发展成为关乎国家长治久安、社会繁荣稳定、经济持续发展和人民世代福祉的重大制度安排，而且该制度一旦出现战略性失误，将会造成不可估量和难以挽回的严重后果。一方面，多层次养老保险制度顺应的是民生诉求，解决的是老有所养、老有所依等老百姓最为关注的问题，化解的是社会矛盾与经济危机，维系的是社会稳定和国家安全，这正是实现经济社会治理进而推进国家治理体系和治理能力现代化的出发点与基本目标。另一方面，现代养老保险制度早已从单纯的帮助民众摆脱生存困厄扩展到了各项保险、福利及相关服务，其覆盖对象由少数人扩展到大多数人乃至全民，保障内容涉及老年人的经济保障、养老服务、精神慰藉等各个层面，已成为关乎全社会及全民切身利益、关乎个人生命周期全过程并影响到代际利益分配格局甚至是中华民族永续发展的重大问题，必然需要从国家治理体系和治理能力现代化的战略高度来进行统筹设计。其具体演进历程如图3-2所示。

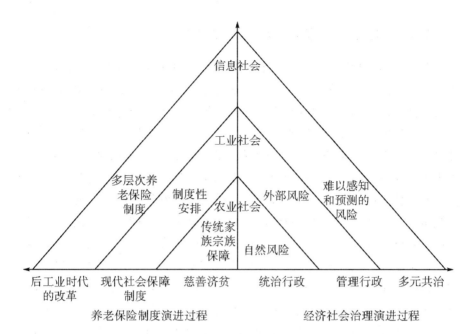

图 3-2　多层次养老保险制度和经济社会治理的演进逻辑

资料来源：本书作者根据本书理论逻辑和现实情况自制。

3.3　制度变迁融入经济社会治理的经验总结

　　如前文所述，在经济社会治理框架下审视多层次养老保险制度变迁，总体上可以看出，以政府作为推动制度变革的主体，多层次养老保险制度在国家治理体系中发挥的作用越来越重要。与此同时，全球范围内的制度变迁均不同程度地体现了渐进式推进的特点并与当时经济社会发展状况高度吻合。而令人欣喜的是，多层次养老保险体系建设本身也逐渐成长拓展为经济社会治理的一部分。因此，非常有必要在政策演化、制度变迁与治理模式协同分析的基础上，梳理总结形成多层次养老保险制度变迁融入经济社会治理的经验，为下一步制度优化提供原始依据。具体而言，多层次养老保险制度变迁融入经济社会治理呈现出以下经验：

3.3.1 制度建设从国家治理的边缘走向中心

众所周知，我国的养老保险制度当然也不可避免地打上了时代深深的烙印并成为国家治理的制度化产物。例如，在计划经济时期，国家-单位模式的保障机制的核心目标是稳定国民预期，具体体现为典型的非缴费型养老保险制度，旨在构建起奉献可贵、劳动光荣、以极大热情献身新中国建设的价值引导体系和宣传话语体系。在计划经济向市场经济转型时期，伴随着企业股份制改造，养老保险制度被定义为国企改革的配套制度，保障了离退休人员的基本生活，成为维护社会稳定和提升经济发展效率的重要政策手段。在社会主义市场经济不断发展和完善时期，以优化代际财富分配、强化代内互助共济为核心目标的"统账结合"的企业职工基本社会养老保险制度，以统筹城乡发展和推进共同富裕为核心目标的城乡居民基本养老保险制度，以追求社会公正公平加快推动构建全国统一的养老保险体系为目标的机关事业单位养老保险制度，在促进经济转型升级和增长方式转变、提高经济社会治理水平和治理效能方面发挥了重要作用。当前，我国社会主要矛盾发生转变，人民对美好生活的向往以及人口老龄化、高龄化、少子化对整个社会保障制度健康可持续发展的冲击，加之多层次养老保险制度和其他纯商业金融产品不同，无法完全依靠市场机制实现自我调节，这些现实因素都要求多层次养老保险制度成为国家治理的重要制度安排并不断走向治理的中心。当然需要补充说明的是，在西方国家也呈现出，资本与福利的关系从福利外在于资本向福利内嵌于资本的历史性转变，这是福利国家普遍建立的重要标志，福利国家制度也因此在"二战"后得到广泛的赞誉，一直到 20 世纪 60 年代，福利制度成为经济、政治和社会的主导制度，后续虽历经改革调整，但一直是政界、学界和民众最为关注的国家治理的核心议题。

3.3.2 制度改革顺应了老龄社会的系统性变迁

道格拉斯·C.诺思在《经济史上的结构和变革》一书中认为经济学家所关心的生产多少、成本和收益的分配或是生产的稳定性等就是所谓的"绩效"，而政治经济制度、技术和意识形态等决定"绩效"的社会特点就是所谓的"结构"①。从制度变迁的视角看，为了促进人口老龄化和经济社会治理相适应，规避长寿风险并努力挖掘人口老龄化带给国家发展的机遇和活力，中央层面早在 1991 年就出台了《国务院关于企业职工养老保险制度改革的决定》（国发〔1991〕33 号），明确提出建立多层次养老保险制度的理念，1994 年出台了《中国老龄工作七年发展纲要（1994—2000年）》，明确把老龄事业纳入国民经济和社会发展总体战略，随后出台了《中华人民共和国老年人权益保障法》（1996 年）、《社会养老服务体系建设规划（2011—2015）》（2011 年），标志着老龄社会的治理模式已逐步拓展为政府、社会组织、家庭、老人本身协同共治。"十三五"以来，《国务院关于加快发展商业养老保险的若干意见》（国办发〔2017〕59 号）、《企业年金办法》（人力资源和社会保障部财政部令第 36 号）、《关于开展个人税收递延型商业养老保险试点的通知》（财税〔2018〕22 号）、《国务院办公厅关于推进养老服务发展的意见》（国办发〔2019〕5 号）等一系列顶层设计文件、指导意见和相关政策措施的密集发布，为我国积极应对人口老龄化带来的风险挑战、提升国家治理能力起到了极大的积极作用。特别是 2019 年，中共中央、国务院印发的《国家积极应对人口老龄化中长期规划》公布，2022 年《国务院办公厅关于推动个人养老金发展的意见》应运而生，明确提出在积极应对人口老龄化进程中应贯彻以人民为中心的发展思想，实现经济高质量发展，维护国家安全和社会和谐稳定。可以看出，以上所讲到的这些前瞻性、全局性、系统性多层次养老保险制度以及相关政策改革优化的背后逻辑，是党中央、国务院以及相关部门从国家治理体系和治理能力现代化的高度出发，针对人口快速老龄化的现实问题，从简单一元制度优化向复杂多元制度协同拓展，从局部小范围优化向整体全面改革过渡，从被动处理临时应对到未雨绸缪统筹推进主动应对的必然结果，总体上体现了制度变迁的自发性、渐进性和诱致性，取得了良好的制度绩效。无独有偶，和我国制度的演进逻辑基本一致，西方国家自 20 世纪末以来，人口老龄化急剧加速，导致法定基本养老保险金支出不断增长，现收现付制遭受巨人冲击，为了应对老龄化挑战，德国、美国、法国、加拿大、澳大利亚、日本等国纷纷建立了多层次养老保险制度，形成了通过养老保险制度优化来提升国家治理能力的基本取向。

---

① ［美］道格拉斯·C·诺思（历以平译）. 经济史上的结构和变革［M］. 北京：商务印书馆，2016 年，第 7-8 页。

3.3.3　制度完善成为建设现代化经济体系的重要政策工具

建设现代化经济体系，意味着优化产业结构、转变发展方式、转换增长动力，必须强调并着力推进更高质量、更加公平且更可持续的发展。在我国经济进入新常态的大背景下，多层次养老保险制度已然成为宏观经济调控的重要工具，据人力资源和社会保障部公布数据，2019年执行的降低基本养老保险缴费费率、缓缴养老保险等社保新政从5月执行到9月底，仅4个月已为企业减费2 199.54亿元。以上这些减税降费政策与还其他一系列经济、社会政策有机协同，为增强经济可持续发展动力，推进供给侧结构性改革做出了积极贡献。同时，基本养老保险费率降低，为商业养老保险、个人养老金以及养老服务、长期护理保险等快速发展带来更大空间。可以明显看出，在我国推进国家治理体系和治理能力现代化的过程中，多层次养老保险制度在均衡代际资源分配、调节居民收入、提升人力资本、稳定社会预期、改善民众生活等领域的作用越来越明显，成为经济社会治理的重要政策工具；甚至多层次养老保险体系建设，特别是第三层次商业养老保险和商业养老服务行业本身也成为吸引社会资本进入、解决就业问题的重要渠道，成为经济高质量发展的重要组成部分。此外，从西方国家的实践来看，这种逻辑同样适用，公共养老金制度可以通过调整相关制度参数、政策设计或者建立公共养老金待遇调整机制来实现代际和代内的收入再分配和财富资源的优化配置[1]；在瑞典，社会保障对收入的分配贡献度已高达80%以上；在美国这种强调市场机制的经济体中，基尼系数下降过程中社会保障的贡献度高达40%以上[2]。

3.4　制度优化应遵循的一般性原则

从制度顶层设计和改革战略上分析，党的十九大报告明确提出"全面建成覆盖全民、城乡统筹、权责清晰、保障适度、可持续的多层次社会保

---

① 林义，寇滨徽. OECD 国家公共养老金待遇自动调整机制的经验及启示 [J]. 探索，2019年第2期，第108-117页。

② 王延中，龙玉其. 发挥好社会保障收入再分配作用 [N]. 经济参考报，2016年4月1日08版。

障体系"① 总体思路的核心出发点就是更好地满足人民群众多样化的社会保障需求，这与党的十八大报告"以增强公平性、适应流动性、保证可持续性为重点，全面建成覆盖城乡居民的社会保障体系"② 的论述相比，突出了"多层次"这一关键词，突出了建成多层次社会保障体系的紧迫性和重要性。因此，只有建成包括多层次养老保险体系在内的多层次社会保障体系，才有利于进一步扩大覆盖面，让人人都能享受基本社会保障，发挥好社会政策的托底功能。在长期的历史进程中，从上文的分析可以看出，若从经济社会治理的角度出发，我国和其他西方国家在构建多层次养老保险制度过程中，进行了有益的探索，形成了一些共识和经验。本书在对制度变迁客观规律总结的基础上，凝练形成了养老保险制度优化应遵循的四大原则，将有助于日后制度优化和改革创新。

3.4.1　法治和公平原则

基于契约论的国家理论认为国家与公民存在着一定的契约关系，所谓的国家本质上是公民之间相互达成自由契约的必然结果③，而多层次养老保险制度是体现国家和公民经济关系的重要制度安排。几乎所有的工业化国家都颁布了一系列与养老保险相关的法律来规范养老保险体系建设，这是养老保险制度得以顺利实施的重要经验之一，例如英国有《国民保险法》，美国有《社会保障法》，法国有《社会保障法典》，日本有著名的福利六法等，我国也建立了《中华人民共和国社会保险法》等一系列法律法规并根据实际情况对其不断创新完善。与此同时，公平是人类自古以来永恒的追求，本身就具有强烈公共政策属性的多层次养老保险制度更天然追求公平正义和普惠包容，尽可能体现国民待遇并覆盖大多数民众。因此，多层次养老保险制度还突出表现为统筹城乡差异、统筹体制内外差异，推动民众尽可能按照整齐划一的制度设计和政策要求享受平等的养老保险权利。

---

① 习近平.决胜全面建成小康社会夺取新时代中国特色社会主义伟大胜利——在中国共产党第十九次全国代表大会上的报告［EB/OL］.共产党员网，https://www.12371.cn/2017/10/27/ARTI1509103656574313.shtml，2017 年 10 月 18 日。

② 胡锦涛.坚定不移沿着中国特色社会主义道路前进 为全面建成小康社会而奋斗——在中国共产党第十八次全国代表大会上的报告［EB/OL］.中央政府门户网站，http://www.gov.cn/govweb/ldhd/2012-11/17/content_2268826.htm，2012 年 11 月 17 日。

③ 陈昌盛，李承健，江宇.面向国家治理体系和治理能力现代化的财税改革框架研究［J］.管理世界，2019 年第 7 期，第 8-14+77 页。

3.4.2 长期可持续发展原则

多层次养老保险制度涉及国家、社会、企业、个人的利益分配，涉及当前和未来之间的利益分配，关系国家的长治久安和社会的稳定繁荣。多层次养老保险制度的可持续性，一方面是指制度本身的可持续发展能力，既满足当代人日益增长的多样化多层次的养老保险需求，又不会妨碍下代人满足其更高层次和更加多样的养老保险需求的能力①，突出表现为养老保险基金的可持续，即长期可实现养老保险基金的收支总体平衡。另一方面在我国经济步入新常态后，养老保险制度更是要与时俱进，在遵循可持续发展和制度内在运行规律的基础上，还要突出加大对养老领域民生短板（如养老服务）、老龄金融等的投入，稳定民众对未来的预期，发挥好"稳定器"的作用，增加整体经济社会的发展后劲和动力，提升国家治理能力。

3.4.3 权责对等和保障适度原则

毫无疑问，政府在多层次养老保险制度优化过程中必须发挥主导作用，这一方面是执政党和政府合法性的主要来源之一，另一方面也是政府履行公共职能、提供公共产品的直接体现②。但是必须注意的是，福利国家危机告诫我们：就像市场不是永远万能的一样，政府也并不是永远万能的。在推进多层次养老保险制度优化过程中，坚持权利与义务相结合，厘清各类保险项目的主体责任、各类保险制度的权责边界，有效激励更多企业积极为职工建立年金计划，激励更多民众积极参与个人养老储蓄计划，引导民众提升老龄金融素养，激励各类保险公司和金融机构主动提供更符合人口老龄化趋势、更加丰富、更具核心竞争力的养老金产品，形成政府、企业、家庭、个人和社会组织利益共同体，才是多层次养老保险制度有效融入国家治理体系的长久之计。另外，从全球福利国家建设的实践和经验看，多层次养老保险制度保障水平要与经济社会发展水平相适应，确保养老保险基金始终维持在安全运行区间，既应强调养老保险制度的筹资

---

① 林义，刘斌，刘耘衍. 社会治理现代化视角下的多层次社会保障体系构建 [J]. 西北大学学报（哲学社会科学版），2020 年第 9 期，第 103-111 页。

② 林义，刘斌，刘耘衍. 社会治理现代化视角下的多层次社会保障体系构建 [J]. 西北大学学报（哲学社会科学版），2020 年第 9 期，第 103-111 页。

机制和待遇给付机制更加成熟、更加稳定，又要重视缴费率和待遇水平的动态优化；既应满足当前人民群众步入老年时期合理的经济保障需求以及相应的养老服务需求，逐步提高制度保障水平，又绝对不能滋生"等靠要"的福利依赖，造成负面社会效应。

3.4.4　国家能力和善治原则

强大的国家能力是实现社会稳定、经济增长和人民幸福生活的基本保障，也是统筹经济社会治理并推动国家治理体系和治理能力现代化的重要手段。多层次养老保险制度的优化，应推动民众深刻认识老年群体的经济保障水平与国家安全、经济安全、社会安全的逻辑一致性，筑牢民众心理安全的防线，有效引导民众预期，进而营造更加有利于可持续发展的宏观环境，推动社会经济高质量发展。另外，20世纪90年代以来，众多学者和国际组织对"善治"进行了一系列研究，其要素包括参与、法治、责任、效益、公正、稳定、透明、廉洁等，其中比较有代表性的观点是，善治的本质特征是实现政治国家与公民社会的良性互动，政府与公民协同合作并对公共事务进行管理，在社会管理过程和活动中促进公共利益最大化①。对于作为经济社会治理重要机制的多层次养老保险制度而言，该制度一般情况下应按照多元共治要求，充分体现国家、集体和个人之间的有效制衡，有序地将民意作为多层次养老保险制度决策的重要参量；应通过法律的形式确定，维护制度的严肃性、权威性和稳定性；应接受社会和民众的广泛监督，实现决策过程公开透明，在体现政府责任的同时强调个人义务，有效回应社会热点，妥善应对民众合理诉求并协调解决相应困难。

---

① 俞可平.社会公平和善治：建设和谐社会的基石［EB/OL］.人民网，http://politics.people. com.cn/GB/8198/32784/45495/3261252.html，2005年3月22日。

4 多层次养老保险制度保障水平
对经济社会治理影响的实证分析

4.1 问题的提出

若从西方国家养老保险制度保障水平对经济社会治理影响的整体历程和政策实践来看，其大体上可以简单总结为形成→发展→不适应→危机→改革→再适应六个阶段，从德意志联邦共和国 1889 年实行《老年、残疾和遗嘱保险法》开始，到 1929 年至 1933 年西方资本主义经济大萧条催生了美国 1935 年颁布《社会保障法》，开宗明义就讲建立联邦老年待遇，使得罗斯福政府开创了国家干预经济发展和社会生活的全新模式，随后养老保险制度逐渐成为现代经济社会发展的标配，即进入"形成"阶段。随后，20 世纪 40 年代，养老保险制度开始迅速发展，以英国颁布"贝弗里奇计划"为代表，在随后 30 年内，养老保险制度经历了从免费制到缴费制、从强调国家责任到强调社会责任、从覆盖参保者到覆盖参保者家属、从均一待遇到收入关联的制度演变，逐渐建立起比较完善的"三支柱"养老保险体系，即国家、职业和个人养老金体系，该阶段实际上可以总结为"发展"阶段。20 世纪 70 年代后，由于人口老龄化、经济滞胀等一系列问题，包括英国在内的福利国家的养老保险制度的经济社会功能受到了来自实践的挑战，养老保险所需要投入的资源的增长率普遍超过了经济增长率且居高不下，进而对经济社会治理造成严重威胁，福利国家再分配所需资源也超过了税收，国家出现了财政赤字①。这一时期，可以称为"不适应→危机"阶段。为了应对"危机"，20 世纪 80 年代以来，西方国家被迫开始改革包括养老保险制度在内的社会保障制度，以适应经济发展和社会治理的需要，开始从不同角度、不同层面缩减国家在养老保险方面的财政支出和福利投入，逐步强调个人、企业和社会的责任。不久后，世界银行1994 年提出有效应对人口老龄化挑战的"三层次"养老保险体系建设，此后，国外多层次养老保险制度进入发展的快车道②。然而必须注意的是，2008 年全球金融危机后，大多数西方国家又采取了一系列新的政策取向，几乎都选择了包括提高弱势群体的保障水平、降低个人和企业的养老保险缴费负担、加大以国家财政投入力度促进就业等应对方式③。从这一阶段西方国家的政策实践来看，养老保险制度的优化与统筹经济社会治理进入了"改革→再适应"的循环过程。

回顾我国的养老保险制度改革和发展历程，在 70 多年制度优化历程中，养老保险制度保障水平实际上经历了低水平低增长、低水平高增长、待遇水平稳步提高，然后进入当前的健全覆盖全民、统筹城乡、公平统一、可持续的高质量发展新时期④。展开来讲，伴随着我国养老保险水平的不断提升、多层次养老保险制度的不断完善，与经济治理和社会治理整体会呈现出低水平适应（平均主义下的国家主导型养老保险）、不适应（转轨期与经济社会大势不协调的阵痛，以及自身低效率、高替代率等政策约束条件）、调整改革并不断适应（效率优先理念导向下的社会统筹型养老保险体系）的互动逻辑，最终体现为以公平公正全面可持续的价值目标为核心的中国特色多层次养老保险制度，既与现阶段经济发展水平、公众社会保障需求、老龄化发展趋势相适应，又考虑经济运行状况（经济增长、物价水平、政府财政收支情况等因素）、社会治理能力（居民可支配收入增长状况、城乡居民收入差距、多方参与社会治理的情况）等因素。

---

① 周弘.西方社会保障制度的经验及其对我们的启示［J］.中国社会科学，1996 年第 1 期，第 100-114 页。

② 林义.中国多层次养老保险的制度创新与路径优化［J］.社会保障评论，2017 年第 3 期，第 29-42 页。

③ 丁纯，陈飞.主权债务危机中欧洲社会保障制度的表现、成因与改革——聚焦北欧、莱茵、盎格鲁-撒克逊和地中海模式［J］.欧洲研究，2012 年第 6 期，第 1-20 页。

④ 张纪南.开启社会保障事业高质量发展新征程［EB/OL］.求是网，http://www.qstheory.cn/dukan/qs/2021-06/16/c_1127561226.htm，2021 年 6 月 16 日。

近年来，我国经济治理和社会治理总体上处于基本适应的状态，我国统筹城乡的民生保障制度促进社会公平正义的基本取向已经取得积极成效，很多过去的成熟经验、有效做法都逐渐上升为制度，形成了一整套相互衔接、紧密配合的制度体系，全国范围内收入的再分配和调节力度不断加大，居民个人财富的积累速度开始略高于经济增长速度，赋予了改善民生新的时代内容，深刻体现出在中国共产党领导下我国以人民为中心的巨大的制度优越性。与此同时，多层次养老保险水平和经济治理以及社会治理的协同情况也处于基本适应的状态，经过多年的改革开放，我国经济发展进入高速增长阶段转向高质量发展阶段的新常态，加之人口老龄化快速发展，基本养老保险制度抚养比不断下降，养老负担越来越重，基金收支压力不断增大，以此为出发点，国家层面总体上尽力而为又量力而行，在保障退休人员基本生活的前提下，实现了退休人员适当共享经济社会发展成果，既充分地保障退休人员的当前权益，也使得制度本身更可持续。

通过以上分析可以看出，从国家治理视角出发，近年来我国经济治理、社会治理与多层次养老保险制度整体发展水平基本协调。这是近年来，特别是党的十八大以来，党中央不断完善宏观经济治理，创新宏观调控思路和方式，加快发展现代产业体系，并持续发力保障和改善民生，在收入分配、养老保险等方面陆续推出一系列重大举措，完善社会治理体系，不断加强普惠性、基础性、兜底性民生建设，推进基本公共服务均等化，建成全球规模最大的社会保障保障体系，积极应对人口老龄化的必然结果①。但是，必须看到的是，由于多层次养老保险制度优化对经济社会治理的内在影响机制还有待进一步明确；因此，本章的核心内容为基于省级面板数据，利用计量分析的方法，重点聚焦于第2章理论分析阶段制度优化的保障水平方面，探究多层次养老保险制度保障水平对经济社会治理的作用机理，以期望进一步明确系统内各个变量之间的逻辑关系并推动制度的全方位优化。

---

① 中共中央.中共中央关于党的百年奋斗重大成就和历史经验的决议［M］.人民出版社，2021年11月第1版，第34-50页。

4.2 理论模型、研究假设和实证策略

4.2.1 理论模型

从经济治理来看，所谓的经济高质量发展可以表述为以高效益和高效率的生产方式为全社会持续提供高质量且可靠的产品和服务并在经济形态上形成高质量、高效率的稳态[①]。从社会治理来看，党的十九届四中全会提出必须加强和创新社会治理，完善党委领导、政府负责、民主协商、社会协同、公众参与、法治保障、科技支撑的社会治理体系，建设人人有责、人人尽责、人人享有的社会治理共同体，确保人民安居乐业、社会安定有序，建设更高水平的平安中国[②]，其核心本质可理解为党委领导和政府主导下的多元共治。因此，在当前新的时代背景下，构建多层次养老保险体系，推进多层次养老保险制度优化成为提升国家治理体系和治理能力现代化水平，实现新时代共同富裕目标的重要手段和内容。与此同时，我们必须看到的是，作为政府投入人力物力财力最多的公共事务，无论如何提高养老保险水平，如何改革养老保险制度，在中国共产党的领导下，其初心和使命始终是追求公共利益，始终存在仅仅依靠市场机制难以实现自我调节的领域[③]。因此，非常有必要深入分析多层次养老保险制度保障水平对于经济社会治理水平的影响机制和影响程度，进而通过制度的改革创新提高国家治理能力。

从理论分析的视角出发，一是不断完善多层次养老保险制度的互助共济功能，将有效稳定贫困者、老年人、残疾人等边缘人群的预期，助力维护社会稳定，提高社会治理水平，直接为保障国家安全贡献力量。二是不断完善多层次养老保险制度的代内收入再分配以及代际资源再配置的功

---

① 中国宏观经济研究院经济研究所课题组. 科学把握经济高质量发展的内涵、特点和路径[EB/OL].中国经济网,http://views.ce.cn/view/ent/201909/18/t20190918_33169299.shtml,2019年9月18日。

② 中共中央. 中共中央关于坚持和完善中国特色社会主义制度推进国家治理体系和治理能力现代化若干重大问题的决定[EB/OL].新华网,http://www.xinhuanet.com/politics/2019-11/05/c_1125195786.htm,2019年11月5日。

③ 中国社会保障学会理论研究组. 中国社会保障推进国家治理现代化的基本思路与主要方向[J]. 社会保障评论,2017年第3期,第3-16页。

能，将有效调节财富分配格局，弥合不同利益群体、不同阶层间的社会裂痕，为实现经济社会治理、化解社会矛盾、维系社会团结、促进共享发展和社会公平正义提供基础性保障。三是不断提高多层次养老保险制度对老年人的经济保障水平，推动全体国民脱离对基本温饱的考虑，更加深刻认识到美好生活的重要意义，激励民众减少当期储蓄并进行消费，更加关注精神的享受和人力资本的提升，将长远推动经济转型升级和社会的进步。四是不断拓展多层次养老保险范围，将推动养老保险收支规模和基金规模越来越大，成为影响宏观经济运行的政策工具，而多层次养老保险体系自身的发展，例如商业养老、商业医疗的介入，本身又成为经济治理的一部分。与此同时，近年来习近平总书记关于经济社会治理的重要论述基本上也是按照经济治理和社会治理两大框架展开的，例如，在 2021 年中央经济工作会议上明确提出要加强统筹协调，坚持系统观念，在经济治理层面要稳定宏观政策、激发市场活力、畅通国民经济循环、加大科技创新力度等，在社会治理层面要注重发展的平衡性协调性、兜住兜牢民生底线、推进基本养老保险全国统筹、积极应对人口老龄化等①；此外，总书记在部署新冠疫情防控和经济社会发展时，也明确讲到新冠疫情不可避免会对经济社会造成较大冲击，经济建设方面要分区分级精准复工复产、加大宏观政策调节力度，社会建设方面要强化稳就业举措、完成脱贫攻坚任务、保障基本民生等②。可以明显看出，多层次养老保险制度对于统筹经济社会治理的影响，主要可分解为经济治理和社会治理两个层面，本书第 2 章理论分析中关于多层次养老保险制度的经济功能和社会功能的论述也隐含了这种经济治理和社会治理二分法，并在概念界定中明确将经济社会治理分解为经济治理和社会治理。因此，本书在实证模型建立过程中，参考刘文斌（2014）③、刘凤义（2020）④ 等的做法，将经济社会治理分解为突出经济转型理念，关注产业结构升级的经济治理；以及突出社会公平理念，关

---

① 白宇，赵欣悦.中央经济工作会议在北京举行——习近平李克强作重要讲话 栗战书汪洋王沪宁赵乐际韩正出席会议 ［N］.人民日报，2021 年 12 月 11 日 01 版。

② 习近平.在统筹推进新冠肺炎疫情防控和经济社会发展工作部署会议上的讲话［EB/OL］.求是网，http://www.qstheory.cn/yaowen/2020-02/23/c_1125616079.htm，2020 年 2 月 23 日。

③ 刘文斌.统筹经济社会发展：成就、挑战及对策 ［J］.西北农林科技大学学报（社会科学版），2014 年第 4 期，第 144-150 页。

④ 刘凤义.科学统筹确保实现今年经济社会发展目标任务 ［J］.红旗文稿，2020 年第 6 期，第 23-24 页。

88 | 养老保险与大国之治——对我国多层次养老保险制度优化的思考

注城乡收入分配的社会治理。

与此同时，从理论分析的角度出发，在通过不断完善多层次养老保险制度提升经济社会治理能力并推进国家治理体系和治理能力现代化的过程中，人力资本、创新能力和居民储蓄的中介效应亦不能忽视。就人力资本中介而言，多层次养老保险制度的创新和完善可以促进全体国民提升人力资本积累水平并更好地共享经济社会发展成果，持续壮大中等收入群体并弥合体制内外、城乡等一系列收入差距；另外，由于基本养老保险缴费基数、补充养老保险等制度在不同企业、地区、人群的差异性，养老保险制度保障水平对吸引高质量人力资本存在很高的边际效用，这将对提高劳动生产率进而提高经济社会治理水平产生中介作用。就创新能力中介而言，较为完善的养老保障制度以及较高的养老保险制度保障水平有助于稳定全体国民对于长期福利的渴望以及对未来良好的预期，从而有利于创新精神的释放和创新效能的提升，进而可能提升经济社会治理水平。就居民储蓄中介而言，伴随着多层次养老保险制度的高质量发展、现收现付制向部分积累制的转轨以及个人养老金制度的发展，总体上将提升居民储蓄水平，进而加快资本的积累并推动经济增长，也就是说居民储蓄对于提升经济社会治理水平在理论上存在中介效应。

4.2.2　研究假设和实证策略

上文理论分析表明，多层养老保险制度具有明显的经济功能和社会功能，该制度会在多层面、多维度对经济社会治理水平形成影响并在更大范围影响国家治理体系和治理能力现代化。与此同时，经济社会治理水平又可分解为突出经济转型理念关注产业结构升级的经济治理水平以及突出社会公平理念关注收入分配的社会治理水平。为此，基于以上分析，可以得到如下待检验的命题假说：多层次养老保险制度保障水平的提升有助于国家治理能力的提升，特别是对经济治理能力和社会治理能力的提升作用效果直接。在进入经济高质量发展新阶段，多层次养老保险制度保障水平的提升对于经济转型和城乡收入均等化的将产生显著的正向影响。另外，多层次养老保险制度保障水平的提升对于统筹经济治理能力具有中介效应，可能的中介变量为人力资本、创新能力和居民储蓄，加之由于我国幅员辽阔、地区差异大，多层次养老保险制度保障水平的提升对于统筹经济社会

治理能力的影响可能呈现不同的区域特征。为此，本书参考孙早等
(2019)[①] 以及刘蓉等（2021）[②] 的做法，形成如下传导逻辑和实证策略
（图4-1）。

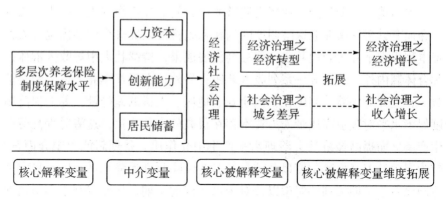

图 4-1　本章实证策略和传导逻辑

4.3　模型设定、变量选择和数据来源

4.3.1　模型设定和变量选择

近年来，在经济建设方面，针对我国过去片面追求速度规模、发展方
式粗放等问题，加之 2008 年国际金融危机后世界经济持续低迷，党中央明
确提出我国经济进入新常态，提出全新的经济治理新理论，深刻强调贯彻
新发展理念是关系我国发展全局的一场深刻变革，必须实现创新成为第一
动力、协调成为内生特点、绿色成为普遍形态、开放成为必由之路、共享
成为根本目的的高质量发展，推动经济发展质量变革、效率变革和动力变
革，凝练形成习近平新时代中国特色社会主义经济思想，开辟了马克思主
义政治经济学的新境界[③]，为破解我国经济结构体制性矛盾以及发展不平

---

①　孙早，刘李华.社会保障、企业家精神与内生经济增长 [J].统计研究，2019 年第 1 期，
第 77-91 页。

②　刘蓉，李娜.地方债务密集度攀升的乘数和双重挤出效应研究 [J].管理世界，2021 年第
3 期，第 51-66 页。

③　中共中央.中共中央关于党的百年奋斗重大成就和历史经验的决议 [M].人民出版社，
2021 年 11 月第 1 版，第 34 页。

衡、不协调、不可持续的问题指明了前进的方向。在社会建设方面，党中央始终强调人民对美好生活的向往就是我们的奋斗目标，为了保障和改善民生，党中央按照坚守底线、突出重点、完善制度、引导预期的思路，主动加强包括多层次养老保险体系建设在内的一系列普惠性、基础性、兜底性民生建设，推进基本公共服务均等化，不断完善收入分配体系，不断完善社会治理体系，建设共建共治共享的社会治理体系①，不断推动国家治理能力提升。另外，习近平总书记明确指出经济社会发展的根本目的是坚持以人民为中心发展思想，防止两极分化，建立按劳分配为主，多种分配方式并存的分配制度②。因此，坚定不移走共同富裕道路，将经济治理和社会治理紧密融合并统筹推进，成为坚持和完善中国特色社会主义制度，不断将国家治理体系和治理能力现代化推向新高度的重要组成部分。

为了更加准确地把握多层次养老保险制度保障水平与经济社会治理的内在逻辑关系，本书按照上述理论分析框架，聚焦习近平经济思想关于经济社会发展是系统工程以及聚焦迫切需要解决的突出问题，以重点突破引领全局发展的指导思想③，紧紧围绕《中共中央关于党的百年奋斗重大成就和历史经验的决议》中关于党的十八大以来我国在经济社会治理中关注的核心要义，即在经济建设上从高速增长转向高质量发展，不以简单的生产总值增长率论英雄，应更加注重经济发展的平衡性、协调性、可持续性和经济转型成效；在社会建设上按照坚守底线、突出重点、完善制度、引导预期的思路，推进基本公共服务均等化，努力建设体现效率、促进公平的收入分配体系，同时考虑到数据的可及性，将经济社会治理能力聚焦到经济转型水平和社会公平程度两个方面，分别用"产业结构升级指数"和"城乡居民可支配收入比"来衡量，将多层次养老保险制度保障水平用基本养老保险支出总额占 GDP 比重来替代（具体理由和依据在模型设定阶段将详细论述）。

当然，此处需要重点说明两点，一是本书作者清楚对于核心被解释变量经济社会治理能力也有其他的替代变量或者综合性指标，在经济治理方

① 中共中央.中共中央关于党的百年奋斗重大成就和历史经验的决议 [M].北京：人民出版社，2021 年 11 月第 1 版，第 46—50 页。

② 刘伟.习近平宏观经济治理思想开拓马克思主义政治经济学的新境界 [J].马克思主义理论学科研究，2022 年第 1 期，第 4—15 页。

③ 宁吉喆.深入学习贯彻习近平经济思想 扎实推动我国经济高质量发展 [N].人民日报，2022 年 7 月 22 日第 12 版。

面，仍有大量的研究认为不仅应该关注经济发展的结构，还应该关注经济增长的速度，高质量发展并不意味着不增长[1]；在社会治理方面，也有学者认为不仅仅应该关注城乡居民收入差距[2]，还应该关注地区间收入差异[3]以及居民人均可支配收入绝对值[4]等因素，甚至是还要使用洛伦兹分析方法（本书重在突出核心指标，故不考虑该方法）；在经济社会治理综合性指标构建方面，也有学者认为在我国社会政治经济发展的重大战略目标和战略策略背景下，治理评估框架应包括公民参与、人权与公民权、党内民主、社会公正、社会稳定等 12 个方面，每个方面还有众多具体的指标[5]。由于本书的重点并不是系统、全面地评估经济社会治理水平，故未采取构建综合性指标的策略，事实上考虑过多指标反而会冲淡本书的研究主题。二是本书作者清楚对于核心解释变量多层次养老保险制度保障水平，不能简单地用第一层次基本养老保险支出总额占 GDP 的比重来衡量或者只考虑保障待遇的问题，虽然这是目前多层次中最重要的部分，但还应考虑第一层次覆盖面的问题[6]；那么同理，也还要考虑第二层次年金以及第三层次商业养老保险的保障水平和覆盖面的问题。

对于上述特别说明的两点，本书在实证阶段将在进一步拓展、异质性分析和稳健性检验中予以回应。具体而言，针对经济治理方面的经济增长和社会治理方面的人均可支配收入，本书会在进一步拓展时予以讨论并综合分析；针对地区间差异，本书会在异质性分析时予以讨论并综合分析；针对核心解释变量涉及的覆盖面以及二、三层次的问题，本书会在稳健性检验时采用替换变量的方法予以讨论并综合分析。另外，政策环境、政治环境和文化氛围等当前与多层次养老保险制度在理论上具有一定逻辑关系

---

① 史丹，赵剑波，邓洲. 从三个层面理解高质量发展的内涵 [N]. 经济日报，2019 年 9 月 9 日第 14 版。

② 李陈华，柳思维. 城乡劳动力市场的二元经济理论与政策——统筹城乡发展的洛伦兹分析 [J]. 中国软科学，2006 年第 3 期，第 30-41 页。

③ 储德银，黄文正，赵飞. 地区差异、收入不平等与城乡居民消费 [J]. 经济学动态，2013 年第 1 期，第 46-52 页。

④ 杨穗，高琴，赵小漫. 新时代中国社会政策变化对收入分配和贫困的影响 [J]. 改革，2021 年第 10 期，第 57-71 页。

⑤ 俞可平. 中国治理评估框架 [J]. 经济社会体制比较，2008 年第 6 期，第 1-9 页。

⑥ 李宏，张向达. 中国财政社会保障支出扩面效应的测算与比较 [J]. 2020 年第 4 期，第 68-79 页。

但还无法量化的指标未纳入计量模型。因此，本书按照协同学的原理[1]，深入经济社会治理子系统，将经济社会治理能力分解为经济转型水平和社会公平程度，以期在综合分析的基础上得出相应的结论。

为此，本书分别构建如下计量模型。

针对经济治理，本书构建如下计量方程：

$$\text{GDPindex}_{it} = \alpha + \beta \cdot SL_{it} + \sum_{i=1}^{n} \gamma_i \cdot Y_{it} + \lambda_{1t} + \mu_{1i} + \varepsilon_{1it} \quad (4\text{-}1)$$

针对社会治理，本书构建如下计量方程：

$$RDPI_{it} = \varphi + \theta \cdot SL_{it} + \sum_{i=1}^{n} \delta_i \cdot X_{it} + \lambda_{2t} + \mu_{2i} + \varepsilon_{2it} \quad (4\text{-}2)$$

其中，β、θ 是核心待估参数，λ_t 和 μ_i 分别代表时间固定效应和地区固定效应，ε_{it} 为系统误差。

针对经济治理，本书借鉴了徐敏（2015）[2]、汪伟（2015）[3] 构建产业结构升级指数（GDPindex）作为被解释变量并做了适度拓展，即：

$$\text{GDPindex} = \sum_{i=1}^{3} c_i \cdot i^2 \quad (4\text{-}3)$$

其中，c_i 代表第 i 产业产值占总产值的比重，通过式（4-3）可以反映出三次产业升级的基本情况。

在核心解释变量方面，关于多层次养老保险制度保障水平（SL）的刻画，本书则是参考了穆怀中（1997[4]，2019[5]）和杨翠迎、何文炯（2004）[6] 等国内最为通用的做法，即：

$$SL = S/W \cdot W/G = Q \cdot H \quad (4\text{-}4)$$

其中，SL 为基本养老保险水平，S 代表基本养老保险支出总额（职工基本养老保险基金支出与城乡居民养老保险基金支出之和）；W 代表工资收入，

① ［德］赫尔曼·哈肯. 协同学——大自然构成的奥秘 [M]. 凌复华，译. 上海：上海译文出版社，2005年5月第1版，第9-11页。

② 徐敏，姜勇. 中国产业结构升级能缩小城乡消费差距吗 [J]. 数量经济技术经济研究，2015年第3期，第3-21页。

③ 汪伟，刘玉飞，彭冬冬. 人口老龄化的产业结构升级效应研究 [J]. 中国工业经济，2015年第11期，第47-61页。

④ 穆怀中. 社会保障适度水平研究 [J]. 经济研究，1997年第2期，第56-63页。

⑤ 穆怀中. 社会保障的生存公平与劳动公平——"保障适度"的两维度标准 [J]. 社会保障评论，2019年第2期，第3-13页。

⑥ 杨翠迎，何文炯. 社会保障水平与经济发展的适应性关系研究 [J]. 公共管理学报，2004年第1期，第79-85页。

G 代表国内生产总值。那么，易得，Q 代表基本养老保险支出占工资收入的比重，又称养老保险负担系数；H 则代表工资收入总额占国内生产总值的比重，又称劳动生产要素投入分配系数。必须注意的是，正如上文所述，基本养老保险水平往往与企业年金的发展程度和商业养老保险的发展程度密切相关，企业年金的发展程度和商业养老保险的发展程度作为核心解释变量可用于模型的稳健性检验。

在控制变量方面，考虑到我国在人口老龄化加快发展的现实背景下以及新型城镇化加速推进的政策背景下，老龄化预计会使得劳动年龄阶段人口减少且人力资本与技能水平难以适应产业结构，但也有可能促使市场主体加大研发投入来提升竞争力并催生新的产业形态；而在新型城镇化的过程中，预计也将推动农业生产向高附加值转变，工业向更深层次演化，第三产业向更广范围拓展，与此同时，较好的社会参与情况将有效凝聚其各方推进经济转型的强大合力，就业情况也决定了劳动力市场的供给情况进而会对经济转型产生一定程度的影响。因此，本书综合蓝庆新（2013）[①]、汪伟（2015）[②]、宋丽敏（2017）[③] 等相关研究的做法，分别从人口结构、城市化水平、社会参与、就业情况四个层面选取了老年人口抚养比（ODR）、城镇化率（UrRa）、每万人人均社会团队数量（SOG）、城镇登记失业率（UnRa）四个变量作为控制变量。

针对社会治理，在式（4-2）中，本书参考胡海波（2011）[④]、林义（2013）[⑤] 关于城乡收入差距太大是我国经济社会发展中和社会保障制度改革的突出问题且城乡二元特性成为社会不公平的根源之一的学术观点，以及蔡昉（2020）[⑥] 关于提高社会福利水平的均等化程度是实现共同富裕并

① 蓝庆新，陈超凡. 新型城镇化推动产业结构升级了吗？——基于中国省级面板数据的空间计量研究［J］. 财经研究，2013 年第 12 期，第 57–71 页。

② 汪伟，刘玉飞，彭冬冬. 人口老龄化的产业结构升级效应研究［J］. 中国工业经济，2015 年第 11 期，第 47–61 页。

③ 宋丽敏. 城镇化会促进产业结构升级吗？——基于 1998—2014 年 30 省份面板数据实证分析［J］. 经济问题探索，2017 年第 8 期，第 70–78 页。

④ 张杰，胡海波. 我国城乡收入差距的成因及对策研究——以社会公平为分析视角［J］. 理论探讨，2012 年第 2 期，第 102–105 页。

⑤ 林义，等. 统筹城乡社会保障制度建设研究［M］. 北京：社会科学文献出版社，2013 年 3 月第 1 版，第 37–41 页。

⑥ 蔡昉. 社会福利的竞赛［J］. 社会保障评论，2022 年第 2 期，第 36–45 页。

提升国家竞争力的战略判断，同时根据陆铭（2004）①、孙文杰（2021）②等的做法，将城乡居民可支配收入比（RDPI）作为反映社会治理的被解释变量。该处理方法可以更好地回应党的十九届六中全会提出的共同富裕理念下建设更加公平的收入分配体系的价值追求。当然，也有部分文献使用泰尔指数刻画社会公平（景守武 等，2017）③，或者使用基尼系数刻画社会公平（程文 等，2018）④；本书主要考虑到计算的简洁性以及数据的可获得性，采用了国内学者最常用的方法。

在控制变量方面，本书主要参考江必新（2015）提出的要推进国家治理体系更加有效运转需提高人民团体、社会组织的工作能力的说法⑤以及俞可平（2012）⑥ 的做法，将反映社会参与情况的每万人人均社会团队数量（SOG）作为控制变量。此外，本书参考蓝嘉俊（2014）⑦、王国定（2022）⑧ 等学者做法，考虑人口年龄结构对于收入、消费等变量的实质性影响进而造成收入差距的现实情况，本书亦将老年人口抚养比（ODR）作为控制变量。当然，不容忽视的是，在统筹城乡发展和社会公平的视野下，失业问题是一个不能回避的变量⑨，因此，本书参考章元等（2011）⑩的做法，将城镇登记失业率（UnRa）亦作为控制变量。此外，财政分权体现了中央和地方政府间的财政权力分配，财政分权效应假说认为在我国现

---

① 陆铭，陈钊.城市化、城市倾向的经济政策与城乡收入差距 [J].经济研究，2004 年第 6 期，第 29-36 页。

② 孙文杰，严文沁.我国通信基础设施对城乡收入差距的影响研究——基于空间溢出的视角 [J].中国经济问题，2021 年第 6 期，第 33-46 页。

③ 景守武，陈红蕾.FDI、产业结构升级对我国城乡居民收入差距的影响：基于省际面板数据分析 [J].世界经济研究，2017 年第 10 期，第 55-64 页。

④ 程文，张建华.收入水平、收入差距与自主创新——兼论"中等收入陷阱"的形成与跨越 [J].经济研究，2018 年第 4 期，第 47-62 页。

⑤ 江必新，邵长茂.论国家治理商数 [J].中国社会科学，2015 年第 1 期，第 102-118 页。

⑥ 俞可平.中国治理评论（第二辑）[M].北京：中央编译出版社，2012 年 7 月，第 2-29 页。

⑦ 蓝嘉俊，魏下海，吴超林.人口老龄化对收入不平等的影响：拉大还是缩小？——来自跨国数据（1970—2011 年）的经验发现 [J].人口研究，2014 年第 5 期，第 87-106 页。

⑧ 王国定，陈祥，孔欢.城乡收入差距与人口老龄化的时空关联——基于动态空间面板模型的实证分析 [J].经济问题，2022 年第 7 期，第 44-53 页。

⑨ 李陈华，柳思维.城乡劳动力市场的二元经济理论与政策——统筹城乡发展的洛伦兹分析 [J].中国软科学，2006 年第 3 期，第 30-41 页。

⑩ 章元，刘时菁，刘亮.城乡收入差距、民工失业与中国犯罪率的上升 [J].经济研究，2011 年第 2 期，第 59-72 页。

行的财政管理体制下，财政分权度会对地方政府的基本公共产品的行为产生影响，进而影响相应收入分配，因此本书参考（Feltenstein，2005[①] 和陈硕，2012[②]）的做法，将地方财政自主度（Fisaut）也纳入了控制变量。此外，β 是核心待估参数，λ_t 和 μ_i 分别代表时间固定效应和地区固定效应，ε_{it} 为系统误差。

4.3.2 数据来源和变量说明

本章原始数据如无特殊说明均来自 2008—2020 年《中国统计年鉴》、2008—2020 年《中国劳动统计年鉴》、2008—2020 年《人力资源和社会保障事业发展统计公报》、2012—2020 年《企业年金年度业务摘要》以及 WIND 数据库中的中国宏观数据和行业宏观数据。另外，各省社会团体数量来自中华人民共和国民政部官方网站，个别年份数据缺失本书使用插值法补全（实际上几乎无缺失数据）。各变量具体名称、定义以及变量计算过程如表 4-1 所示。

表 4-1　变量名称、定义与说明

	变量名	变量定义	变量说明
被解释变量	RDPI	社会治理水平	使用"城乡居民可支配收入比"衡量，计算方法为该地区城镇居民人均可支配收入除以农村居民人均可支配收入得出
	GDPindex	经济治理水平	使用"产业结构升级指数"衡量，计算方法为使用该地区一、二、三各自产业产值占总产值比重乘以相应的加权乘数后加总得出

① Feltenstein A, Iwata S. Decentralization and macroeconomic performance in China: regional autonomy has its costs [J]. Journal of Development Economics, 76 (2), 2005 (04), pp. 481-501.

② 陈硕，高琳. 央地关系：财政分权度量及作用机制再评估 [J]. 管理世界，2012 年第 6 期，第 43-59 页。

表4-1(续)

	变量名	变量定义	变量说明
核心解释变量	SL	多层次养老保险制度保障水平	使用"基本养老保险保障水平"衡量。需说明的是,从我国各省的实际情况来看,基本养老保险水平往往与企业年金的发展程度和商业养老保险的发展程度密切相关,使用基本养老保险水平可代替多层次养老保险水平,至于基本养老保险覆盖面,企业年金的发展程度和商业养老保险的发展程度作为核心解释变量可用于模型的稳健性检验。多层次养老保险水平由该地区当年基本养老保险(职工+居民)基金支出总额除以地区生产总值并乘以100%得出
控制变量	ODR	老年人口抚养比	使用各省65岁及以上人口数(抽样数)除以15~64岁劳动年龄人口数(抽样数)并乘以100%得出
	UrRa	城镇化率	使用各省城镇常住人口数除以常住人口总数并乘以100%得出
	SOG	每万人社会团队数量	使用民政部公布的各省社会团体数量除以常住人口数得出
	UnRa	城镇登记失业率	城镇登记失业人数同城镇从业人数与城镇登记失业人数之和的比例,具体数据直接来自历年《中国统计年鉴》
	Fisaut	地方财政自主度	使用地方政府财政收入除以财政支出得出,用以测度地方政府财政的自主水平

注:经济治理和社会治理控制变量不完全一致,本表所列示的变量为全口径所有变量。

资料来源:作者自制。

4.3.3 内生性问题讨论

必须注意的是,由于本模型所采用数据均为宏观数据或者根据宏观数据得出,上文所述模型在进行计量回归时可能由于逆向因果等原因产生内生性问题,也很难找到完美的工具变量。为此,为避免内生性的问题,此处我们借鉴 Barro（2000）[①] 的处理方法：将 2008—2020 年共 13 期（年）的数据划分为每 2 年一个阶段，如 2008 和 2009 年为 1 阶段、2010 和 2011 位 2 阶段，以此类推。反映社会治理水平的被解释变量城乡居民人均可支配收入比（RDPI）、反映经济结构转型的产业结构升级指数（GDPindex）设置为每两年的平均值，核心解释变量 SL 则选择每阶段的第一年数据，即 2008 年、2010 年……以此类推。控制变量的处理方法与被解释变量的处理方法一致，也取两年的平均值。最终，我们重新形成面板样本数据。这样处理的原因是，用发生在后面的经济行为去解释前面的经济行为是缺乏经济逻辑的，因此这样可以有效地控制住变量之间由于逆向因果关系导致的内生性问题。为此，还需要说明的是，由于本书采用求均值的办法处理了内生性问题，故在模型回归阶段样本量会从 403 个减少到 186 个。

4.4 实证结果分析

4.4.1 描述性统计结果

本书选取的样本涵盖 2008 年到 2020 年 31 个省、自治区和直辖市（不含港澳台），所选取的变量包括社会治理水平（RDPI）、经济治理水平（GDPindex）、多层次养老保险制度保障水平（SL）、老年人口抚养比（ODR）、城镇化率（UrRa）、每万人社会团队数量（SOG）、城镇登记失业率（UnRa）、地方财政自主度（Fisaut）。本书在基准回归时所用到的变量的描述性统计结果如表 4-2 所示，核心变量按 31 个省、自治区、直辖市变化的情况如图 4-2 到图 4-4 所示。

表 4-2　变量的描述性统计

变量名	观测值	单位	均值	标准差	最小值	最大值
RDPI	403	—	2.747 5	0.510 3	1.845 1	4.280 9
GDPindex	403	—	6.001 7	0.606 2	4.972 5	9.717 6
SL	403	%	4.220 4	2.275 4	1.222 4	16.693 3

---

① Barro R J. Inequality and Growth in a Panel of Countries [J]. Journal of economic growth, 5 (1), pp. 5-32.

表4-2(续)

变量名	观测值	单位	均值	标准差	最小值	最大值
ODR	372	%	13.517 4	3.211 9	6.691 6	23.815 3
UrRa	403	%	55.387 2	13.830 1	22.610 0	89.600 0
SOG	403	个/万人	2.387 7	1.202 7	0.979 3	8.675 7
UnRa	403	%	3.346 3	0.650 9	1.21	4.61
Fisaut	403	—	0.485 6	0.203 1	0.064 0	0.937 8

注：描述性统计时，为了向读者展示最真实的情况，未对被解释变量以及其他相关变量采取计算两年平均值的做法，所有的结果均为原始数据统计结果。其中，ODR即老年人口抚养比为截止到2019年数据；西藏自治区2008年城镇登记失业率数据缺失，本书采用了插值法予以补齐。

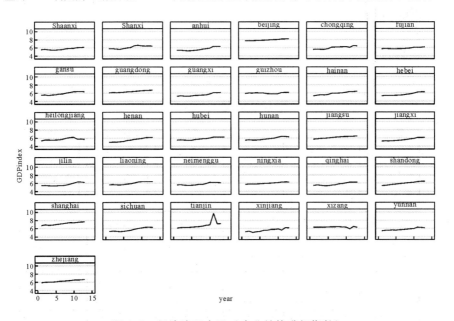

图4-2 经济治理水平（产业结构升级指数）
在不同区域时间趋势（2008—2020年）

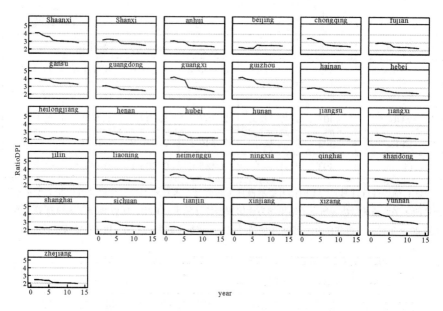

图 4-3　社会治理水平（城乡居民可支配收入比）
在不同区域时间趋势（2008—2020 年）

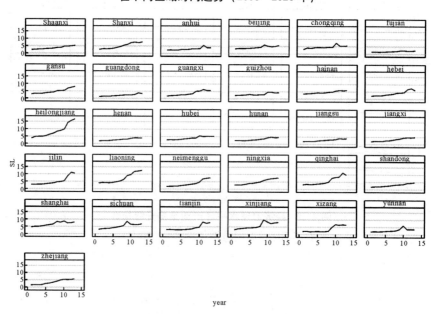

图 4-4　多层次养老保险制度保障水平
在不同区域时间趋势（2008—2020 年）

养老保险与大国之治——对我国多层次养老保险制度优化的思考

从表 4-2 和图 4-2 到图 4-4 可以看出，总体而言，被解释变量经济治理水平（GDPindex）、社会治理水平（RDPI）以及核心解释变量多层次养老保险制度保障水平（SL）的数值范围变动很大，在不同省、自治区、直辖市的各年度也呈现出明显不同的特征。因此，以上描述性统计的结果表明使用省级面板数据可以很好地刻画以上变量的个体差异和时间差异。与此同时，为了更加直观地反映被解释变量经济治理水平（GDPindex）、社会治理水平（RDPI）以及核心解释变量多层次养老保险制度保障水平（SL）的逻辑关系，本书分别绘制了被解释变量与核心解释变量的散点图，具体如图 4-5 到图 4-6 所示。可以明显看出，反映经济治理水平的产业结构升级指数（GDPindex）与多层次养老保险制度保障水平（SL）存在正向相关关系（拟合曲线向右上方倾斜，图 4-5），即不断提高多层次养老保险制度水平，将有助于推动产业结构升级，进而提高经济治理水平和能力。与此同时，反映社会治理水平的变量城乡居民可支配收入比（RDPI）与核心解释变量多层次养老保险制度保障水平的养老保险水平（SL）存在反向相关关系（拟合曲线向右下方倾斜，图 4-6），即多层次养老保险制度的保障水平越高，城乡居民可支配收入比就越低，进而社会公平程度就越高，社会治理效能也就越高。当然，被解释变量与核心解释变量之间更加准确的逻辑关系和更加严谨的结论还有待后文的计量分析结果。

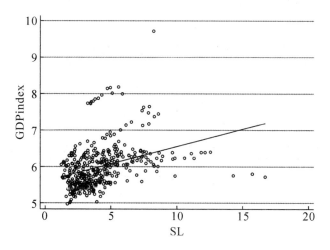

图 4-5　经济治理水平与多层次养老保险制度保障水平散点图

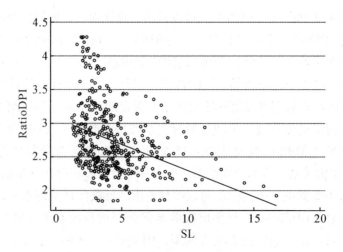

图 4-6　社会治理水平与多层次养老保险制度保障水平散点图

4.4.2　基准回归结果

（1）多层次养老保险制度保障水平对经济治理的影响效应

为更好地识别以多层次养老保险保障水平为衡量指标的多层次养老保险制度保障水平对于以产业结构升级指数（GDPindex）为衡量指标的经济治理情况的影响，本部分分别采用混合 OLS 回归、个体固定效应模型、随机效应模型、双向随机模型以及双向固定模型（考虑时间效应）来识别两者的关系。

表 4-3　多层次养老保险制度保障水平对经济治理（GDPindex）的影响效应

解释变量		被解释变量：GDPindex				
		混合 OLS 回归（1）	个体固定 效应（2）	随机效应 （3）	双向随机 （4）	双向固定 （5）
核心 解释 变量	SL	0.058 4 *** (0.019 8)	0.074 3 * (0.043 1)	0.072 1 * * (0.036 1)	0.038 4 (0.032 0)	0.028 7 (0.032 7)

表4-3（续）

解释变量		被解释变量：GDPindex				
		混合 OLS 回归（1）	个体固定 效应（2）	随机效应 （3）	双向随机 （4）	双向固定 （5）
控制 变量	ODR	−0.001 5 (0.008 8)	0.038 1** (0.017 6)	0.026 6* (0.013 9)	−0.003 7 (0.021 9)	0.004 5 (0.029 5)
	UrRa	0.025 2*** (0.002 9)	0.021 3** (0.009 5)	0.022 9*** (0.006 7)	0.019 7** (0.008 0)	−0.005 4 (0.013 4)
	SOG	−0.014 7 (0.023 4)	0.027 0 (0.021 4)	0.013 4 (0.025 0)	−0.020 2 (0.035 4)	0.004 2 (0.032 3)
	UnRa	−0.311 0*** (0.050 4)	−0.041 4 (0.054 8)	−0.123 6* (0.062 8)	−0.068 5 (0.081 5)	−0.026 6 (0.066 0)
常数（C）		5.454 0*** (0.336 7)	4.073 3*** (0.543 2)	4.455 8*** (0.490 9)	4.977 5 (0.426 8)	5.915 2*** (0.766 2)
样本容量（N）		186	186	186	186	186
拟合系数（R²）		0.653 6	0.706 3	0.573 0	0.615 8	0.755 0
F test		36.11***	16.21***	—	—	36.76***
Wald test		—	—	306.45***	328.85***	—
LM test		—	—	184.00***	—	—
Time Effect		—	—	—	16.66***	3.61**
Hausman test		—	15.32**	—	—	19.88***

注：***、**、*分别表示相关系数在 1%、5% 和 10% 水平下显著，括弧中的数字表示聚类稳健标准差，双向随机模型是指在随机效应模型中考虑了时间效应。另，需要注意的是，由于本书采用求均值的办法处理了内生性问题，故在模型回归阶段样本量会从描述性统计阶段的 403 个减少到 186（关于该问题，后文不再解释）。

从表 4-3 可以看出，检验结果表明，所有 F 统计量强烈拒绝了原假设（H_0：$u_i = 0$），所以固定效应明显优于混合回归，但个体效应可能以随机效应（RE）形式存在，LM 检验表明模型中存在反映个体特征的随机扰动项，亦证明不能使用混合回归。进一步分析可以得知，Hausman 检验表明，本书应强烈拒绝"不可观测的随机变量与所有解释变量不相关"的原假设，加之近年来在党中央的集中统一领导下，面对我国经济进入新常态，各地实际上在经济转型和产业结构升级方面的战略不尽相同，西部地区更加强调大开发形成新格局，东北地区更加强调东北振兴取得新突破，中部地区更加强调高质量发展和协调发展，东部地区更加强调加快推进现代化；因此，个体固定效应模型优于随机效应模型。与此同时，近年来，党中央强调全国一盘棋，强调要推动经济发展质量变革、效率变革和动力变革①，很可能出现一些不随地区变化而变化但随时间变化而变化的因素；因此，有必要在个体固定效应模型的基础上引入时间效应，在表 4-3 中，列（4）和列（5）分别汇报了引入时间效应后的检验结果，虽然时间效应是显著的，但可能是本书样本或其他原因，在模型中引入时间效应后无论是解释变量系数还是控制变量系数几乎均不显著，这与正常的经济逻辑明显不符。因此，本书基于个体固定效应模型展开分析。

可以看出，近年来，多层次养老保险制度保障水平的提高和以产业结构升级为衡量指标的经济转型显著正相关。可能的解释为，在推动共同富裕的大背景下，多层次养老保险制度的不断完善有效改善了人们的消费预期和消费结构，同时基金的长期积累和投资运营壮大了资本市场，拓宽了支撑实体经济发展的资金来源，促进了经济高质量发展，有效支撑了经济转型②。另外，以养老保险制度改革为核心的社会保障制度转轨有利于国有企业建立现代企业制度③，以养老保险降费率为主要内容的社会保障减费降税政策有利于减轻企业负担④，长期来看必然有利于产业结构升级进而提高经济治理水平。而我国近年来推进国家治理体系和治理能力现代化，把多层次养老保险制度改革、就业、教育、收入分配等和加快建设中国特色现代企业制度相结合，着力增强国有企业竞争力、创新力、控制力、影响力和抗风险能力⑤，有力推动了经济结构转型。当然，结合实际情况，还有一个不容忽视的因素就是，在新时代推进乡村振兴战略实践进程中，多层次养老保险的内生性兜底功能更加显性化，并在优化配置资

---

① 中共中央. 中共中央关于党的百年奋斗重大成就和历史经验的决议 [M]. 北京：人民出版社，2021 年 11 月第 1 版，第 34 页。

② 中共中央人力资源和社会保障部党组. 进一步织密社会保障安全网 [EB/OL]. 求是网，http://www.qstheory.cn/dukan/qs/2022-04/16/c_1128558641.htm, 2022 年 4 月 16 日。

③ 顾乃华. 社会保障制度转轨及其对第三产业发展的影响 [J]. 人口与经济，2002 年第 6 期，第 74-78 页。

④ 景鹏，周佩，胡秋明. 养老保险缴费率、经济增长与养老金替代率——兼论政策缴费率与实际缴费率的关系 [J]. 经济科学，2020 年第 6 期，第 124-136 页。

⑤ 中共中央. 中共中央关于坚持和完善中国特色社会主义制度 推进国家治理体系和治理能力现代化若干重大问题的决定 [EB/OL]. 新华网，http://www.xinhuanet.com/politics/2019-11/05/c_1125195786.htm, 2019 年 11 月 5 日。

源、完善产业结构、提升治理效能、增进民生福祉四个维度上衍生出对应性张力，促进了农村经济的转型升级和农业的供给侧结构性改革①。

就其他控制变量而言，老年人口抚养比（ODR），亦可理解为人口老龄化程度和以产业结构升级为代表的经济治理能力显著正相关，且显著程度甚至还高于多层次养老保险制度保障水平。关于该问题的解释，有学者认为在中国经历了刘易斯转折点并逐步失去人口红利后，老年人口抚养比升高比会导致人力资本积累与经济转型不匹配，需要通过教育发展推动人力资本提升，否则会制约经济的转型②；而令人欣喜的是，从本书实证的结果来看，近年来，在党中央统一部署下，我国积极应对人口老龄化，贯彻以人民为中心的发展思想，重点夯实应对人口老龄化的社会财富储备、改善人口老龄化背景下的劳动力有效供给和持续提升人力资本、打造高质量的为老服务和产品供给体系，为实现经济高质量发展提供了的必要保障③；当然，从微观层面讲，也很容易理解老年人口抚养比升高也将倒逼企业加大研发投入力度并将有限且宝贵的储蓄投入更加先进和具备比较优势的产业或行业中去④。当然，伴随着老龄化程度的加剧以及老年人口抚养比的升高，其本身就会创造出与老年人需求相适应的第三产业⑤。与此同时，就第二个控制变量城镇化率（UrRa）而言，其和产业升级指数也显著正相关。关于这个问题的解释，不难理解，一方面城市发展将持续吸引人口不断向城市集聚，加快城市人力资本积累和知识外溢并推动技术进步和产业升级⑥；另一方面，城市的发展促进了产业要素的集聚并提升了协

---

① 徐进. 社会保障助力乡村振兴：功能定位、现实困境、逻辑进路 [J]. 社会福利（理论版），2020 年第 3 期，第 42-45 页。

② 蔡昉，王美艳. 中国人力资本现状管窥——人口红利消失后如何开发增长新源泉 [J]. 人民论坛（学术前沿），2012 年第 4 期，第 56-65 页。

③ 中共中央，国务院. 中共中央 国务院印发《国家积极应对人口老龄化中长期规划》[EB/OL]. 中华人民共和国官方网站，http://www.gov.cn/xinwen/2019-11/21/content_5454347.htm, 2019 年 11 月 21 日。

④ 汪伟，艾春荣. 人口老龄化与中国储蓄率的动态演化 [J]. 管理世界，2015 年第 6 期，第 47-62 页。

⑤ 刘斌，林义. 国家安全视角下构建多层次养老保险体系的制度创新——基于城镇职工养老保险缴费比例下调后基金缺口的测算 [J]. 财经科学，2020 年第 8 期，第 39-51 页。

⑥ Carlino G A, Chatterjee S, Hunt R M. Urban Density and Rate of Inventions [J]. Journal of Urban Economics, 61 (3), 2007 (02), pp. 389-419.

同创新效应，有效推动了产业结构升级①。另外，我国甚至还存在新型城镇化与产业结构升级之空间自相关的情况②。其他两个控制变量，即反映社会参与情况的每万人社会团队数量（SOG）和反映劳动力市场情况的城镇登记失业率（UnRa）在个体固定效应模型中不显著，本书也就不再展开讨论。

（2）多层次养老保险制度保障水平对社会治理的影响效应

为更好地识别以多层次养老保险保障水平为衡量指标的多层次养老保险制度保障水平对于以城乡居民可支配收入比为衡量指标且突出共同富裕理念和社会公平理念的社会治理能力的影响，本部分分别采用混合 OLS 回归、个体固定效应模型、随机效应模型、双向随机模型以及双向固定模型（考虑时间效应）来识别两者间的关系。

表4-4　多层次养老保险制度保障水平对社会治理（RDPI）的影响效应

解释变量		被解释变量：RDPI				
		混合 OLS 回归（1）	个体固定效应（2）	随机效应（3）	双向随机（4）	双向固定（5）
核心解释变量	SL	−0.103 0 *** (0.015 5)	−0.055 8 ** (0.023 1)	−0.065 7 *** (0.017 3)	0.005 8 (0.012 4)	0.014 6 (0.015 0)
控制变量	SOG	0.034 7 (0.021 1)	−0.108 3 ** (0.053 0)	−0.080 4 * (0.042 8)	−0.016 1 (0.023 4)	−0.028 5 (0.025 9)
	ODR	−0.011 6 (0.007 7)	−0.012 1 (0.016 1)	−0.015 0 (0.011 0)	0.019 0 * (0.011 3)	0.025 4 * (0.015 0)
	UnRa	0.022 7 (0.042 9)	0.288 8 ** (0.117 0)	0.219 2 *** (0.077 8)	0.036 8 (0.067 6)	0.080 6 (0.090 6)
	Fisaut	−1.325 4 *** (0.145 1)	−1.572 8 ** (0.709 1)	−1.398 6 *** (0.239 2)	−1.347 9 *** (0.269 9)	−1.054 7 (0.807 9)
常数（C）		3.822 9 *** (0.191 0)	3.214 8 *** (0.812 6)	3.373 5 *** (0.311 9)	3.443 1 *** (0.373 4)	3.058 8 *** (0.731 9)
样本容量（N）		186	186	186	186	186
拟合系数（R^2）		0.440 1	0.533 0	0.321 9	0.417 1	0.746 8

———————

① Michaels G，Rauch F，Redding S J. Urbanization and structural transformation [J]. The Quarterly Journal of Economics，2012，127（2），pp. 535-586.

② 蓝庆新，陈超凡. 新型城镇化推动产业结构升级了吗？——基于中国省级面板数据的空间计量研究 [J]. 财经研究，2013 年第 12 期，第57-71 页。

表4-4(续)

解释变量	被解释变量：*RDPI*				
	混合 OLS 回归（1）	个体固定效应（2）	随机效应（3）	双向随机（4）	双向固定（5）
F test	30.21***	16.28***	—	—	21.56***
Wald test	—	—	95.18***	302.52***	—
LM test	—	—	163.61***		
Time Effect	—	—	—	91.00***	18.49***
Hausman test	—	18.96***	—		14.04**

注：***、**、* 分别表示相关系数在1%、5%和10%水平下显著，括弧中的数字表示聚类稳健标准差，双向随机模型是指在随机效应模型中考虑了时间效应。

从表4-4可以看出，检验结果表明，F统计量强烈拒绝了原假设（H_0: $u_i = 0$），所以固定效应明显优于混合回归，但个体效应可能以随机效应（RE）形式存在，LM检验表明模型中存在反映个体特征的随机扰动项，亦证明不能使用混合回归。进一步分析可以得知，Hausman检验表明，本书应强烈拒绝原假设，即个体固定效应模型优于随机效应模型。与此同时，近年来在党中央的集中统一领导下，全国范围内的养老保险体系建设按照"广覆盖、保基本、多层次、可持续"的方针快速发展并取得积极成效，很可能出现一些不随地区变化而变化但随时间变化而变化的因素，因此，有必要在个体固定效应模型的基础上引入时间效应，在表4-4中，列（4）和列（5）分别汇报了引入时间效应后的检验结果。虽然时间效应和Hausman检验都是显著的，但必须指出的是，可能是由于本书样本或其他原因，在模型中引入时间效应后无论是解释变量系数还是控制变量系数几乎均不显著，而且回归系数的数值和正负明显，与正常的经济逻辑也不相符合。因此，本书主要基于个体固定效应模型展开分析。

可以发现，多层次养老保险制度保障水平的提高和以城乡居民可支配收入为衡量指标的社会治理能力显著正相关，即多层次养老保险保障水平越高，城乡居民可支配收入比就越小，进而社会就越公平，并可以推论出社会治理的效能就越高。可能的解释为，多层次养老保险的收入再分配功能是调节居民收入差距的重要手段之一，伴随着多层次养老保险保障水平的提高和相关财政支出的增加，这一作用将不断加强（高文书，2012①；余菊 等，2014②）。还有不容忽视的是，2014 年开始实施全国统一的城乡居民基本养老保险制度（即新型农村社会养老保险和城镇居民社会养老保险并轨）为打破公共服务供给城乡二元结构、缩小城乡差距发挥了关键作用③。

就控制变量而言，每万人社会团队数量（SOG）和社会治理能力显著正相关，即每万人社会团队数量越多，城乡居民可支配收入比就越小，社会就越公平，进而可以推论出社会治理的效能就越高。可能的解释为，近年来国家层面高度重视加强社会组织建设，激发社会组织活力，特别是在城乡社区开展为民服务、养老照护、公益慈善、促进和谐等方面发挥了重要作用，提高了社会治理水平④；当然，在民主协商制度实践深入推进、多元主体利益加速整合建构新时代中国特色社会治理共同体的过程中，作为社会自组织力量的社会团体在调整政府与社会关系、提高民生水平等方面也发挥了不可或缺的作用⑤。城镇登记失业率（UnRa）和社会治理能力显著负相关，即城镇登记失业率越高，城乡居民可支配收入差距就越大，进而对社会公平造成损害并降低社会治理的效能，其可能的解释为，中国经济进入"新常态"后，我国劳动力市场面临的不确定性越来越高，失业会迫使居民增加预防性储蓄，失业率会成为制约居民消费能力、提升城乡劳动力供给并造成城乡收入差异的主要因素⑥；另外，近年来在我国城镇化的过程中，就业结构与经济发展结构并不完全匹配，这种不匹配导致非自愿型失业现象增加进而造成了更大的城乡收入差距⑦。此外，控制变量

---

① 高文书. 社会保障对收入分配差距的调节效应——基于陕西省宝鸡市住户调查数据的实证研究［J］. 社会保障研究，2012 年第 4 期，第 61-68 页。

② 余菊，刘新. 城市化、社会保障支出与城乡收入差距——来自中国省级面板数据的经验证据［J］. 经济地理，2014 年第 3 期，第 79-84 页。

③ 谭翀. 统一养老保险是缩小城乡差距的重要一步［EB/OL］. 中华人民共和国中央政府门户网站，http://www.gov.cn/jrzg/2014-02/08/content_2581651.htm，2014 年 2 月 8 日。

④ 中共中央办公厅、国务院办公厅. 中共中央办公厅 国务院办公厅印发《关于改革社会组织管理制度促进社会组织健康有序发展的意见》［EB/OL］. 中华人民共和国中央政府门户网站，http://www.gov.cn/zhengce/2016-08/21/content_5101125.htm，2016 年 8 月 21 日。

⑤ 曹爱军，方晓彤. 社会治理与社会组织成长制度构建［J］. 甘肃社会科学，2019 年第 2 期，第 94-100 页。

⑥ 赵达，沈煌南，张军. 失业率波动对就业者家庭消费和配偶劳动供给的冲击［J］. 中国工业经济，2019 年第 2 期，第 99-116 页。

⑦ 丁守海. 中国城镇发展中的就业问题［J］. 中国社会科学，2014 年第 1 期，第 30-47 页。

老年人口抚养比（ODR）在个体固定效应模型中不显著，总体而言，老龄化水平的提高从理论上讲确实可能拉大城乡收入差距，因为人口年龄结构是影响收入结构、消费水平进而造成城乡收入差距的本质原因之一①，但这种拉大作用在本书的分析框架中并不明显。

4.4.3 影响机制检验——基于中介效应模型

本部分就多层次养老保险制度保障水平对于统筹经济社会治理（含经济增长和经济转型两个方面）的影响机制进行实证解释。众多研究发现，养老保险缴费基数、补充养老保险等制度在企业之间存在差异，这意味着与工资相比，养老保险水平对吸引高质量人力资本的边际效用很高，这会对劳动生产率，进而会对统筹经济社会治理产生渠道作用②。另外，有研究表明养老保险支出可以被视作解决风险——激励平衡问题的有效方法③，即意味着较高的养老保险投入可以稳定员工对长期福利的期望，从而使创新精神有效释放、创新效能得以提升。当然，亦有研究表明随着多层次养老保险制度的逐步发展，现收现付制向部分积累制的转轨将会在总体上提高居民储蓄水平，进而提高实现资本的积累程度④；而资本的快速积累会导致现代经济部门规模快速扩张⑤，即意味着经济治理水平的提升。

因此，基于本书的理论分析和中介效应模型，本书将可能的影响渠道定义为人力资本、创新能力和居民储蓄，对于人力资本，本书参考汪伟等（2021）⑥ 学者以及学术界关于衡量人力资本最常用的做法，使用平均受教育年限（Edu，单位：年）来衡量人力资本。对于创新能力，本书参考朱

---

① 李晓旭. 人口老龄化、房价与区域城乡收入差距——基于我国省际面板数据的实证研究 [J]. 财经科学，2016 年第 8 期，第 102-112 页。

② 程欣，邓大松. 社保投入有利于企业提高劳动生产率吗？——基于"中国企业—劳动力匹配调查"数据的实证研究 [J]. 管理世界，2020 年第 3 期，第 90-100 页。

③ Jed DeVaro, Fidan Ana Kurtulus. An Empirical Analysis of Risk, Incentives and the Delegation of Worker Authority [J]. Industrial and Labor Relations Review, 64 (1), 2010 (07), pp. 567-571.

④ 杨继军，张为付，张二震. 养老金体系改革对中国经济动态效率的影响 [J]. 经济学动态，2019 年第 5 期，第 28-42 页。

⑤ 樊纲，吕焱. 经济发展阶段与国民储蓄率提高：刘易斯模型的扩展与应用 [J]. 经济研究，2013 年第 3 期，第 19-29 页。

⑥ 汪伟，王文鹏. 预期寿命、人力资本与提前退休行为 [J]. 经济研究，2021 年第 9 期，第 90-106 页。

桂龙（2021）[1] 等学者以及目前国家相关部门普遍要求企业加大研发投入提升创新能力的现实情况[2]，使用每万人人均规模以上工业企业研发投入（RD_AV，单位：万元）来衡量创新能力。由于该数值绝对值较大，本书采取了取对数的方法进行处理，用 LnRD_Av 表示。对于居民储蓄，学术界大多数采用居民储蓄率的概念，即居民储蓄存款与居民可支配收入之比，但由于本书在模型中已经有变量使用了居民可支配收入的相关数据（城乡居民可支配收入比），为避免影响模型的稳健性，故参考（毛毅，2012[3]；孟令国 等，2019[4]）的做法，使用人均居民存款余额（SAV）来衡量居民储蓄水平。

（1）人力资本中介

从经济治理的视角看，人力资本对于基于经济转型的经济治理不具有中介效应。在表4-5中，列（1）表示多层次养老保险制度保障水平与经济治理水平显著正相关，这与上文基准回归的分析结果完全一致；列（2）表示在经济治理模型中，人力资本与多层次养老保险制度保障水平显著正相关；列（3）表示引入中介变量人力资本后，在经济治理模型中核心解释变量多层次养老保险制度保障水平与经济治理能力显著正相关，中介变量人力资本与经济治理能力关系不显著。在逐步回归阶段，第一步、第二步系数均显著，第三步中介变量系数不显著且核心解释变量系数显著，说明人力资本变量在该模型中不存在中介效应，当然后续的 Sobel 检验也证明了该结论。

从社会治理的视角看，人力资本中介对基于城乡居民收入均等化的社会治理具有明显的中介效应。在表4-5中，列（4）表示多层次养老保险制度保障水平与社会治理水平显著正相关，在模型中表现为多层次养老保险制度保障水平与城乡居民可支配收入比显著负相关，这与上文基准回归

---

① 朱桂龙，赛夫，秦梓韬.中国各省创新水平关键影响因素及发展路径识别——基于模糊集定性比较分析 [J].科学学与科学技术管理，2019年第9期，第52-70页。

② 贺程.国资报告："两利四率"考核"指挥棒"引导央企加快高质量发展[EB/OL].国务院国有资产监督管理委员会官网网站，http://www.sasac.gov.cn/n2588025/n2588139/c17139079/content.html，2021年2月19日。

③ 毛毅.老龄化对储蓄和社会养老保障的影响研究 [J].人口与经济，2012年第3期，第91-99页。

④ 孟令国，卢翠平，吴文洋."全面两孩"政策下人口年龄结构、养老保险制度对居民储蓄率的影响研究 [J].当代经济科学，2019年第1期，第67-75页。

的分析结果完全一致；列（5）表示在社会治理模型中，人力资本与多层次养老保险制度保障水平显著正相关；列（6）表示在引入中介变量人力资本后，模型中多层次养老保险制度保障水平与社会治理能力关系不显著，人力资本与社会治理能力显著正相关。在逐步回归阶段，第一步、第二步系数均显著，第三步中介变量系数显著且核心解释变量系数不显著，说明人力资本变量在该模型中存在完全中介效应，当然后续的 Sobel 检验（1%显著性水平下显著）以及统计力更强的 Bootstrap 检验（检验区间为-0.065 0 到-0.009 7，不包含 0）也证明了该结论。多层次养老保险制度保障水平提高之所以能够通过人力资本中介弥合城乡收入差距并提高社会治理能力，其可能的解释为，正常情况下农村的低人力资本积累和高生育率所产生的马尔萨斯稳态是农民增收困难的根本原因，而城市恰恰与之相反，进入了低生育率、高人力资本存量的持续增长均衡阶段[①]，但不容忽视的是，让全体人民公平获得人力资本积累并共享经济社会发展成果，对于壮大中等收入群体、弥合收入差距将发挥重要作用，而这恰恰是近年来全国范围内在高质量城镇化和乡村振兴过程中采取城乡共同发展、强化基础教育、缩小城乡差距政策的必然结果[②]。

综上所述，作为中介变量的人力资本对提升社会治理能力具有完全中介效应，是对构建更加公平的收入分配体系并提高社会治理能力产生正向影响的一个重要渠道；与此同时，人力资本对于基于经济转型的经济治理不具有中介效应。

表 4-5　多层次养老保险制度保障水平对经济治理的影响机制分析

（基于人力资本中介）

解释变量		被解释变量：经济治理（GDPindex）			被解释变量：社会治理（RDPI）		
		（1）	（2）	（3）	（4）	（5）	（6）
核心解释变量	SL	0.074 3[*] （0.043 1）	0.052 9[***] （0.014 2）	0.067 6[*] （0.039 4）	-0.055 8[**] （0.023 1）	0.105 1[***] （0.031 5）	-0.016 3 （0.019 5）

---

① 郭剑雄. 人力资本、生育率与城乡收入差距的收敛 [J]. 中国社会科学，2005 年第 3 期，第 27-37 页。

② 刘培林，钱滔，黄先海，等. 共同富裕的内涵、实现路径与测度方法 [J]. 管理世界，2021 年第 8 期，第 117-127 页。

表4-5(续)

解释变量		被解释变量：经济治理（GDPindex）			被解释变量：社会治理（RDPI）		
		（1）	（2）	（3）	（4）	（5）	（6）
中介变量	Edu	—	—	0.127 1 （0.101 3）	—	—	-0.376 1 *** （0.101 7）
控制变量		Yes	Yes	Yes	Yes	Yes	Yes
省份控制效应		Yes	Yes	Yes	Yes	Yes	Yes
年份控制效应		No	No	No	No	No	No
常数（C）		4.073 3 *** （0.411 4）	5.637 9 *** （0.576 8）	3.356 9 *** （0.743 4）	3.214 8 *** （0.812 6）	8.697 1 *** （0.966 1）	6.485 3 *** （1.026 7）
样本容量（N）		186	186	186	186	186	186
拟合系数（R²）		0.706 3	0.770 5	0.712 0	0.533 0	0.606 9	0.648 0
F test		16.21 ***	37.06 ***	14.19 ***	16.28 ***	34.32 ***	21.93 ***
Sobel test Z		第三阶段不显著，无中介效应 Z=-1.956			Z=-2.647 ***， 中介效应占比28.86%		
Bootstrap test 区间		第三阶段不显著，无中介效应			（-0.065 0，-0.009 7）		

注：***、**、*分别表示相关系数在1%、5%和10%水平下显著，括弧中的数字表示聚类稳健标准差；Sobel test Z 表示 Sobel 检验的 Z 值。

（2）创新能力中介

从经济治理的视角看，创新能力中介对于基于经济转型的经济治理没有产生中介效应，而是产生了遮蔽效应。表4-6中，列（1）表示多层次养老保险制度保障水平与经济治理水平显著正相关，这与上文基准回归的分析结果完全一致；列（2）表示在经济治理模型中，创新能力与多层次养老保险制度保障水平显著负相关；列（3）表示引入中介变量创新能力后，在经济治理模型中核心解释变量多层次养老保险制度保障水平和中介变量均与经济治理能力显著正相关。在逐步回归阶段，第一步、第二步系数均显著但出现异号情况，第三步中介变量系数也显著，这说明创新能力在多层次养老保险制度保障水平对经济治理能力的影响过程中确实起到了中介作用，只不过由于直接效应和间接效应符号相反，故这种中介效应被称作遮蔽效应，即引入中介变量后总效应不降反增，当然后续的 Sobel 检验（1%显著性水平下显著）以及统计力更强的 Bootstrap 检验（检验区间为 0.009 6 到 0.052 5, 不包含 0) 也证明了该结论。这说明多层次养老保险制度保障水平虽然会显著地促进以经济转型为主要特征的经济治理, 但养老保险投入作为员工薪酬的重要组成部分, 其增加会挤压企业用于创新以及技术进步的投入力度, 这和大部分文献的研究结论也不谋而合 (Krishnan et al., 2014[①]; 赵健宇 等, 2018[②])。而在经济治理模型中引入创新能力中介后, 多层次养老保险制度保障水平对经济治理的促进作用还会进一步增强, 其可能的解释为养老保险投入增加虽然挤压了企业创新能力的提升, 但也会促进民生政策兜底功能的进一步完善, 增强消费对经济发展的基础性作用, 进而强化经济治理能力。

从社会治理的视角看, 创新能力中介对于基于城乡居民收入均等化的社会治理具有明显中介效应。列 (4) 表示多层次养老保险制度保障水平与社会治理水平显著正相关, 在模型中表现为多层次养老保险制度保障水平与城乡居民可支配收入比显著负相关, 这与上文基准回归的分析结果完全一致; 列 (5) 表示在社会治理模型中, 创新能力与多层次养老保险制度保障水平关系不显著; 列 (6) 表示在引入中介变量创新能力后, 社会治理模型中多层次养老保险制度保障水平与社会治理能力显著正相关, 创新能力与社会治理能力显著正相关。在逐步回归阶段, 第一步系数显著, 第二步系数不显著, 第三步系数显著, 根据 Sobel 检验 (1%显著性水平下显著, 中介效应占比 21.62%) 以及统计力更强的 Bootstrap 检验 (检验区间为 -0.039 2 到 -0.008 4, 不包含 0) 结果, 创新能力变量在该模型中存在中介效应, 而且引入创新能力作为中介变量后, 社会治理模型中多层次养老保险制度保障水平对社会治理能力的影响程度下降了 24% (从 -0.055 8 下降至 -0.042 3, 按绝对值考虑)。多层次养老保险制度保障水平之所以能够通过创新中介减弱对突出社会公平理念的社会治理的影响, 其可能的原因为, 在社会治理框架下, 多层次养老保险制度建设是国民收入再分配的重要形式, 社会成员在行为选择过程中会充分考虑养老保险的风险兜底作用, 进而激发民众创新创业热情并在整体上优化收入分配结构, 促进城乡公共服务均等化[③], 有效了提

---

① Krishnan, K., D. K. Nandy and M. Puri. Does Financing Spur Small Business Productivity? Evidence from a Natural Experiment [J]. Review of Financial Studies, 2014, vol28 (6), pp. 1768-1809.

② 赵健宇, 陆正飞. 养老保险缴费比例会影响企业生产效率吗? [J]. 经济研究, 2018 年第 10 期, 第 97-112 页。

③ 郑风田, 阮荣平, 刘力. 风险、社会保障与农村宗教信仰 [J]. 经济学 (季刊), 2010 年第 4 期, 第 829-850 页。

升了本书所讲的社会治理能力。

综上所述，作为中介变量的创新能力对于提升经济治理能力有遮蔽效应，在经济治理模型中引入创新能力中介后，多层次养老保险制度保障水平对于经济治理的促进作用还会进一步强化；作为中介变量的创新能力对于提升社会治理能力具有明显的中介效应，是对构建更加公平的收入分配体系并提高社会治理能力产生正向影响的一个重要渠道。

表 4-6　多层次养老保险制度保障水平对经济治理的影响机制分析
（基于创新能力中介）

解释变量		被解释变量：经济治理（GDPindex）			被解释变量：社会治理（RDPI）		
		(1)	(2)	(3)	(4)	(5)	(6)
核心解释变量	SL	0.074 3 * (0.043 1)	-0.042 8 *** (0.014 5)	0.079 2 * (0.043 0)	-0.055 8 ** (0.023 1)	0.036 9 (0.034 2)	-0.042 3 ** (0.016 8)
中介变量	LnRD_Av	—	—	0.112 7 * (0.064 1)	—	—	-0.365 9 *** (0.049 1)
控制变量		Yes	Yes	Yes	Yes	Yes	Yes
省份控制效应		Yes	Yes	Yes	Yes	Yes	Yes
年份控制效应		No	No	No	No	No	No
常数（C）		4.073 3 *** (0.411 4)	1.534 0 *** (0.735 2)	3.900 3 *** (0.509 6)	3.214 8 *** (0.812 6)	5.482 2 *** (0.996 4)	5.220 7 *** (0.753 1)
样本容量（N）		186	186	186	186	186	186
拟合系数（R^2）		0.706 3	0.843 7	0.710 7	0.533 0	0.616 4	0.684 3
F test		16.21 ***	29.38 ***	15.00 ***	16.28 ***	12.12 ***	20.20 ***
Sobel test Z		总效应增大，出现遮掩效应 Z=3.198 ***			Z=-2.859 ***， 中介效应占比 21.62%		
Bootstrap test 区间		(0.009 6, 0.052 5)			(-0.039 2, -0.008 4)		

注：***、**、* 分别表示相关系数在 1%、5% 和 10% 水平下显著，括弧中的数字表示聚类稳健标准差；Sobel test Z 表示 Sobel 检验的 Z 值。

（3）居民储蓄中介

从经济治理的视角看，居民储蓄中介对于基于经济转型的经济治理具有中介效应。在表 4-7 中，列（1）表示多层次养老保险制度保障水平与经济治理水平显著正相关，这与基准回归的分析结果完全一致；列（2）表示在经济治理模型中，居民储蓄与多层次养老保险制度保障水平显著正相关；列（3）表示引入中介变量居民储蓄后，在经济治理模型中核心解释变量多层次养老保险制度保障水平与经济治理能力显著正相关，中介变量人力资本与经济治理能力关系不显著。在逐步回归阶段，第一步、第二步系数均显著，第三步中介变量系数显著且核心解释变量系数不显著，说明人力资本变量在该模型中存在完全中介效应，当然后续的 Sobel 检验（1%显著性水平下显著，中介效应占比 89.11%）以及统计力更强的 Bootstrap 检验（0.034 4 至 0.078 5，不包含 0）也证明了该结论。其可能的解释为，近年来在人口老龄化加速演变的大背景下，传统经济学理论上认为的公共养老金与私人储蓄，特别是私人储蓄和公共养老金之间的替代效应已经不是金科玉律，国家密集出台一系列鼓励第三层次或第三支柱养老金发展的政策以及推动居民增加养老财富储备的文化理念层面的引导工作取得了实效，进而改变了民众的收入预算约束和不同时期的资产配置计划，影响了人们的储蓄行为等微观决策[1]，而储蓄的增加则会为经济转型提供财富基础，加之当前的经济转型和发展更多依靠创新驱动，对依靠居民储蓄的高投资、高积累模式的依赖程度也会有所降低[2]，故整体上加快了经济转型的步伐，提高了经济治理能力。

从社会治理的视角看，居民储蓄对于基于城乡居民收入均等化的社会治理没有中介效应。在表4-7中，列（4）表示多层次养老保险制度保障水平与社会治理水平显著正相关，在模型中表现为多层次养老保险制度保障水平与城乡居民可支配收入显著负相关，这与上文基准回归的分析结果完全一致；列（5）表示在社会治理模型中，居民储蓄与多层次养老保险制度保障水平显著正相关；列（6）表示在引入中介变量居民储蓄后，社会治理模型中多层次养老保险制度保障水平和居民储蓄都与社会治理能力关系不显著。在逐步回归阶段，第一步、第二步系数均显著，第三步中介变量系数和核心解释变量系数均不显著，说明居民储蓄变量在该模型中不存在中介效应，当然后续的 Sobel 检验以及统计力更强的 Bootstrap test 也证

---

① 郑伟，吕有吉. 公共养老金与居民养老财富储备关系探析——基于文献述评的方法［J］. 社会科学辑刊，2021 年第 2 期，第 148–159 页。

② 肖钢. 居民储蓄率下降对经济的影响，这样应对！［N］. 人民政协报，2021 年 10 月 26 日 6 版。

明了该结论。

综上所述，作为中介变量的居民储蓄对于提升经济治理能力具有完全中介效应，是推动经济转型并提高经济治理能力，产生正向影响的一个重要渠道；与此同时，居民储蓄对于基于城乡收入分配均等化的社会治理不具有中介效应。

表 4-7 多层次养老保险制度保障水平对经济治理的影响机制分析
（基于居民储蓄中介）

解释变量		被解释变量：经济转型（GDPindex）			被解释变量：社会公平（RDPI）		
		（1）	（2）	（3）	（4）	（5）	（6）
核心解释变量	SL	0.074 3[*]（0.043 1）	0.222 9[***]（0.052 4）	0.062 1（0.041 0）	−0.055 8[**]（0.023 1）	0.283 7[***]（0.076 9）	−0.030 5（0.025 2）
中介变量	SAV	—	—	0.055 1[*]（0.026 0）	—	—	−0.089 1（0.055 5）
控制变量		Yes	Yes	Yes	Yes	Yes	Yes
省份控制效应		Yes	Yes	Yes	Yes	Yes	Yes
年份控制效应		No	No	No	No	No	No
常数（C）		4.073 3[***]（0.411 4）	−5.589 8[***]（1.879 8）	4.381 0[***]（0.545 1）	3.214 8[***]（0.812 6）	3.318 7（2.702 1）	3.510 6[***]（0.817 5）
样本容量（N）		186	186	186	186	186	186
拟合系数（R^2）		0.706 3	0.773 6	0.718 0	0.533 0	0.721 3	0.583 5
F test		16.21[***]	8.98[***]	9.38[***]	16.28[***]	11.43[***]	18.72[***]
Sobel test Z		Z=5.213[***]，中介效应占比 89.11%			Z=0.160 1		
Bootstrap test 区间		（0.034 4，0.078 5）			（−0.026 9，0.026 4）		

注：[***]、[**]、[*] 分别表示相关系数在 1%、5% 和 10% 水平下显著，括弧中的数字表示聚类稳健标准差；Sobel test Z 表示 Sobel 检验的 Z 值。

总而言之，通过对人力资本、创新能力和居民储蓄的中介效应分析，可以看出人力资本对于社会治理具有明显的中介效应，创新能力对于经济治理和社会治理均具有明显的中介效应，只不过对于经济治理更多地表现为遮蔽效应，居民储蓄对于经济治理具有明显的中介效应。总体而言，在多层次养老保险制度不断完善和创新过程中，人力资本、创新能力和居民储蓄三个渠道相互协同，最终提升了经济社会治理的效能。

4.4.4 异质性分析

总体而言，近年来我国社会财富不断增加，具有公共属性的多层次养老保险制度优化在增进国民福利、改善收入分配、促进经济高质量发展和社会治理向纵深推进方面发挥了重要作用。但由于全国范围内各省、区、市自然禀赋、经济基础、社会条件、人文历史等差异，非均衡一直是我国发展的一个突出特点，也导致各省、区、市在多层次养老保险制度建设、体系构架、统筹经济社会治理等方面存在差异。此外，我国在城镇化过程中，户籍人口城镇化率低于常住人口城镇化率约 20 个百分点，2020 年年末全国常住人口城镇化率达到 63.89%，户籍人口城镇化率仅为 45.4%[①]，多层次养老保险以及对应的公共服务不均等问题仍需高度重视。因此，有必要对多层次养老保险制度保障水平对经济社会治理的作用情况进行异质性检验。需要说明的是，引入交叉项的 Chow 检验、基于 SUR 模型的 SUEST 检验、费舍尔组合检验是三种最常用的检验异质性的方法，并且适用范围依次递增。但由于本书所采用的数据为面板数据，为避免对前两种方法检验的烦琐过程以及 SUEST 检验不支持面板数据模型的现实情况，本书选用费舍尔组合检验对组间系数差异进行检验。

本书在表 4-8 中分别选取东部、中部和西部样本数据[②]，按照基准回归的方法对多层次养老保险制度保障水平对经济社会治理影响进行检验。在经济治理层面，列（1）表示在东部地区多层次养老保险制度保障水平对经济治理的影响显著为正且与其他地区显著不同（经验 p 值小于 0.1）；列（2）表示在中部地区多层次养老保险制度保障水平对经济治理的影响不显著且与其他地区显著不同（经验 p 值小于 0.1）；列（3）表示在西部地区多层次养老保险制度保障水平对经济治理的影响不显著且与其他组之

---

①　国家发展和改革委. 国家发展改革委关于印发"十四五"新型城镇化实施方案的通知 [EB/OL].中华人民共和国发展和改革委员会官方网站,https://zfxxgk.ndrc.gov.cn/web/iteminfo.jsp?id=18893,2022 年 6 月 11 日。
②　东部包括：北京、天津、河北、辽宁、上海、江苏、浙江、福建、山东、广东、广西和海南 12 个省或直辖市。中部包括：山西、内蒙古、吉林、黑龙江、安徽、江西、河南、湖北、湖南 9 个省或自治区。西部包括：重庆、四川、贵州、云南、西藏、陕西、甘肃、青海、宁夏和新疆 10 个省、自治区、直辖市。

间差异不明显（经验 p 值大于 0.1）。这种现象与我国经济发展的实际情况
高度一致，在不同区域多层次养老保险水平对基于产业结构升级的经济治
理能力影响显著不同，在东部其影响方向与基准回归一致且影响强度高于
基准回归（影响程度增加 139.4%，从 0.074 3 增加到 0.177 9），在中部和
西部该影响均不显著，其可能的原因为东部地区多层次养老保险制度更为
完善，从而吸引了更多的高层次人力资本到东部地区就业，从而加快了东
部地区的产业升级步伐。在社会治理层面，列（4）表示在东部地区多层
次养老保险制度保障水平对社会治理的影响显著为正且与其他组差异不明
显（经验 p 值大于 0.1），但必须看到的是，在东部地区，这种影响强度高
于基准回归（影响程度增加 40.9%，从 0.055 8 增加到 0.078 6，按绝对值
计算）；列（5）和列（6）表示在中部和西部地区多层次养老保险制度保
障水平对社会治理的影响不显著且与其他组差异不明显（经验 p 值大于
0.1），其可能的解释为，在共同富裕理念下，近年来东部地区多层次养老
保险发展水平明显高于中西部地区，城乡之间人员相互流动和生产要素相
互流通更加频繁，民众对未来的预期更加积极理性，加之以浙江为代表的
国家共同富裕示范区的打造使得东部地区城乡收入差距迅速弥合；而中、
西部由于经济基础总体较差，多层次养老保险的快速发展对于收入差距的
弥合作用还有待进一步观察和释放。

表 4-8　多层次养老保险制度保障水平
对于经济社会治理的作用情况的异质性检验

解释变量	经济社会治理					
	被解释变量：经济治理（GDPindex）			被解释变量：社会治理（RDPI）		
	东部	中部	西部	东部	中部	西部
	（1）	（2）	（3）	（4）	（5）	（6）
核心解释变量：SL	0.177 9*（0.088 2）	−0.010 4（0.039 0）	0.049 2（0.027 7）	−0.078 6***（0.019 0）	−0.020 0（0.030 4）	−0.045 0（0.041 1）
控制变量	Yes	Yes	Yes	Yes	Yes	Yes
省份控制效应	Yes	Yes	Yes	Yes	Yes	Yes
年份控制效应	No	No	No	No	No	No
常数（C）	4.835 3***（0.851 0）	1.268 7*（0.672 1）	4.878 4***（0.630 0）	2.854 2**（1.132 6）	4.681 5***（0.769 6）	4.670 5***（1.272 4）
样本容量（N）	72	54	60	72	54	60

表4-8(续)

解释变量	经济社会治理					
	被解释变量：经济治理（GDPindex）			被解释变量：社会治理（RDPI）		
	东部	中部	西部	东部	中部	西部
	(1)	(2)	(3)	(4)	(5)	(6)
省份个数（P）	12	9	10	12	9	10
拟合系数（R^2）	0.758 1	0.882 9	0.785 6	0.540 6	0.750 7	0.573 4
F test	6.73***	13.61***	20.64***	9.62***	20.03***	7.46***
经验 P 值	0.051*	0.081*	0.318	0.212	0.222	0.450

注：***、**、*分别表示相关系数在1%、5%和10%水平下显著，括弧中的数字表示聚类稳健标准差；Fisher´s Permutation Test p-value 取值主要是和显著性水平（0.01，0.05，0.1）对比，若 p-value 较小，则表明该组与其他组存在显著差异。

4.4.5 进一步拓展

（1）针对经济治理维度之经济增长的拓展

正如上文所述，在经济治理过程中，不仅仅应该关注以产业结构升级为主要特征的经济转型，还应从结构拓展到数量，考察经济增长的速度，高质量发展并不意味着不增长。为此，本书使用经济学文献中最常用的实际产出来刻画经济增长，参考汪伟（2009）[1]、陶新宇（2017）[2]、段白鸽（2019）[3] 等众多学者做法，选择了人均国内生产总值（GDP_AV）作为考察经济增长的被解释变量。在核心解释变量方面，涉及经济增长时，本书依然使用多层次养老保险制度保障水平（SL）并与上文保持一致。在控制变量方面，由于经济增长的理论基础和影响因素与经济转型的理论基础和影响因素并不完全一致，因此在解释经济增长时，本书综合陈曦

① 汪伟.经济增长、人口结构变化与中国高储蓄 [J].经济学（季刊），2009年第9卷第1期，第29-52页。
② 陶新宇，靳涛，杨伊婧."东亚模式"的启迪与中国经济增长"结构之谜"的揭示 [J].经济研究，2017年第11期，第43-58页。
③ 段白鸽.保险发展与经济增长的S曲线成立吗？——来自87个经济体的证据 [J].保险研究，2019年第9期，第11-29页。

（2018）①、邓大松（2020）②、南永清（2020）③ 等相关研究的做法，分别从通货膨胀、储蓄率、人口结构、社会结构四个层面选取了标准化居民消费指数（CPI）、人均存款余额（SAV）、老年人口抚养比（ODR）以及城镇化率（UrRa）四个变量作为控制变量。其中，老年人口抚养比（ODR）和城镇化率（UrRa）与基准回归所列示的变量保持一致，标准化居民消费指数（CPI）是利用各省 CPI 原始数据并将基年 CPI 统一按标准化模式处理为 100；人均存款余额（SAV）是使用各省城乡居民人民币存款余额除以常住人口得出。

为更好地识别养老保险制度保障水平对以人均 GDP 为衡量指标的经济增长情况的作用机制，本部分采用回归分析的方法，采取不同的模型来识别两者间的关系，即分别采用混合 OLS 回归、个体固定效应模型、随机效应模型、双向随机模型以及双向固定模型（考虑时间效应）。

表 4-9 多层次养老保险制度保障水平
对经济增长的影响效应（经济治理拓展）

解释变量		被解释变量：GDP_ AV				
		混合 OLS 回归（1）	个体固定效应（2）	随机效应（3）	双向随机（4）	双向固定（5）
核心解释变量	SL	−0.379 6*** (0.047 8)	−0.415 7*** (0.081 8)	−0.384 0*** (0.076 2)	−0.428 8*** (0.085 8)	−0.521 8*** (0.094 2)
控制变量	CPI	0.086 6*** (0.010 3)	0.118 3*** (0.026 9)	0.070 4*** (0.010 3)	0.080 1 (0.061 7)	0.031 6 (0.051 6)
	SAV	0.450 4*** (0.089 5)	0.672 5*** (0.160 1)	0.722 1*** (0.097 7)	0.725 8*** (0.109 1)	0.450 2** (0.167 3)
	ODR	0.048 9** (0.023 9)	0.090 1 (0.062 3)	0.059 2 (0.045 8)	0.037 0 (0.062 8)	0.028 2 (0.070 5)
	UrRa	0.096 7*** (0.013 4)	−0.051 7 (0.038 6)	0.047 9** (0.021 9)	0.046 2** (0.020 4)	−0.122 8** (0.047 5)

---

① 陈曦，边恕，范璐璐，等.城乡社会保障差距、人力资本投资与经济增长 [J].人口与经济，2018 年第 4 期，第 77-85 页。

② 程欣，邓大松.社保投入有利于企业提高劳动生产率吗？——基于"中国企业—劳动力匹配调查"数据的实证研究 [J].管理世界，2020 年第 3 期，第 90-100 页。

③ 南永清，贺鹏培，周勤.商业保险对居民消费影响研究——基于中国省级面板数据的经验证据 [J].保险研究，2020 年第 3 期，第 23-40 页。

表4-9(续)

解释变量	被解释变量：GDP_ AV				
	混合 OLS 回归（1）	个体固定效应（2）	随机效应（3）	双向随机（4）	双向固定（5）
常数（C）	−11.293 4 *** (1.360 3)	−8.001 7 *** (1.661 5)	−7.871 2 *** (1.213 8)	−8.339 3 (6.491 4)	5.614 6 (6.475 0)
样本容量（N）	186	186	186	186	186
拟合系数（R^2）	0.887 8	0.505 9	0.869 5	0.869 4	0.391 2
F test	138.77 ***	9.63 ***	—	—	11.55 ***
Wald test	—	—	439.57 ***	1 676.50 ***	—
LM test	—	—	90.26 ***	—	—
Time Effect	—	—	—	12.29 **	5.03 ***
Hausman test	—	28.16 ***	—	—	42.73 ***

注：***、**、* 分别表示相关系数在1%、5%和10%水平下显著，括弧中的数字表示聚类稳健标准差，双向随机模型是指在随机效应模型中考虑了时间效应。

从表4-9可以看出，检验结果表明，所有 F 统计量都强烈拒绝了原假设（H_0：$u_i = 0$），所以固定效应明显优于混合回归，但个体效应可能以随机效应（RE）形式存在，LM 检验表明模型中存在反映个体特征的随机扰动项，亦证明不能使用混合回归。进一步分析可以得知，Hausman 检验表明，本书应强烈拒绝"不可观测的随机变量与所有解释变量不相关"的原假设，即个体固定效应模型优于随机效应模型。考虑到可能存在时间效应，本书在个体固定效应模型基础上引入了时间效应，所有除基年外的相关年度虚拟变量的联合显著性检验表明，强烈地拒绝"无时间效应"的原假设。从实践层面来解释，近年来，我国养老保险制度改革加快从单项突破到整体推进，坚持尽力而为、量力而行，促进养老保险事业发展和经济社会发展水平互相适应，形成了多层次养老保险体系的基本框架，推动包括养老在内的社会保障政策与其他领域政策协同联动，经济运行"减震器"作用凸显，保障能力持续增强[①]。显而易见，这些国家层面理念和政策因素的演变随时间变化但不随地区变化，故有必要在模型中纳入时间效

---

① 张纪南. 开启社会保障事业高质量发展新征程［EB/OL］.求是网，http://www.qstheory.cn/dukan/qs/2021-06/16/c_1127561226.htm,2021 年 06 月 16 日。

应，刻画对各地区经济增长共同趋势的影响因素。表4-5之列（4）和列（5）分别汇报了双向随机和双向固定效应模型关于时间效应的检验结果，结果表明在5%和1%的显著性水平下强烈拒绝"无时间效应"原假设，故时间效应显著。与此同时，由于我国幅员辽阔，各省的经济增长过程中难免会存在不随时间变化且不可观测或量化的因素（地理位置、资源禀赋、地区政策、文化传统都存在差异），结合列（2）和（5）汇报的Hausman检验的结果（p值均小于0.01），故强烈拒绝"不可观测的随机变量与所有解释变量不相关"的原假设，需要将个体效应纳入模型框架内。因此，多层次养老保险制度保障水平对以人均GDP为衡量指标的经济增长的影响效应主要基于列（5）所示的双向固定效应模型（Two-way FE）展开。

可以看出，近年来，多层次养老保险制度保障水平的提高对经济增长没有产生显著的正向促进作用。按照一般的经济学理论，多层次养老保险水平的提高将促进劳动力自由流动、提振消费能力和信心、提升人力资本水平，总体上将促进经济增长[1]。但是近年来，在进入经济社会治理高质量发展路径阶段，社会支出增长总体放缓并达到高位，高水平广覆盖的社会保障网络构建完成，知识中产阶层替代蓝领工人成为社会的主流就业群体并且高水平城市化、结构服务化和消费结构高端化协同共生[2]，那么自然而然，在这种经济形态下，国家层面将会更加强调养老保险的高质量发展，更加注重经济社会协调发展而并不是一味地追求GDP的增长。当然，生命周期理论模型也发现养老保险主要产生资产替代效应和引致退休效应，以上两种效应综合起来会影响储蓄，进而影响资本积累，其中资产替代效应抑制储蓄，引致退休效应增加储蓄，最终对经济增长的影响取决于这两种效应的大小对比，若资产替代效应强于引致退休效应，就会使得养老保险水平的提高不利于长期经济增长[3]。近年来我国在共同富裕理念的推动下，病有所医、老有所养的理念深入人心之程度前所未有，民众对多

---

① 郑功成，[德]沃尔夫冈·舒尔茨（Wolfgang Scholz）.全球社会保障与经济发展关系：回顾与展望[M].中国劳动与社会保障出版社，2019年9月第1版，第100-103页。

② 高培勇，袁富华，胡怀国，等.高质量发展的动力、机制与治理[J].经济研究，2020年第4期，第4-19页。

③ Feldstein, M. Social Security, Induced Retirement and Aggregate Capital Accumulation [J]. Journal of Political Economy, 82 (5), 1974 (08), pp. 905-926.

层次、多支柱养老保险体系的信心前所未有①。因此，合理地解释为我国民众可能减少为退休期消费而在工作时期积累财产的需要，故而出现了本书计量出现的反向关系。此外，在突出"保民生"时本就可适度放缓经济增长速度，动态合理调整经济结构并为长期经济高质量发展打好基础②。

就其他控制变量而言，人均存款余额（SAV）和基于经济增长的经济治理显著正相关，这和新古典增长理论的索洛模型不谋而合，即储蓄率的上升会使实际投资曲线向上移动并改变经济的平衡增长路径，在一段时间内使得产出暂时增加③。此外，在本书所构建的模型中，城镇化率（UrRa）和经济增长显著负相关，可能的解释为城镇化率与公共资本之间存在倒"U"形关系，即一定程度的城市化带来的土地贴现收入有利于公共资本形成，推动经济增长。但土地财政不是长期免费午餐，当前过快贴现未来现金流，会在未来使得公共投资无法得到财政收入的支撑，进而对经济增长产生负向影响④。本书认为就是恰恰为了规避这种情况，2013 年中共中央政治局会议提出积极稳妥推进以人为核心的新型城镇化，着力破解我国"土地城镇化"快于"人口城镇化"、重"化物"轻"化人"，以及城乡资源的无序过度开发的不利局面⑤，推动了城乡差距持续缩小并提升了城乡协调发展水平，但该时期则正好处在倒"U"形关系区间，也是矫枉过正必须经历的过程，故而呈现出反向关系。针对其他两个控制变量，即反映物价变化水平的标准化居民消费指数（CPI）和反映人口老龄化水平的老年人口抚养比（ODR）在双向固定效应模型中并不显著，本书也就不再展开讨论。

（2）针对社会治理维度之可支配收入增长的拓展

正如上文所述，在社会治理过程中，不仅仅应该关注以城乡居民收入差距为主要特征的社会公平程度，还应从结构拓展到数量，考察居民人均

---

① 习近平.促进我国社会保障事业高质量发展、可持续发展［EB/OL］.求是网，http://www.qstheory.cn/dukan/qs/2022-04/15/c_1128558491.htm，2022 年 4 月 15 日。

② 贾俊雪，郭庆旺，宁静.传统文化信念、社会保障与经济增长 ［J］.世界经济，2011 年第 8 期，第 3-18 页。

③ ［美］戴维·罗默（David Romer）.高级宏观经济学 ［M］.吴化斌，龚关，译.上海：上海财经大学出版社，2012 年 11 月第 1 版（2018 年 7 月第 5 次印刷），第 13-16 页。

④ 中国经济增长前沿课题组.城市化、财政扩张与经济增长 ［J］.经济研究，2011 年第 11 期，第 4-20 页。

⑤ 曹琳琳.积极推进以人为核心的新型城镇化［EB/OL］.中国社会科学网，http://ex.cssn.cn/gd/gd_rwxn/gd_ktsb_1696/jcrmzsnjpbll/202106/t20210607_5339088.shtml，2021 年 6 月 7 日。

可支配收入增加，即社会财富绝对值增加的情况。为此，本书参考杨胜刚（2011）[1]、许宪春（2013）[2] 等学者做法，选择了居民人均可支配收入（DPI）作为考察经济增长的被解释变量。由于无论是基于城乡居民收入差距，还是基于人均可支配收入绝对值的社会治理，其影响因素基本上都是一致的，为此，在核心解释变量方面，涉及可支配收入增长时，本书依然使用多层次养老保险制度保障水平（SL）并与上文保持一致。在控制变量方面，与基准回归保持一致。同时，为更好地识别养老保险水平对以居民人均可支配收入为衡量指标的社会治理情况的作用机制，本部分采用回归分析的方法，采取不同的模型来识别两者间的关系，即分别采用混合 OLS 回归、个体固定效应模型、随机效应模型、双向随机模型以及双向固定模型（考虑时间效应）。

表4-10　多层次养老保险制度保障水平
对居民可支配收入的影响效应（社会治理拓展）

解释变量		被解释变量：DPI				
		混合 OLS 回归（1）	个体固定效应（2）	随机效应（3）	双向随机（4）	双向固定（5）
核心解释变量	SL	0.232 2 *** (0.033 8)	0.129 1 ** (0.049 5)	0.208 0 *** (0.044 5)	−0.017 2 (0.024 4)	−0.070 6 ** (0.028 6)
控制变量	SOG	0.101 3 ** (0.038 8)	0.150 8 (0.104 1)	0.128 9 * (0.078 1)	−0.050 9 (0.055 7)	−0.059 7 (0.046 9)
	ODR	0.037 1 *** (0.014 1)	0.117 8 *** (0.021 9)	0.086 1 *** (0.017 1)	0.008 1 (0.021 0)	0.018 8 (0.023 4)
	UnRa	−0.384 1 (0.096 6)	−0.514 4 *** (0.144 6)	−0.439 4 (0.096 2)	0.075 8 (0.099 7)	0.073 7 (0.075 5)
	Fisaut	3.255 2 *** (0.305 7)	−1.898 0 (2.073 8)	2.715 4 *** (0.531 1)	2.536 0 *** (0.610 3)	−2.638 3 * (1.400 0)
常数（C）		−0.003 7 (0.451 1)	2.152 3 (1.555 3)	−0.187 8 (0.604 0)	−0.429 2 (0.628 2)	2.116 9 ** (0.911 1)
样本容量（N）		186	186	186	186	186

---

① 杨胜刚，朱琦.人口结构、居民可支配收入和社会基本养老保险基金收入 [J].江西财经大学学报，2011 年第 4 期，第 51-57 页。

② 许宪春.准确理解中国的收入、消费和投资 [J].中国社会科学，2013 年第 2 期，第 4-24 页。

表4-10（续）

解释变量	被解释变量：*DPI*				
	混合 OLS 回归（1）	个体固定 效应（2）	随机效应（3）	双向随机（4）	双向固定（5）
拟合系数（R^2）	0.696 5	0.671 6	0.676 3	0.753 5	0.893 5
F test	35.44***	5.89***	—	—	14.76***
Wald test	—	—	127.54***	337.04***	—
LM test	—	—	38.25***	—	—
Time Effect	—	—	—	119.92***	19.81***
Hausman test	—	34.66***	—	—	54.65***

注：***、**、* 分别表示相关系数在 1%、5% 和 10% 水平下显著，括弧中的数字表示聚类稳健标准差，双向随机模型是指在随机效应模型中考虑了时间效应。

从表 4-10 可以看出，检验结果表明，F 统计量强烈拒绝了原假设（H_0：$u_i = 0$），所以固定效应明显优于混合回归，但个体效应可能以随机效应（RE）形式存在，LM 检验表明模型中存在反映个体特征的随机扰动项，亦证明不能使用混合回归。进一步分析可以得知，Hausman 检验表明，本书应强烈拒绝原假设，即个体固定效应模型优于随机效应模型。与此同时，党的十八大以来，习近平总书记明确提出"人民对美好生活的向往，就是我们的奋斗目标"，强调"让现代化建设成果更多更公平惠及全体人民"，把包括养老保险在内的社会保障制度建设摆在更加突出的位置①，加之共同富裕的理念深入人心并形成了一系列政策实践；在讨论基于居民可支配收入的社会治理时，全国范围内很可能出现一些不随地区变化而变化但随时间变化而变化的因素，有必要在个体固定效应模型的基础上引入时间效应。在表 4-10 中，列（4）和列（5）分别汇报了引入时间效应后的检验结果，虽然时间效应和 Hausman 检验都是显著的，但必须指出的是，可能是由于本书样本或其他原因，在模型中引入时间效应后无论是解释变量系数还是控制变量系数大多数均不显著，而且回归系数的数值和正负明显与正常的经济逻辑也不相符合。因此，本书主要基于个体固定效应模型展开分析。

可以看出，近年来，多层次养老保险制度保障水平的提高和基于居民可

---

① 郑功成. 社会保障推动发展成果惠及全体人民 [N]. 光明日报，2022 年 8 月 16 日第 11 版。

支配收入的社会治理显著正相关。其合理的解释可能为，中国各级政府都已经深刻认识到了到广覆盖、高效率且可持续的养老保险制度的重要性和必要性，而这种多层次养老保险制度的建设加快了劳动力人群与老年人群间的收入转移，加快了个人财富积累的步伐[1]，进而在总体上推动了居民人均可支配收入的增加。就控制变量而言，老年人口抚养比（ODR）即人口的老龄化水平与居民可支配收入显著正相关，其可能的解释基本上也可以归结为人口老龄化加速了社会财富在劳动人群和老年人群间的转移，当然也受益于国家连续18年稳步提高养老金水平的庄严承诺[2]。另外，在社会治理拓展中，城镇登记失业率（UnRa）与居民可支配收入显著负相关，即失业率越高，居民可支配收入就越低。很显然，失业率的增加导致居民劳动收入减少故而可支配收入减少。针对其他两个控制变量，即反映社会参与情况的每万人社会团队数量（SOG）和反映地方政府财政自主水平的地方财政自主度（Fisaut）在个体固定效应模型中不显著，本书也就不再展开讨论。

当然，必须明确的是，本部分所做的进一步拓展，其本质是对基准回归的补充，是对经济社会治理的其他维度的衡量，有助于进一步明确多层次养老保险制度保障水平对经济社会治理的影响机制。此外，必须说明的是，对于经济社会治理能力和治理水平的刻画远远不止于本书所列示的几个方面，后续还可以做更深层次的研究。

4.4.6　稳健性检验

为进一步检验本书所选的模型的稳健性，同时按照模型设定阶段提出的需要分别对一、二、三层次的养老保险制度的保障水平和覆盖面对经济社会治理的作用情况进行稳健性检验，本书用最常用的替换变量法进行稳健性检验，分别用第一层次覆盖面（Emp）、企业年金资产余额占GDP比重（Annuit_G）、企业年金覆盖面（Annuit_P）、商业寿险密度（InsD）、商业寿险深度（InsP）五个变量替代了基准回归中的第一层次基本养老保险支出总额除以地区生产总值并乘以100%的制度保障水平变量（即本书中的SL），回归方法和控制变量与基准回归保持一致。其中，本书参考郑

---

① 李实，朱梦冰，詹鹏.中国社会保障制度的收入再分配效应［J］.社会保障评论，2017年第4期，第3-20页。

② 吕红星.上调4%，养老金大体与物价上涨幅度相当［N］.中国经济时报，2022年5月30日第1版。

秉文（2016）[①]、刘斌（2020）[②] 等学者做法，按商业养老保险收入一般占寿险收入 20% 的比例来推算商业养老保险密度（InsD）。此外，由于 InsD 数值较大，本书在实际回归模型中采取了取对数处理，其他数据均未做特别处理。具体稳健性检验结果如表 4-11 所示。

表 4-11　多层次养老保险对于经济社会治理的作用情况的稳健性检验

解释变量	解释变量含义	经济社会治理：被解释变量		模型特征		
		经济转型 GDPindex	社会公平 RDPI	拟合系数（R^2）	F 检验	样本容量（N）
		(1)	(2)	(3)	(4)	(5)
Emp	第一层次覆盖面	0.023 5[*] (0.013 8)	—	0.696 3	14.11[***]	186
		—	−0.023 6[*] (0.011 9)	0.564 0	17.98[***]	186
Annuit_ G	企业年金占 GDP 比重	0.609 6 (0.375 0)	—	0.640 6	7.77[***]	124
		—	−0.239 4[**] (0.112 2)	0.428 9	31.45[***]	124
Annuit_ P	企业年金覆盖面	0.011 4 (0.020 4)	—	0.578 3	6.95[***]	124
		—	−0.028 9 (0.052 1)	0.385 1	29.53[***]	124
InsD	商业寿险密度	0.144 8 (0.131 3)	—	0.664 0	14.03[***]	186
		—	−0.346 8[***] (0.046 5)	0.657 2	23.25[***]	186
InsP	商业寿险深度	0.535 0 (0.353 7)	—	0.668 2	15.33[***]	186
		—	0.089 7 (0.290 8)	0.492 4	18.94[***]	186
控制变量	与前文一致	Yes	Yes	—	—	—

① 郑秉文. 第三支柱商业养老保险顶层设计：税收的作用及其深远意义 [J，中国人民大学学报，2016 年第 1 期，第 2-11 页。

② 刘斌，林义. 国家安全视角下构建多层次养老保险体系的制度创新——基于城镇职工养老保险缴费比例下调后基金缺口的测算 [J]. 财经科学，2020 年第 8 期，第 39-51 页。

表4-11(续)

解释变量	解释变量含义	经济社会治理：被解释变量		模型特征		
		经济转型 GDPindex	社会公平 *RDPI*	拟合系数（R^2）	F检验	样本容量（N）
		（1）	（2）	（3）	（4）	（5）
省份控制效应		Yes	Yes	—	—	—
年份控制效应		No	No	—	—	—

注：1. ***、**、* 分别表示相关系数在1%、5%和10%水平下显著，括弧中的数字表示聚类稳健标准差。2. 企业年金占GDP比重和企业年金覆盖面数据从2012年开始统计，故样本量有所缺失。

从表4-11可以看出，使用第一层次基本养老保险中城镇职工基本养老保险覆盖面替换第一层次养老保险保障水平（SL）来解释经济转型和社会公平，其显著性水平和回归系数影响方向都与基准回归保持一致。此外，使用企业年金占GDP比重、商业寿险密度代替第一层次养老保险保障水平（SL）来解释社会公平，其显著性水平回归系数影响方向都与基准回归保持一致。虽然其他模型显著性未通过，但回归系数的正负均与基准回归保持一致，即在一定程度上也表明影响方向与基准回归基本保持一致。此外，本书早在基准回归阶段，就采用上下1%缩尾等方法对样本数据进行了处理，避免变量波动过大影响回归的准确性，且其结果亦是稳健的（由于篇幅所限，具体回归过程不再展示）。因此，可以得出，本书所采用的模型相对稳健，多层次养老保险制度保障水平对经济社会治理的总体促进作用，特别是经济高质量发展和城乡收入分配均等化方面的促进作用是稳健可靠的。

4.5 主要结论

本章站在国家治理体系和治理能力现代化的视角，从构建多层次养老保险制度保障水平对统筹经济社会治理影响的作用机制的理论模型出发，在厘清宏观关系的基础上凝练出具体的传导逻辑。随后，本章针对我国的现实情况，将经济社会治理分解为突出经济转型理念关注产业结构升级的经济治理以及突出社会公平理念关注收入分配的社会治理两个维度，拟定了关于核心解释变量多层次养老保险制度保障水平与两个被解释变量（经济治理、社会治理）的面板数据回归模型，并分别采用混合 OLS 回归、个体固定效应、随机效应、双向随机以及双向固定效应模型来识别其计量关系。紧接着为进一步明确模型的内在影响机制，本章引入了中介效应模型并分别考察了人力资本中介、创新能力中介、居民储蓄中介影响机制。随后，针对我国幅员辽阔，东部、中部、西部发展并不平衡的现实情况进行了异质性检验。与此同时，为了更好地刻画多层次养老保险制度的政策效能，本章使用替换变量的方法，分别选取了所有可以测量一、二、三层次制度保障水平的变量替换基准回归阶段的核心解释变量，对模型进行了稳健性检验。最后，本章对经济社会治理的视野进一步拓展，在关注"结构"的同时关注"数量"，在经济治理过程中，不仅应关注以产业结构升级为主要特征的经济转型，还应关注经济增长；在社会治理过程中，不仅应关注以城乡居民收入差距为主要特征的社会公平程度，还应关注人均可支配收入，即社会财富绝对值的增加。实际上，本章分析得出的主要结论相互印证、互为补充，主要结论如下：

（1）从描述性统计的结果来看，近年来我国经济治理能力、社会治理能力以及更大范围的整体统筹能力与多层次养老保险制度保障水平整体上处于基本协同的状态，这充分表明了我国总体上经济迈上了更高质量、更加公平、更可持续的创新发展新路径，社会治理也进入了共建、共治、共享新时代。更为重要的是，我国始终坚持既尽力而为又量力而行，将逐步提高多层次养老保险水平建立在经济和财力可持续，以及与其他社会政策互相配套的基础之上，既不脱离实际，又不超越阶段，极大提升了人民群众的幸福感和获得感。

（2）基准回归的结果表明，在经济治理领域，多层次养老保险制度保障水平的提高和以产业结构升级为衡量指标的经济转型显著正相关，这是由于多层次养老保险水平的提高改善了人民群众的消费预期和消费结构，着力畅通了国内大循环，促进了企业提升核心竞争力，同时有力推进了乡村振兴，进而在整体上支持了经济转型。在社会治理领域，多层次养老保险制度保障水平的提高和以城乡居民可支配收入为衡量指标的社会治理能力显著正相关，即多层次养老保险保障水平越高，城乡居民人均可支配收入比就越小。这说明在大数法则下，多层次养老保险制度保障水平的提高有助于全体社会成员之间有效分散风险、缩小贫富差距，体现出对社会公平的执着追求，意味着加快推动多层次养老保险制度优化有助于弥合城乡居民收入差距，进而对提高社会治理效能起到积极且正向的作用。

（3）中介效应表明，人力资本、创新能力对提升社会治理能力具有明显中介效应（其中人力资本是完全中介效应），是多层次养老保险制度优化对构建更加公平的收入分配体系并对提高社会治理能力产生正向影响的一个重要渠道。作为中介变量的创新能力对提升经济治理能力有遮蔽效应，在经济治理模型中引入创新能力中介后，多层次养老保险制度保障水平对经济治理的促进作用还会进一步强化。居民储蓄对于提升经济治理能力具有完全中介效应，是通过多层次养老保险制度建设推动经济转型并提高经济治理能力产生正向影响的一个重要渠道。

（4）异质性检验表明，在全国范围内，多层次养老保险制度保障水平与经济社会治理水平呈现出明显的地域特征。具体而言，多层次养老保险制度保障水平对经济社会治理水平的影响在东部更为显著且作用强度均高于基准回归，在中、西部的作用目前还未完全凸显。

（5）进一步拓展表明，在考察经济社会治理能力时，有必要把研究视角从"结构"扩展到"数量"。即在经济治理方面从强调经济转型拓展到经济增长时，多层次养老保险制度保障水平的提高对基于经济增长的经济治理并没有产生显著的正向促进作用；在社会治理方面从强调城乡收入差距拓展到居民可支配收入的增长时，多层次养老保险制度保障水平的提高和基于居民可支配收入的社会治理显著正相关。当然，必须明确的是，经济社会治理能力和治理水平的刻画远远不止于本书所列示的几个方面，后续还可以做更深层次的研究。

5 多层次养老保险制度可持续性
对经济社会治理影响的评估分析

5.1 问题的提出

近年来，无论是学术界抑或是主流研究机构，均在不同场合以不同形式表示我国养老金制度可持续性堪忧，其中比较有代表性的是，中国社会科学院社保研究中心在 2019 年发布的《中国养老金精算报告 2019—2050》，报告指出在 16% 基准费率方案下，全国职工基础养老金 2028 年将出现当期"收不抵支"，2035 年将耗尽累计结余[①]。和实际情况相比，预测比较准确的是，田月红等 2016 年运用特蒙卡洛随机模拟方法通过 5 000 次模拟，预测出我国城镇职工基础养老金将在 2020 年出现当期缺口，2025 年累计结余将消耗殆尽[②]，其中当期缺口的预测和现实情况完全一致；当然，景鹏等（2017）发现在组合优化制度参数和给予适当财政补贴的前提下，企业职工基本养老保险缴费率可降至 14%~16% 这个区间，这与后来基本养老保险降费率的实际情况完全一致[③]。比较权威的是 2021 年中国社会科学院世界经济与政治研究所、中国世界经济学会组织召开"养老金改革的前景、挑战与对策"研讨会，指出未来三十年人口老龄化和赡养比的

---

① 郑秉文.中国养老金精算报告（2019—2050）[M]. 北京：中国劳动社会保障出版社，2019 年 4 月第 1 版，第 61-63 页。

② 田月红，赵湘莲.人口老龄化、延迟退休与基础养老金财务可持续性研究 [J]. 人口与经济，2016 年第 1 期，第 39-49 页。

③ 景鹏，胡秋明.企业职工基本养老保险统筹账户缴费率潜在下调空间研究 [J]. 中国人口科学，2017 年第 1 期，第 21-33 页。

进一步变化将导致养老金缺口持续扩大①。

众所周知,党的十八大以来,在以习近平同志为核心的党中央坚强领导下,我国多层次养老保险事业发展取得了历史性成就,成功建设了具有鲜明中国特色、世界上规模最大、功能初步完备的多层次养老保险体系。其中第一层次的基本养老保险覆盖近 10 亿人;第二层次的企业年金和职业年金覆盖近 6 000 万人;第三层次商业养老保险发展还不尽如人意,虽仅覆盖超过 5 万人,但不可否认的是,我国用几十年时间走过了许多西方国家一百多年走过的历程②。国际经验和国内实践表明:一旦养老保险制度接近全覆盖并进入成熟期后,政策调整和体系优化的空间将逐步减少,实现长期可持续发展的风险将会增大,若产生战略性的决策失误将会给经济发展和社会治理带来难以估量的损失。与此同时,在进入共同富裕的新时代,应将多层次养老保险制度优化置入中国特色福利制度建设全局中进行考量,通过不断完善高质量的多层次养老保险体系推动共同富裕愿景逐步变成现实③。

因此,十分有必要在对多层次养老保险制度保障水平对经济社会治理影响实证分析的基础上,深入多层次养老保险制度内部,从经济社会治理的全局出发,审视多层次养老保险制度"成熟而持久"的能力及其发展规律,并回应社会各界之关切,更好地增强多层次养老保险制度建设对经济社会发展的适应性。为了说明该问题,本章将采用精算的方法,预测我国城镇职工基本养老保险制度面临的基金缺口情况(2022 年到 2050 年),并全面分析第二、第三层次养老保险制度运行现状和存在问题,进而在总体上得出多层次养老保险制度可持续性对经济社会治理的作用机制和作用结果,并探索提升国家治理能力的现实路径。

---

① 郑秉文,董克用,等.养老金改革的前景、挑战与对策 [J].国际经济评论,2021 年第 4 期,第 9-31 页。

② 中共人力资源和社会保障部党组.进一步织密社会保障安全网[EB/OL].求是网,http://www.qstheory.cn/dukan/qs/2022-04/16/c_1128558641.htm,2022 年 4 月 16 日。

③ 郑功成.共同富裕与社会保障的逻辑关系及福利中国建设实践 [J].社会保障评论,2022 年第 1 期,第 3-22 页。

5.2 分析框架

5.2.1 传导逻辑

基于本书第 3 章整理的当前多层次养老保险体系的政策框架以及第 4 章计量分析的结果，本章构建一个"各主体协同思考和行动"的分析框架，以评估多层次养老保险体系可持续性为突破口，按照复杂系统论的理念，将多层次养老保险制度、经济治理体系和社会治理体系看成一个"内部协调外部适应"的开放复杂巨系统（即系统科学中讲到的"社会系统"①），研究系统中各个模块的隶属关系、包含关系、联结关系、反馈关系等，深入分析系统要素间相互作用和影响的传导机理②，通过推导、判断甚至推理，深化，对多层次养老保险制度的认识，并不断将研究视野从小到大拓展到要素、系统和环境。

具体而言，本书认为：进入新时代，统筹推进经济建设与社会建设融合发展已经成为开创中国特色社会主义新时代的应有之义。在经济治理领域，国家层面不断完善宏观经济治理，创新宏观调控思路及方式，注重经济发展的平衡性、协调性和可持续性，坚持把发展经济着力点放在实体经济上，不断畅通国内大循环，构建新发展格局，为保障和改善民生、提升社会治理能力、推进共同富裕奠定了丰富的物质基础和条件，并且正在逐步打造形成以国家规划为战略引领，以财政和货币政策为主要手段，就业、产业、投资、消费、环保、区域等政策紧密配合，目标优化、分工合理、高效协同的宏观经济治理体系③。在社会治理领域，国家层面努力建设人人有责、人人尽责、人人享有的社会治理共同体，将"国家治理体系和治理能力现代化"作为全新的政治理念，重点推进治理模式和治理工具

---

① 苗东升.系统科学精要 [M].北京：中国人民大学出版社，2010 年 3 月第 3 版（2013 年 3 月第 3 次印刷），第 245 页。

② 盛昭瀚,于景元.复杂系统管理：一个具有中国特色的管理学新领域 [J].管理世界，2021 年第 6 期，第 36-50 页。

③ 国务院.中华人民共和国国民经济和社会发展第十四个五年规划和 2035 年远景目标纲要 [EB/OL].中华人民共和国中央人民政府官方网站,http://www.gov.cn/xinwen/2021-03/13/content_5592681.htm,2021 年 3 月 13 日。

的转型升级，强化中国共产党的治理核心，注重国家与市场、社会良好互动，并破除单一思维，树立治理工具多样化的理念①，在完善收入分配体系、促进高质量就业、推进教育强国等方面取得了一系列成就，直接引导或者支撑了经济的高质量发展。与此同时，我们必须看到，经济治理体系的不断完善，在宏观层面为多层次养老保险制度的完善创新提供了相应的经济发展水平作为支撑，在中观层面提供了相应的财政保障能力，在微观层面决定了与多层次养老保险制度直接相关的企业缴费能力和居民收入预算约束；而反过来，多层次养老保险制度的不断完善，将有效提升人力资本积累、促进人力资本合理流动并提升劳动生产率，进而提升了经济治理的效能和水平。还有，社会治理水平、社会治理体系的完善程度和社会治理理念的差异，直接决定了社会稳定水平（例如犯罪率）、行政管理能力（例如地方治理能力、基层治理能力和公共服务供给能力）、社会政策的目标性（例如过往的计划生育政策和当前的三孩政策等）、人口结构（例如老龄化水平等），这些因素往往直接决定了多层次养老保险制度的模式、水平等一系列核心问题。而毋庸置疑的是，多层次养老保险制度在化解社会矛盾、增加国家认同、促进社会公平等方面的突出作用反过来又将提升社会治理水平。

因此，从人类发展的宏观视野来看，经济治理和社会治理既是一对平行的概念，又是同一事物的两个方面，只不过一个以解决"生产力"为中心，一个以解决"生产关系"为中心，而多层次养老保险制度的持续优化，则可以视为既满足人的发展需要又促进经济社会协同发展的重要机制和手段②。当然，这种机制能否得以建立以及手段能否顺利发挥作用的关键是多层次养老保险制度的可持续性，而这种可持续性的重点则是养老基金的安全稳定运营以及长期的财务可持续。为此，本章的论述也将重点围绕该核心展开。其具体关系如图5-1所示。

---

① 江必新，鞠成伟. 国家治理现代化比较研究［M］. 北京：中国法制出版社，2016 年 3 月第 1 版，第 192-200 页。

② 郑功成. 社会保障学——理念、制度、实践与思辨［M］. 北京：商务印书馆，2000 年 9 月第 1 版（2015 年 7 月第 7 次印刷），第 180-181 页。

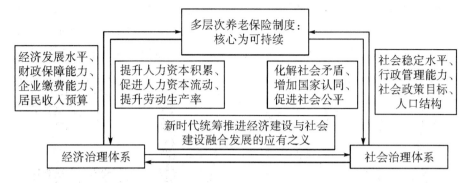

图 5-1　多层次养老保险制度可持续性与经济社会治理的互动机制

5.2.2　研究方法

针对城镇职工基本养老保险制度，本章测算参考于洪（2009）[1]，王晓军（2013）[2]，郑秉文（2019）[3]，刘斌等（2020）[4]，王亚柯等（2021）[5]各位学者的测算方法或者参数假设，将模型统筹分为人口模块、经济模块和制度模块。本章测算的核心思路为，使用联合国人口预测数据（人口模块），一是根据劳动年龄人口、就业率等条件，推算城镇职工就业人数（经济模块），进而推算出缴费人数（制度模块），同步结合工资收入模型（经济模块）测算城镇职工养老保险基金征缴收入；二是根据人均退休年龄、预期寿命等条件，推算城镇职工养老保险领取人数（制度模块），同步结合养老保险待遇模型（制度模块）测算城镇职工养老保险基金支出；三是利用推算得出的征缴收入、基金支出并统筹考虑利率等因素，对养老基金缺口进行测算。需要注意的是，本章在测算过程中，将机关事业单位基本养老保险也纳入精算框架内综合考虑。另外，为了尽可能完整准确地

①　于洪，钟和卿. 中国基本养老保险制度可持续运行能力分析——来自三种模拟条件的测算[J]. 财经研究，2009 年第 9 期，第 26-33 页。
②　王晓军，米海杰. 养老金支付缺口：口径、方法与测算分析[J]. 数量经济技术经济研究，2013 第 10 期，第 49-62 页。
③　郑秉文. 中国养老金精算报告（2019—2050）[M]. 北京：中国劳动社会保障出版社，2019 年 4 月第 1 版，第 55-59 页。
④　刘斌，林义. 国家安全视角下构建多层次养老保险体系的制度创新——基于城镇职工养老保险缴费比例下调后基金缺口的测算[J]. 财经科学，2020 年第 8 期，第 39-51 页。
⑤　王亚柯，李鹏. 降费综合方案下城镇职工养老保险的精算平衡和再分配研究[J]. 管理世界，2021 年第 6 期，第 99-112 页。

刻画各种因素对基金缺口的影响，评估养老金可持续发展的程度并预判其对经济社会协同治理水平的冲击程度，本书考虑了缴费率、替代率、生育率、退休年龄、长寿风险、利率、工资增长率等多种因素，对关键变量对养老金缺口的冲击进行了敏感性分析，并预测了养老金缺口对应的财政负担。针对二、三层次养老保险制度，本章主要采用了描述性统计以及纵向时间维度对比、横向国际比较的方法评估其发展情况。

5.3 模型建立和缺口测算——以城镇职工基本养老保险为例

5.3.1 实际收支情况

近年来，我国基本养老保险覆盖面持续扩大、基金结余总体不断增加。以城镇职工基本养老保险（含机关事业单位基本养老保险）为例，就覆盖面而言，截至"十三五"末，全国参加城镇职工基本养老保险人数为45 621万且近年来参加城镇职工基本养老保险人数一直呈上升态势。就基金结余而言，近年来，伴随着我国经济的高质量发展以及城镇职工基本养老保险基金筹资、运行和待遇发放等机制的不断完善，截至2020年年末城镇职工基本养老保险基金累计结存48 317亿元，投资运营规模不断扩大，基金运行总体平稳，累计余额持续增加。与此同时，全国社保基金战略储备累计达到2.59万亿人民币，中央划转国有资本充实社保基金超过1.68万亿人民币①。人社部最新披露的数据表明，截至2021年年底，全年城镇职工基本养老保险基金总收入达60 455亿元，支出达56 481亿元，累计结存52 574亿元②，达到历史新高。值得注意的是，自2018年实施中央调剂金制度以来，该比例逐年提高（2018年为3%③，2019年为3.5%④，2020

<hr>

① 中共人力资源和社会保障部党组.进一步织密社会保障安全网［EB/OL］.求是网，http://www.qstheory.cn/dukan/qs/2022-04/16/c_1128558641.htm，2022年4月16日。

② 中华人民共和国人力资源和社会保障部.2021年度人力资源和社会保障事业发展统计公报［R］.2022年6月7日。

③ 中华人民共和国人力资源和社会保障部.2018年度人力资源和社会保障事业发展统计公报［R］.2019年6月11日。

④ 中华人民共和国人力资源和社会保障部.2019年度人力资源和社会保障事业发展统计公报［R］.2020年6月8日。

年为 4%①，2021 年为 4.5%），2021 年基金调剂规模达到 9 327 亿元②，连续四年上涨，通过制度赡养率指标有效实现了省际基金的再分配和再平衡。但是从养老保险基金的可持续这一核心来看，若扣除财政补贴以及后来的中央调剂金等其他因素，从 2014 年开始，我国城镇职工基本养老保险征缴收入已经小于总支出，进入 2020 年，受新冠疫情以及国家层面降低养老保险缴费率、暂缓缴纳社会保险费等一系列政策措施影响，基金总收入 44 376 亿元，基金支出 51 301 亿元，已经首次出现当期基金缺口。但 2021 年情况又恢复了正常，实现当期基金结余 3 540 亿元，但是这也未能改变基金结余整体下滑的趋势，具体情况如表 5-1 和图 5-2 所示。

表 5-1 城镇职工基本养老保险基金实际收支情况

金额单位：亿元

年份	总收入	征缴收入	中央调剂金	支出	当期结余	累计结余
2008	9 740	8 016	—	7 390	2 350	9 931
2009	11 491	9 534	—	8 894	2 597	12 526
2010	13 420	11 110	—	10 555	2 865	15 365
2011	16 895	13 956	—	12 765	4 130	19 497
2012	20 001	16 467	—	15 562	4 439	23 941
2013	22 680	18 634	—	18 470	4 210	28 269
2014	25 310	20 434	—	21 755	3 555	31 800
2015	29 341	23 016	—	25 813	3 528	35 345
2016	35 058	26 768	—	31 854	3 204	38 580
2017	43 310	33 403	—	38 052	5 258	43 885
2018	51 168	—	2 422	44 645	6 523	50 901
2019	52 919	—	6 303	49 228	3 691	54 623
2020	44 376	—	7 400	51 301	-6 925	48 317
2021	60 455	—	9 327	56 481	3 540	52 574

① 中华人民共和国人力资源和社会保障部. 2020 年度人力资源和社会保障事业发展统计公报 [R]. 2021 年 6 月 3 日。
② 中华人民共和国人力资源和社会保障部. 2021 年度人力资源和社会保障事业发展统计公报 [R]. 2022 年 6 月 7 日。

注：1. 数据来源于人力资源和社会保障部历年《人力资源和社会保障事业发展统计公报》；2. 从 2018 年开始，人力资源和社会保障部未公布征缴收入；3. 2018 年 7 月 1 日，建立实施企业职工基本养老保险基金中央调剂制度，2018 年调剂比例为 3%，调剂基金总规模为 2 422 亿元。4. 从2015 年开始，本表所列示基金收入和基金支出为企业职工和机关单位并轨数据。

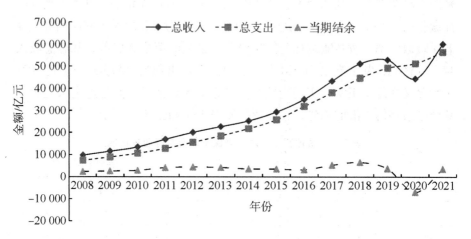

图 5-2　城镇职工基本养老保险基金收支及当年结余情况（2008—2021 年）

5.3.2　测算过程及结果

（1）参数设定、变量选择、数据来源和说明

关于城镇职工基本养老保险制度基金缺口测算涉及的具体变量名称、所属模块、指标含义和数据来源详见表 5-2。

表 5-2　变量选择及数据来源说明

变量名	所属模块	指标解释	数据来源及说明
Q_{xt}	人口模块	t 年 x 岁人口总数	根据联合国《世界人口展望》（2017 年修订版）报告中方案测算，必须说明的是，当前最新的联合国《世界人口展望》为 2019 版，本书作者结合七普数据验证后，发现 2017 版预测与现实数据更接近，故采用了 2017 版的数据。与此同时，《世界人口展望》2017 版"中方案"预计我国未来总和生育率将介于 1.6 到 1.8，这和当前鼓励生育的政策导向也高度吻合，故"中方案"通常被认为是最可能的方案

表5-2(续)

变量名	所属模块	指标解释	数据来源及说明
P_{xt}	人口模块	t 年 x 岁职工人数	根据公式测算得出,职工年龄选取为16 到 55 岁男性以及 16 到 49 岁女性
C_t	人口模块	城镇化率	根据中国社科院人口与劳动经济研究所及社会科学文献出版社 2021 年 12 月发布的研究报告《人口与劳动绿皮书》,"十四五"期间中国人口城镇化速度将会放缓,并在 2035 年左右稳定在75%~80%。故本书在整理 1949—2021 年我国实际城镇化率的基础上,从 2022 年开始按每年增长 1.5%测算,直到达到 80%后保持不变
λ_t	经济模块	劳动参与率	根据 CEIC Data 数据库调查结果,2021 年中国劳动人口参与率为68.057%,鉴于近年来中国劳动人口参与率略有下降且未来下降空间不大,测算时保持不变
P_t	经济模块	t 年就业人口总数	由 t 年在岗职工人数累计求和得出
J_t	经济模块	机关事业单位从业人数	按 3 870 万人预估,测算时保持不变;根据历年《人力资源和社会保障事业发展统计公报》实际数据以及以往学者估算得出
W_0	经济模块	基年平均工资	根据国家统计局公布数据,2021 年我国规模以上企业从业人员年平均工资为 8.81 万元,本书测算时基年年平均工资亦按 8.81 万元核定
g_i	经济模块	个人能力增长	本书假定工作技能、工作绩效与工作时限成正比,即每工作一年,伴随着个人工作能力的增加,工资可增加1%
g_e	经济模块	经济增长	根据国家统计局公布数据,2021 年中国经济增长 8.1%,考虑到尽管外部环境形势发生重大变化,世纪疫情叠加百年未有之大变局,但我国经济发展具有强大韧性和活力,本书假定 2021 年到 2025 年,经济增速平均为 8%,2026—2030 年平均为 6%左右,2036年后为 4%

表5-2(续)

变量名	所属模块	指标解释	数据来源及说明
m，n	制度模块	个人参加工作的年龄、个人退休的年龄	按我国规定，一般按 16 岁参加工作测算；男性人口按 59 岁退休测算，女性人口按 49 岁退休测算
τ_t	制度模块	t 年缴费率	长期测算不考虑新冠疫情缓交以及参数变化等因素，按 24%（单位缴费 16%+个人缴费 8%）测算
ω_t	制度模块	t 年覆盖率	根据《人力资源和社会保障事业发展"十四五"规划》，覆盖率按"十三五"末为 91%，"十四五"末达到 95% 水平算，则在测算期按平均每年增加 0.8 个百分点，直到 100% 为止
σ_t	制度模块	t 年收缴率	本书假定随着大数据等收缴手段的使用，收缴率将不断提升，其中 2021 年按 90% 估算，而后每年增加 1 个百分点，直到 100% 为止
K_{it}	制度模块	t 年第 i 类参保职工人数	根据联合国《世界人口展望》（2017 年修订版）提供的原始数据，结合年龄变化逐年推算，例如在 2021 年，男性"老人"为 84~100 岁（含 100 岁以上）人口，"老中人"为 76~83 岁人口，"新中人"为 46~75 岁人口，"新人"为 45 岁以下人口
S_{it}	制度模块	t 年第 i 类参保职工领取城镇职工基本养老金时的待遇标准	对于"老人"全国没有统一的发放标准，本书按上一年社会平均工资的 60%［式（5-4）中的 θ，θ 的取值主要考虑我国平均替代率］测算；"老中人"和"新中人"按基础养老金［上一年社会平均工资的 50%，式（5-5）中的 φ］与过渡性养老金之和测算；"新人"按现行制度计算
w_p / W_p	制度模块	个人收入贡献系数	反映个人在岗时工资收入对于个人养老金替代率的贡献，w_p 表示当年在岗职工平均缴费工资，W_p 表示当年全国在岗职工平均工资，为计算简便，本书该系数近似为"1"处理
Y_t，y	制度模块	视同缴费年限、缴费年限	Y_t 表示视同养老金缴费年限，仅适用于"老中人"和"新中人"过渡性养老金支出部分计算；y 表示养老金缴费年限，仅适用于"新人"

表5-2(续)

变量名	所属模块	指标解释	数据来源及说明
h	制度模块	过渡调节系数	根据历年实际情况测算时选取 1.0 ~ 1.5
r	经济模块	央行基准利率	按 2022 年中国人民银行最新公布的三年定期存贷款基准利率 2.75% 测算
G_t, F_t	—	基金当期缺口基金累计缺口	根据式（5-8）、式（5-9）计算得出

备注：以上变量均为本书作者根据城镇职工基本养老保险运行情况列示。

（2）模型构建

a. 城镇职工基本养老金收入模型：

$$PI_t = W_0 \cdot (1 + g_i)^{t-t_0} \cdot (1 + g_e)^{t-t_0} \cdot \tau_t \cdot \omega_t \cdot \sigma_t \cdot \left(\sum_{x=m}^{n} P_t - J_t \right) \tag{5-1}$$

其中，
$$P_t = \sum_{x=16}^{49 or 59} P_{xt} = \sum_{x=16}^{49 or 59} [Q_{xt} \cdot c_t \cdot \lambda_t \cdot (1 - u_t)] \tag{5-2}$$

b. 城镇职工基本养老金支出模型：

$$E_t = \sum_{i=1}^{4} K_{it} \cdot S_{it} \tag{5-3}$$

本书以国务院先后发布的《关于建立统一的企业职工基本养老保险制度的决定》（国发〔1997〕26 号文）和《国务院关于完善企业职工基本养老保险制度的决定》（国发〔2005〕38 号文）两个标志性文件为时间界限，按照理论界和实务部门一般操作原则，将城镇职工养老保险参保职工细分为"老人""老中人""新中人""新人"四个类型[1]。

根据以上分析，可得，对于"老人"，有

$$S_{1t} = w_{t-1} \cdot \theta \tag{5-4}$$

对"老中人"，有

$$S_{2t} - w_{t-1} \cdot \varphi + w_{t-1} \cdot \left(\sum_{p=m}^{i-1} \frac{\frac{w_p}{W_p}}{t-m} \right) \cdot Y_t \cdot h \tag{5-5}$$

对"新中人"，有

---

① 刘斌，林义. 国家安全视角下构建多层次养老保险体系的制度创新——基于城镇职工养老保险缴费比例下调后基金缺口的测算［J］. 财经科学，2020 年第 8 期，第 39-51 页。

$$S_{3t} = 0.5 \cdot y\% \cdot w_{t-1} \cdot \left(1 + \sum_{p=m}^{t-1} \frac{\frac{w_p}{W_p}}{t-m}\right) + w_{t-1} \cdot \left(\sum_{p=a}^{t-1} \frac{\frac{w_p}{W_p}}{t-m}\right) \cdot Y_t \cdot h$$

$$(5-6)$$

对于"新人"而言，有

$$S_{4t} = 0.5 \cdot y\% \cdot w_{t-1} \cdot \left(1 + + \sum_{p=m}^{t-1} \frac{\frac{w_p}{W_p}}{t-m}\right), \quad (y \geq 15) \qquad (5-7)$$

c. 养老基金缺口模型：

$$G_t = E_t - PI_t \qquad (5-8)$$

$$F_t = F_{t-1} \cdot (1 + r) + G_t \qquad (5-9)$$

（3）测算结果

将表 5-2 所示变量和相关原始数据分别代入城镇职工养老保险基金收入模型、支出模型和缺口模型［即式（5-1）到（5-9）］，根据预测，在现有城镇职工基本养老保险制度框架、退休政策以及生育政策，且不考虑类似于新冠疫情等特殊冲击的前提下，从 2022 年到 2050 年全国城镇职工基本养老保险当期结余勉强维持几年正值后便开始加速跳水，并在 2028 年出现当期缺口约 25 亿，此后当期缺口将快速扩大。同时，城镇养老保险基金累计结余将于 2042 年消耗殆尽并在当期出超万亿缺口，2050 年当期缺口预计接近 4 万亿，累计缺口超过 20 万亿，具体见表 5-3。

表 5-3　城镇职工基本养老保险（含机关事业单位）

收支情况预测 2022—2050 年　　　　（单位：亿元）

年份	征缴收入	基金支出	当期缺口	累计缺口
2022	59 027.85	55 417.59	-3 610.26	-56 893.33
2023	64 468.92	61 832.22	-2 636.70	-61 094.59
2024	71 038.89	68 870.99	-2 167.90	-64 942.60
2025	79 588.68	77 361.85	-2 226.83	-68 955.35
2026	85 922.59	84 825.53	-1 097.06	-71 948.68
2027	94 555.19	93 935.85	-619.34	-74 546.61
2028	105 122.50	105 147.67	25.17	-76 571.47
2029	115 663.47	116 078.65	415.18	-78 262.00
2030	122 471.36	123 434.89	963.53	-79 450.68

表5-3(续)

年份	征缴收入	基金支出	当期缺口	累计缺口
2031	131 105.60	132 516.38	1 410.78	−80 224.79
2032	140 096.74	141 958.38	1 861.64	−80 569.34
2033	147 884.60	150 698.94	2 814.34	−79 970.65
2034	156 455.49	159 525.28	3 069.79	−79 100.05
2035	165 365.70	169 229.00	3 863.30	−77 412.01
2036	160 978.34	171 714.69	10 736.35	−68 804.49
2037	167 942.15	180 024.10	12 081.94	−58 614.67
2038	174 905.97	188 333.50	13 427.53	−46 799.04
2039	181 869.78	196 642.91	14 773.13	−33 312.89
2040	189 685.43	202 233.03	12 547.60	−21 681.39
2041	195 797.41	213 261.73	17 464.31	−4 813.32
2042	202 761.23	221 571.14	18 809.91	13 864.22
2043	209 725.05	229 880.54	20 155.50	34 400.99
2044	216 688.86	238 189.95	21 501.09	56 848.11
2045	218 124.58	241 823.74	23 699.16	82 110.59
2046	230 616.49	254 808.77	24 192.28	108 560.91
2047	237 580.31	263 118.18	25 537.87	137 084.21
2048	244 544.12	271 427.58	26 883.46	167 737.49
2049	251 507.93	279 736.99	28 229.06	200 579.32
2050	246 885.92	286 112.97	39 227.05	245 322.30

资料来源：作者测算所得。

5.4 关键变量对养老金缺口的敏感性及财政负担分析

5.4.1 制度框架内的参量调整的敏感性分析

无论是从制度运行的时间长短还是基金收入的规模等角度看，城镇职工基本养老保险目前以及未来相当长一段时间内在我国多层次养老保险体系中仍将处于核心地位；与此同时，我国第一层次养老保险的城镇职工基本养老保险、机关事业单位养老保险、城乡居民养老保险，第二层次养老保险的企业年金、职业年金，第三层次的商业寿险、个人养老金等养老保险项目在制度设计、参数设定和运行模式上各不相同，如果采用各自分别计算而后加总的方式测算整体的养老保险体系不仅工作量大且会影响模型的精度。基于此，本书仍然以城镇职工基本养老保险为例，采用敏感性分析的方法测算各因素变化对养老金缺口的影响程度。同时，为了尽可能完整准确地刻画各种因素对基金缺口的影响，评估养老金可持续发展的程度并预判其对经济社会协同治水平的冲击程度，本书考虑了缴费率、替代率、生育率、退休年龄、长寿风险、利率、工资增长率等多种因素；当然，由于利率和工资增长率对基金收入和支出的影响都是同向的，故在后文中针对利率、工资增长率主要采取了理论分析和公式推导的方法进行分析。

本书一是假设城镇职工基本养老保险缴费率在现有基础上提高 1 个百分点，出现当期缺口将推迟到 2036 年，即比基准模式下推迟 8 年且基金缺口显著缩小；与此同时，在测算期内未出现累计缺口。二是假设城镇职工养老金替代率在现有基础上降低 1 个百分点（按平均替代率从 60% 降低到 59% 测算），出现当期缺口将推迟到 2033 年，即比基准模式下推迟 5 年且基金缺口显著缩小，并在 2045 年出现累计缺口。三是假设采取渐进式职工退休政策，从 2025 年开始每 5 年延迟退休一岁（即 2025—2029 年男 60 岁退休，女 50 岁退休；2030—2034 年男 61 岁、女 51 岁退休；2035—2039 年男 62 岁，女 52 岁退休；2040—2044 年男 63 岁，女 53 岁退休；2045—2049 年男 64 岁，女 54 岁退休；2050 年以后男 65 岁，女 55 岁退休），在本书测算期内均未出现当期缺口，自然而然累计基金余额也将持续增大。四是假设从 2025 年到 2050 年我国"二孩政策"或"三孩政策"效果良好，按照联合国"高方案"假定的中国总和生育率会从目前的 1.6 左右逐步回升到 2.1 左右，从测算结果看，在 2040 年以前城镇职工基本养老保险缺口和基准方案相比并不会产生明显的数量级差别。由于生育政策具有明显的延时效应和代际特征，因此高生育率对于弥合养老金缺口的积极效果在 2040 年以后才会逐渐凸显，基金缺口将随着劳动年龄人口的持续增加逐渐收窄。但从本书的测算结果看，高生育率前提下 2050 年仍有基金缺口，不过长期来看，在高生育率前提下城镇职工基本养老保险基金会逐渐实现收支平衡，具体测算结果见表 5-4 和图 5-3。

在政策参数调整的基础上，本书还考虑到伴随着社会经济高质量发展以及医疗技术的进步等影响长寿风险的现实因素，假定在 2020 年人均预期寿命 77.93 岁的基础上①，全国人口预期寿命每 10 年增加 3 岁（《"十四五"国民健康规划》中为到 2025 年增加 1 岁，本书测算时间跨度较大且预计后续技术进步会推动人均寿命加快延长，故采用了每 10 年增加 3 岁的假设），通过精算可以得出，若维持现有的城镇职工基本养老保险制度框架，在长寿风险的冲击下，我国城镇职工基本养老保险基金缺口比基准模式下还将进一步扩大，虽然人口预期寿命的延长能在一定程度上增加城镇职工基本养老保险基金收入，但仍然无法弥补长寿风险带来的巨额保险基金支付需求，从表 5-4 测算的结果可以看出，在考虑长寿风险的前提下，我国城镇职工基本养老保险在 2025 年就会出现当期缺口且在预测期内当期缺口和累计缺口都将始终存在并呈现出不断扩大的趋势。

表 5-4　缴费率、替代率、退休年龄、生育率、
长寿风险对养老金缺口的影响分析　　　　单位：亿元

年份	基准方案（下调城镇职工基本养老保险单位缴费比例至16%，个人缴费比例8%）			提高缴费率	降低替代率	延迟退休年龄	提高生育率	长寿风险
	收入	支出	当期缺口	当期缺口				
2025	79 589	77 362	-2 227	-5 570	-3 542	-4 829	838	735
2030	122 471	123 435	964	-4 180	-1 135	-7 659	6 890	1 935
2035	165 366	169 229	3 863	-3 082	986	-14 313	10 312	6 133
2040	189 685	202 233	12 548	4 581	9 110	-18 919	16 608	26 478
2045	218 125	241 824	23 699	14 538	19 588	-18 075	22 253	54 110
2050	246 886	286 113	39 227	28 858	34 363	-13 137	28 401	79 492

资料来源：作者测算所得。

　　当然，从表 5-4 和图 5-3 中可以明显看出，和基准方案相比，结合我国经济社会治理的现实情况并逐步提高退休年龄，在增加城职工基本养老

---

① 国务院办公厅. 国务院办公厅关于印发"十四五"国民健康规划的通知[EB/OL].中华人民共和国中央人民政府网站，http://www.gov.cn/zhengce/zhengceku/2022－05/20/content_5691424.htm,2022 年 5 月 20 日。

保险基金征缴收入的同时又可以减少基金支出，政策效果最为明显且最具有可行性。提高缴费率或者降低替代率在理论逻辑和测算层面具有一定的政策效果，但由于制度执行的惯性和福利的刚性，政策实践的难度较大。提高生育率在短期内政策效果并不明显，需要到2045年以后才会逐步凸显。与此同时，长寿风险对于城镇职工基本养老保险基金缺口具有显著的影响，要高度重视进入长寿时代后包括城镇职工基本养老保险在内的多层次养老保险体系的可持续发展，进而提早谋划如何通过养老政策的改革优化提升经济社会治理能力。

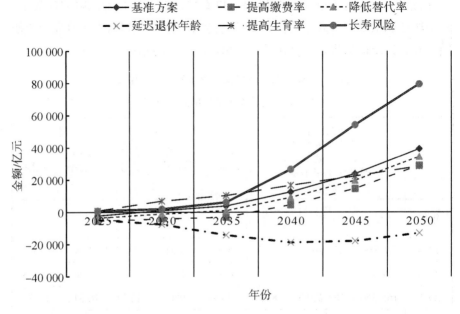

图5-3　缴费率、替代率、退休年龄、生育率、长寿风险对基金缺口的影响分析

此外，本书在测算过程中还发现基准利率和工资增长率的高低对基金结余的影响具有不确定性，主要原因为利率在当前的现收现付制度中，本身并不是一个重要的参量，关键还是要考虑养老保险制度内参数之间的具体情况；而工资在影响基金收入的同时还在影响基金支出。

就基准利率而言，从基金收入的角度分析，现收现付制模式的基金收入主要用途为支付当期养老保险支出，少量当期结余会被用来作为累计储备基金投入资本市场并实现保值增值，央行公布的基准利率在实践操作中一般被视为包括基本养老保险基金在内的社保基金的基础收益率，但现收现付制积累的基金极为有限,故利率的高低不会成为衡量基金收入的主要因素。从本书的测算也可以明显地看出基准利率只是略微影响了累计基金缺口的绝对值,未对整体基金收支平衡走势产生任何实质性影响。

就工资增长率而言,在现收现付制模式下,无论是从基金收入还是从基金支出的角度看,由于城镇职工基本养老保险费的征缴是以工资作为基数的,养老金的计发也往往以职工的平均工资水平作为依据,故而工资增长率既会影响基金收入的规模,也会同等程度地影响基金支出的规模。在基金积累制下,退休人员养老金余额则是个人账户累计基金年化的结果,与本书所讲的工资增长率也不会产生直接的必然关系。

为了进一步说明基准利率和工资增长率的问题,本书构建了一个只有两期的城镇职工基本养老保险基金收支模型,假设该模型养老保险缴费率为 τ,养老金替代率为 θ,在岗职工平均工资为 W_t,工资年均增长率为 g,利率为 r,参保职工数为 CL_t,退休职工数为 OL_t,基金累计结余为 TI_t,t取 0 和 1。那么,我们易得

$$W_1 = W_0 \cdot (1 + g) \tag{5-10}$$

$$TI = W_0(\tau \cdot CL_0 - \theta \cdot OL_0) \cdot (1 + r) + W_0(\tau \cdot CL_1 - \theta \cdot OL_1) \cdot (1 + g) \tag{5-11}$$

分别对式(5-11)中的 g 和 r 求导:

$$\frac{\partial TI}{\partial g} = W_0(\tau \cdot CL_1 - \theta \cdot OL_1) \tag{5-12}$$

$$\frac{\partial TI}{\partial r} = W_0(\tau \cdot CL_0 - \theta \cdot OL_0) \tag{5-13}$$

可以看出,当 $\frac{\partial TI}{\partial g} = W_0(\tau \cdot CL_1 - \theta \cdot OL_1) \geq 0$ 时,即 $\tau \cdot \frac{CL_1}{OL_1} \geq \theta$ 时,即意味着当第 1 期城镇职工基本养老保险缴费率与制度抚养比的乘积大于养老金替代率时,基金结余对工资增长率求偏导结果为正,即工资增长率的提高会使得基金结余增加;反之则否。同样地,当 $\frac{\partial TI}{\partial r} = W_0(\tau \cdot CL_0 - \theta \cdot OL_0) \geq 0$ 时,即 $\tau \cdot \frac{CL_0}{OL_0} \geq \theta$ 时,即意味着当第 0 期镇职工基本养老保险缴费率与制度抚养比的乘积大于替代率时,基金结余对基本利率求偏导结果为正,基本利率的提高会使得基金结余增加;反之则否。因此,基准利

率和工资增长率的高低对城镇职工基本养老保险基金的结余的影响具有不确定性，无法简单地判定其对基金结余以及制度可持续发展的影响，更不能推论出其对经济社会治理效能的影响，最关键的还是要看制度框架内各种参数之间的协同关系。

5.4.2 制度框架外的财政负担和中央调剂金的作用分析

本书根据 1978 年到 2021 年我国财政收入实际情况，利用最常用的指数平滑法预测了我国 2022—2050 年的财政收入，通过测算可以得出，按照目前我国城镇职工基本养老保险制度框架，若仅考虑国家财政对巨额养老保险基金缺口的兜底作用，基本养老保险财政负担系数将逐年增加并不可避免地给国家财政带来一定压力。在财政收入"低方案"预测结果下，到2050 年仅仅是城镇职工基本养老保险基金缺口这一个社会保障项目的资金补贴就将占到整个财政收入的 11.36%；在财政收入"高方案"预测结果下，该补贴额预计也将占到整个财政收入的 5.94%。两种方案的对比见表 5-5。

表 5-5　未来财政补贴强度及高低方案对比 金额单位：亿元

年份	收入	支出	当期缺口	财政收入（高）	财政收入（低）	财政负担（%，高）	财政负担（%，低）
2025	79 589	77 362	-2 227	—	—	—	—
2030	122 471	123 435	964	301 982	243 979	0.32%	0.39%
2035	165 366	169 229	3 863	378 045	269 299	1.02%	1.43%
2040	189 685	202 233	12 548	464 001	294 619	2.70%	4.26%
2045	218 125	241 824	23 699	558 384	319 938	4.24%	7.41%
2050	246 886	286 113	39 227	660 251	345 258	5.94%	11.36%

资料来源：作者测算所得。

此外，在对财政负担分析的基础上，还必须注意到的是国务院在 2018 年 6 月印发了《国务院关于建立企业职工基本养老保险基金中央调剂制度的通知》（国发〔2018〕18 号），自此中央调剂金也就成为影响城镇职工基本养老保险体系可持续发展的重要的制度外参量。该通知明确规定，中央调剂金制度实施后，现行的中央财政补助政策和补助方式保持不变，基金上解时按照各省份职工平均工资的 90% 和在职应参保人数作为计算上解额的基础，上解比例从 3% 起步并逐步提高，基金下拨时实行以收定支，当年筹集的资金全部按人均定额拨付地方，各省的养老保险基金缺口仍由地方政府承担①。因此，可以明显看出的是，中央调剂金的核心是对全国各地区间企业职工基本养老保险基金收入进行再分配再平衡的一种调节手段，在既定条件下，对全国城镇职工基本养老保险的收支总量并没有影响，即中央调剂金对全国基本养老保险制度的财务可持续的影响是中性的。但从本书重点论述的经济社会治理的理论高度出发，该制度对富裕省份补贴贫困省份，进而推进共同富裕的促进作用是巨大的。

5.5　二、三层次养老保险发展情况评估

5.5.1　第二层次年金发展现状评估及存在的问题分析

我国年金制度最早可回溯到 1991 年建立的企业补充养老保险，2004 年起我国正式建立完全由市场化运作的投资型企业年金制度，由委托人、托管人、投资管理人和账户管理人四方共同构成相互独立的市场主体且单独运作，2014 年我国又建立起针对机关事业单位的职业年金。总体而言，我国年金制度的发展特别是企业年金经过十多年的发展，无论是保障程度还是扩面速度都不及预期，参加的用人单位与个人几乎都是国有企业和机关事业单位及其职工，民营企业很少参加，低收入群体更是与年金制度无缘，且地区差异较大②。但是近两三年来，我国年金制度开始呈现出较好的发展势头，整体基金规模已突破人民币 3 万亿元。

企业年金方面，扩面工作持续推进，规模增速显著回升。截至 2021 年年末，全国建立企业年金的企业数为 11.75 万个，经历了 2015 到 2017 年的低速增长阶段后，2018 年参与企业扩面步入快车道，2021 年同比增长 11.69%，连续四年平均增长率接近 10%；参与职工总数达到 2 875.24 万，和参与企业快速扩面趋势基本一致，经历了 2016 到 2018 年的低速增长阶

①　国务院.国务院关于建立企业职工基本养老保险基金中央调剂制度的通知[EB/OL].中华人民共和国中央人民政府网站，http://www.gov.cn/zhengce/content/2018 - 06/13/content_5298277.htm,2018 年 6 月 13 日。

②　郑功成.中国养老金：制度变革、问题清单与高质量发展 [J].社会保障评论，2020 年第 1 期，第 3-18 页。

段后，2019 年参与职工扩面亦步入快车道，连续三年平均增长率超过 6%。与此同时，企业年金基金累计存量规模达到 2.64 亿元，实际运作资金 2.61 万亿元，基金累计存量近三年平均增速超过 21%，其中 2020 年创下"十三五"增速最高水平；基金累计存量占 GDP 比重首次超过 2%，参与职工数占城镇就业人口的比重首次超过 6%，占城镇职工基本养老保险参保人数的比重也逼近 6%，具体见表 5-6。

表 5-6　全国企业年金规模和覆盖面情况（2007—2021 年）

年份	累计基金存量/亿元	基金存量占 GDP 比重/%	参与企业数/万户	参与职工数/万人	参与职工数占城镇就业人口比重/%	参与职工数占城镇职工基本养老保险参保人数比重/%
2007	1 519	0.56	3.2	929	3.17	5.09
2008	1 911	0.60	3.3	1 038	3.23	5.20
2009	2 533	0.73	3.35	1 179	3.54	5.47
2010	2 809	0.68	3.71	1 335	3.85	5.65
2011	3 570	0.73	4.49	1 557	4.34	5.92
2012	4 821	0.90	5.47	1 847	4.98	6.53
2013	6 035	1.02	6.60	2 056	5.38	6.84
2014	7 689	1.20	7.33	2 293	5.83	6.72
2015	9 525.51	1.39	7.55	2 316.22	5.73	6.55
2016	11 074.62	1.50	7.63	2 324.75	5.61	6.13
2017	12 879.67	1.57	8.04	2 331.39	5.49	5.79
2018	14 770.38	1.64	8.74	2 388.17	5.50	5.70
2019	17 985.33	1.82	9.60	2 547.94	5.76	5.86
2020	22 496.83	1.97	10.52	2 717.53	5.87	5.96
2021	26 406.39	2.31	11.75	2 875.24	6.15	5.98

注：原始数据来源于历年《全国企业年金基金业务数据摘要》以及《人力资源和社会保障事业发展统计公报》，比例为本书作者测算得出。

职业年金方面，我国职业年金市场化投资运营工作稳步推进，管理规模快速积累。其中，2019 年我国多个地区职业年金计划正式投资运作，迈出了从制度走向实践的第一步；2020 年全面启动职业年金基金市场化投资运营，全年全国 31 个省（区、市）以及新疆生产建设兵团和中央单位共成立 311 个职业年金计划，资产管理规模合计 1.25 万亿，当年实现投资收益 1 010 亿元[①]；截至 2021 年年底，除西藏外，全国职业年金基金累计投资运营规模约 1.79 万亿元，当年实现投资收益 932.24 亿元[②]。

在总结第二层次养老保险制度建设取得的成绩的同时，还必须看到的是，虽然近几年我国养老保险第二层次的年金发展速度较快，但总体而言第二层次年金对于大多数普通劳动者来说仍是可望而不可即的短板制度。年金制度作为一种补充养老保险制度，既不属于社会保险范畴，也不属于商业保险范畴，而是一项针对企事业单位的福利制度，对第一层次的支撑也略显不足。从国外实践来看，在养老金体系中的第二层次年金往往是退休人员主要收入来源，而我国在年金制度建设和实施效果方面仍存在一些问题。

一是覆盖范围狭窄。截至 2021 年，我国职业年金能覆盖的也仅限于 3 000 多万的机关事业单位工作人员，企业年金参与职工数刚刚超过 2 800 万，第二层次的养老金覆盖面约在 6 000 万人，仅占第一层次城镇职工基本养老保险参保人数的 12.48%，城镇就业人口的 12.83%，劳动年龄人口的 6.8%。与我国形成鲜明对比的是，大多数 OECD 国家年金（Occupational Plan）覆盖率远高于我国。例如，根据经济合作与发展组织披露的最新数据，实施强制型职业年金计划的国家如丹麦、法国、瑞士和荷兰对"职业人"的覆盖率几乎达到 100%，对劳动年龄人口（15~64 岁人口）的覆盖率也很高，例如 2020 年比利时为 54%，德国为 54%，日本为 52.5%，美国为 48.1%，甚至在自愿参与年金制度的西班牙，该制度对劳动年龄人口的覆盖率也达到 10.7%[③]。

二是基金规模偏小。以 2021 年为例，我国企业年金基金累计存量规模 2.64 万亿元，职业年金基金累计投资运营规模 1.79 万亿元，二者合计约占当年 GDP 的 3.87%。而根据经济合作与发展组织披露的最新数据，2020

---

① 董克用，孙博，张栋.中国养老金融发展现状、挑战与趋势研判［C］.中国养老金金融发展报告（2021），北京：社会科学文献出版社，2021 年 10 月第 1 版，第 001-018 页。

② 中华人民共和国人力资源和社会保障部基金监管局. 2021 年全国职业年金基金市场化投资运营情况［EB/OL］. http://www.mohrss.gov.cn/shbxjjjds/SHBXJDSgongzuodongtai/202204/t20220429_445890.html，2022 年 6 月 11 日。

③ OECD. OECD Pensions at a Glance 2021：OECD and G20 Indicators ［R］. OECD Publishing, Paris, 2021（12），pp. 206-207.

年 OECD 国家养老金资产（含公共养老金）占整个 GDP 的加权平均比重为 99.9%，其中大部分是职业年金（Mandatory or Quasi-mandatory Private Pension Systems）所涉及的资产，特别是有三个国家（丹麦、荷兰和冰岛）占比超过 200%，六个国家（加拿大、美国、澳大利亚、瑞士、英国和瑞典）占比超过 100%。这些国家长期以来都拥有比较完备的年金和私人养老金计划①。

三是年金制度发展不均衡。职业年金制度仅涉及机关事业单位工作人员，容易造成体制内外不公；根据人力资源和社会保障部公开披露的数据，企业年金东部地区发展快于中西部地区，主要集中在大城市，上海地区的企业年金资产总额最高，西藏最低，企业年金资产总额最高的前五位皆为东部地区，后五位除海南外，皆为西部地区，容易造成地区间不公；另外，企业年金主要集中在经济效益较好的中央企业、国有企业和部分外资企业，容易造成不同所有制企业职工之间的不公。

四是企业年金替代率过低。在当前的年金政策和投资运营环境下，经过测算，我国企业年金的替代率将维持在 7%~20% 这个区间②，对整体多层次养老保险体系建设的贡献度明显低于 OECD 国家，根据经济合作与发展组织披露的最新数据，2020 年美国、加拿大、爱尔兰自愿型企业年金的替代率分别为 42.1%、24.5% 和 30.5%，拓展统计口径后整个 OECD 国家自愿型养老金（含年金和个人养老金）的整体替代率高达 55.3%③。

五是年金投资管理方式还有待改善。在当前的宏观经济和监管政策下，如何在低利率环境下寻找适当风险收益特征的资产、如何在现有制度框架下快速有效实现差异化投资目标、如何平衡相对收益目标与绝对收益目标并在短期考核下发挥长期资金优势，这些问题仍值得行业深思。

5.5.2 第三层次个人养老金发展现状及存在的问题评估

近年来，我国出台了关于促进个人养老金发展的一系列政策，2017 年 7 月，国务院办公厅正式发布《国务院办公厅关于加快发展商业养老保险

---

① OECD. OECD Pensions at a Glance 2021: OECD and G20 Indicators [R]. OECD Publishing, Paris, 2021 (12), pp. 210–211.

② 宋梅. 我国企业年金替代率水平研究——基于精算与案例分析 [D]. 杭州：浙江大学硕士学位论文，2020 年 1 月。

③ OECD. OECD Pensions at a Glance 2021: OECD and G20 Indicators [R]. OECD Publishing, Paris, 2021 (12), pp. 140–141.

的若干意见》，强调要充分发挥商业保险机构在长期资管、风险管理等方面的优势，标志着我国个人税收递延型商业养老保险正式诞生。但实际上，早在1991年我国就首次提出要在基本养老保险基础上，逐步发展企业补充养老保险和职工个人储蓄性养老保险，只不过当时没有明确提出"第三层次"的概念而已。此后，2018年4月，财政部等五部委正式发布《关于开展个人税收递延型商业养老保险试点的通知》，正式宣布酝酿十年之久的第三层次中国版养老金税收优惠政策在上海、苏州（工业园）、福建（含厦门市）三省市率先试点实施，实现了税收递延的重大突破。在试点整整四年后，2022年4月，国务院办公厅正式发布《国务院办公厅关于推动个人养老金发展的意见》，明确了补充养老制度定位，实行个人账户完全积累制且享受税收激励，并且尊重个人投资选择，采取市场化运营，可以说从政策层面讲，我国第三层次个人养老金发展迎来了难得的历史机遇。

截至2021年年末，全国所有试点地区累计实现保费收入6.29亿元[1]，不到30家保险公司参与试点，参保人数仅仅超过5万人[2]。与此同时，根据《养老金产品业务数据摘要2021年度》披露的数据，2021年我国养老金产品备案649个，实际运作604个，期末资产净值约为1.93亿元人民币，年度投资收益率为5.34%，成立以来累计收益率为29.88%[3]。此外，令人欣慰的是，我国国民养老财务储备意识已经初步形成，老龄金融产业需求日益多元，根据《中国养老金融调查报告（2021）》，我国居民除了参加国家主导的基本养老保险外，超过90%的调查对象还参与了其他多元化、多层次的老龄金融活动，为自己养老做了相应的养老财富储备，与此同时，除年金和商业保险外，基金、股票、国债、信托产品以及房地产投资等，均成为不少民众进行养老财富储备的重要方式[4]。

但我们必须注意的是，虽然当前针对第三层次个人养老金的政策环境

① 李金辉. 税延养老保险试点经验与探索 [J]. 中国金融，2022年第5期，第52-53页。

② 陈婷婷，胡永新. 个人养老金制度出炉！中国版IRAs来了，"主力军"保险业怎样更进一步 [EB/OL]. 新浪财经，https://finance.sina.com.cn/money/insurance/bxdt/2022-04-22/doc-imcwipii5684087.shtml，2022年4月21日。

③ 人力资源和社会保障部基金监管局. 2021年度养老金产品业务数据摘要 [EB/OL]. http://www.mohrss.gov.cn/SYrlzyhshbzb/shehuibaozhang/zcwj/202203/t20220311_437973.html，2022年3月11日。

④ 董克用，孙博，张栋. 中国养老金融发展现状、挑战与趋势研判 [C]. 中国养老金融发展报告（2021），北京：社会科学文献出版社，2021年10月第1版，第001-018页。

在不断改善，但其在多层次养老保险体系中显得很不协调，基金规模有限、社会接受程度低，与美国等发达国家相比仍有不少差距。对比之下，截至 2021 年年末，美国个人退休账户（IRA）规模超过 13.9 万亿美元，约占 GDP 的 60%[①]。由于 2017 年之前没有税收优惠政策，我国个人参与商业养老保险的积极性不高，即使是政策出台后，发展依然不尽如人意。为此，为了有效地对比近几年中美第三层次个人养老金发展的总体情况，本书参照郑秉文（2016）[②] 等学者做法，按照行业一般规律即按照个人商业养老金占寿险 20% 的比例来推算并和美国的个人养老金作比较，可以发现以下问题：

一是保险密度小。纵观整个"十三五"以及 2021 年，我国个人商业养老保险的保险密度基本上维持在 250 元~350 元/人这个区间，远远低于美国近年来个人退休账户（IRA）平均 500 美元/人的保险密度。二是保险深度浅。根据本书估算结果，近年来我国个人商业养老保险深度基本上一直处于 0.55% 以下的水平，而美国个人退休账户（IRA）的保险深度总体上高于 6%，个别年份甚至高达 8.49%。三是个人商业养老保险资产金额少。从本书估算结果看，近年来我国个人商业养老保险占 GDP 比例总体上处于上升态势但从未超过 5%，而美国个人退休账户（IRA）资产占 GDP 的比重已经接近 60%，具体数据见表 5-7。究其原因，美国第三层次个人养老金之所以积累了如此庞大的储备规模，其中重要的推手就是第二层次年金的 DC 部分的参与者在有工作变动时，DC 账户内的余额就会转入 IRA 账户。目前，美国第三层次 IRA 账户中 70% 的资金都来自第二层次的资金转入，也正是第二层次和第三层次养老金的互动关系，使得美国整体的个人养老金更具有便携性、连续性和吸引力，而恰恰是这一点最值得我国学习和借鉴。

表 5-7 我国商业养老保险的保险密度和保险深度测算及中美比较（2016—2021 年）

年份	2016	2017	2018	2019	2020	2021
我国个人养老保险密度/元·人⁻¹	250.55	306.48	294.90	322.73	339.66	333.74

① 美国数据来自 WIND 数据库。

② 郑秉文. 第三支柱商业养老保险顶层设计：税收的作用及其深远意义 [J]. 中国人民大学学报，2016 年第 1 期，第 2-11 页。

表5-7(续)

年份	2016	2017	2018	2019	2020	2021
我国个人养老保险深度/%	0.47	0.52	0.45	0.46	0.47	0.41
我国个人养老保险资产占 GDP 比重/%	4.17	3.97	3.97	4.30	4.93	4.68
美国 IRA 养老保险密度/美元·人⁻¹	165.74	435.66	—	548.84	417.17	475.60
美国 IRA 养老保险深度/%	2.88	7.31	—	8.49	6.62	6.87
美国 IRA 资产占 GDP 比重/%	42.87	48.46	44.50	51.23	59.03	60.50

注：美国数据来源于 WIND 数据库并由作者测算所得；中国数据来源于历年《中国统计年鉴》以及 WIND 数据库并由作者测算所得。

此外，还必须看到的是，和企业年金一样，我国寿险保费收入地区差异也比较大，二八效应十分明显。以 2021 年为例，总收入前 10 位的地区收入占比达到 65.75%，寿险保费总收入以广东领衔，高达 2 921.43 亿元，江苏紧随其后，寿险保费收入也超过 2 000 亿元；除广东、江苏外，山东、北京、浙江、河南、四川、湖北、上海、河北这些经济体量较大的省份寿险保费收入均超过 1 000 亿元。在全国范围内，西藏寿险保费收入仅为 5.4 亿元且全国最低，寿险保费总收入未达 100 亿元的还包括青海和海南。

当然，这些情况的出现和基本养老金委托投资规模有限且整体基本养老金回报率低（2020 年年末委托投资运营规模为 1.40 万亿元且占城镇职工基本养老保险结余总规模的 29%，整体养老金回报率仅为 3.75%，低于全国社保基金、企业年金和有流动性要求的保险资金同期收益率），二、三层次总体发展缓慢，资产管理能力有待提升和养老金投资理念相对保守等也不无关系[1]。也有研究指出，商业养老保险发展滞后，促进商业养老保险加快发展的激励机制还有待完善以及民众自我保障意识不足，导致了多层次养老保险体系发展不均衡，应结合我国经济、社会等因素综合考量制度的改革与创新[2]。

---

① 董克用，孙博，张栋.中国养老金融发展现状、挑战与趋势研判［C］.中国养老金金融发展报告(2021)，北京：社会科学文献出版社，2021 年 10 月第 1 版，第 1-18 页。

② 寒滨徽、杨亮、林义.多层次养老保险制度下家庭商业养老保险需求与养老金替代率研究［J］.中国软科学，2021 年第 5 期，第 38-48 页。

5.6　主要结论

5.6.1　制度可持续性情况

从本书测算结果可以明显看出，随着人口老龄化程度的不断加深，在缴费率、退休年龄、缴费年限等制度参数没有明显调整的情况下，现收现付制的养老金模式将面临基金缺口已经成为无法回避的客观事实，若缺乏系统的顶层设计和长期的精算平衡，势必将影响经济社会治理的能力。根据本书测算结果，在现有制度框架下，我国城镇职工基本养老保险基金结余从 2022 年开始到 2027 年将勉强维持正值，在 2028 年出现当期缺口约 25 亿元，此后当期缺口将快速扩大；同时，城镇职工基本养老保险基金累计结余将在 2042 年消耗殆尽并在当期出现超万亿缺口，2050 年当期缺口预计接近 4 万亿元，累计缺口超过 20 万亿元。而实际上，如果把机关事业单位养老保险制度单独测算的话，其本质逻辑与城镇职工基本养老保险制度基本一致，只不过该制度涵盖人数较少且具有较强的缴费能力，故机关事业单位养老保险基金出现缺口的时间预计要晚于城镇职工基本养老保险，但始终无法摆脱人口老龄化以及劳动年龄人口持续下滑对制度的冲击。城乡居民基本养老保险制度自 2014 年整合之日起，其基金就主要来源于财政补助，天然带有明显的福利性质，因此从基金收支平衡的角度来讲，其必然存在基金缺口。

此外，由于我国多层次养老保险在发展环境、动力机制、制度设计等方面存在一系列问题，包括企业年金、职业年金、个人商业养老保险在内的二、三层次养老保险，无论是从覆盖人群还是从基金规模，基本养老保险在三层次制度中都呈现出一家独大的现象，企业年金计划、职业年金计划和个人寿险业务不但总体量级较小，而且地区差异明显，在整个养老保险体系中发挥的作用还有待进一步提升。另外，不容忽视的是，一、二、三层次养老保险制度之间缺乏有效的互动和衔接机制。

但是，我们也必须看到，在当前党中央一系列降低社保费率、缓缴社保等支持政策以及关于支持个人养老金发展的决策部署作用下，整体企业的负担将会进一步减轻，加之近年来年金改革措施全面落地，调整了年金的投资范围、投资比例，放宽了信托产品发行主体的限制条件，未来几年年金预计仍会有增长并逐步走向平衡状态，但市场规模不会太大。与此同时，由于我国整体商业养老保险缺口大、个人养老需求日趋多元以及近期出台的一系列利好政策，建立以缴费完全由参加者个人承担并实行完全积累的个人账户制为基础，个人自愿参与，国家制定税收优惠政策，账户资金实施市场化运作并用于购买符合规定且满足不同投资者偏好的金融产品的个人养老金制度已经成为下一步重要的发展方向，第三层次个人商业养老保险发展步伐预计将进一步加快。

5.6.2　作用机制及作用结果

正如本章在传导逻辑和分析框架阶段所述，经济治理和社会治理既相互平行又紧密联系，经济治理解决的是"生产力"的问题，社会治理解决的是"生产关系"的问题，多层次养老保险制度优化恰恰是连接"生产力"和"生产关系"的重要机制和手段。该机制能否得以建立、手段能否顺利发挥作用的关键是多层次养老保险制度是否具有可持续性，而具有这种可持续性的重点则是养老保险基金的安全稳定运营以及长期的财务可持续。本书测算结果表明，随着人口老龄化程度的不断加深，在各种制度参数没有明显调整的情况下，我国现行基本养老金必然面临可持续的困境，而二、三层次养老金由于基金规模小、覆盖面小等一系列客观问题短时间内在整个养老保险体系中还难当大任，因此，若多层次养老保险制度可持续性出现问题，势必会对经济社会治理形成冲击。

一是基本养老保险制度参数僵化，易对统筹经济社会治理能力造成冲击。影响基本养老金制度发展的参数主要包括退休年龄、缴费年限、缴费基数、缴费率、替代率、财政补贴等因素，全球经验表明，只要根据实际情况因地制宜地建立基本养老金制度参数调整机制，法定养老金制度就可以实现可持续发展，但遗憾的是，我国的基本养老金制度却陷入了参数僵化的窘境。从本章的分析可以明显看出，若在现行的现收现付制模式下，基本养老保险缺口得不到有效弥补，一旦养老金发放出现问题，老年贫困等一系列社会问题将如期而至，进而在社会、文化、心理等多个层面造成公众对我国社会治理能力的信心缺失，社会安全甚至是国家安全也必将面临前所未有的挑战。从实践经验来看，我国历史上就曾出现过养老金支付危机，由于当时"统账结合"制度改革引发了一系列问题，养老金拖欠在一些地区出现，据当时劳动部社会保险事业管理局统计，到 1997 年年末，全国共拖欠养老金 37.5 亿元，涉及 241 万人。因此，个别地区出现了退休人员集体上访事件，侵蚀了国家治理的根基。无独有偶，养老金制度改革在法国历史上也被称为"政治雷区"或是法国政客折戟沉沙的"改革滑铁卢"，1995 年法国养老金改革法案曾引发超过 200 万人罢工示威，并持续数月之久；就在 2019 年，法国又开启了数十年以来最大的罢工，整个巴黎陷入"停滞"和"瘫痪"状态，究其原因，核心就是养老金计发方式的改革导致养老金待遇实质性下降引起了民众的强烈不满①。所以，要高度重视基本养老保险制度参数僵化对我国经济社会治理能力的冲击，系统评估各种制度参数对制度可持续的影响，用好复杂系统管理的思维原则，寻找"卡脖子"关键路径，积极主动应对养老保险制度可持续发展面临的诸多挑战，避免出现历史上或西方国家治理的被动局面。

二是包含二、三层次在内的老龄金融发展不充分，易对统筹经济社会治理造成冲击。由于我国多层次养老保险在政策设计、激励机制、发展环境等方面存在问题，二、三层的企业年金、职业年金、商业养老保险等养老保险项目在基金规模、资产规模、覆盖面、经济保障能力等方面都远低于第一层次基本养老保险，导致整体上我国老龄金融产业发展不及预期。例如，各地要求城镇职工基本养老保险结余留存必须满足 12 个月的待遇给付导致基本养老金委托投资规模增长空间不大，进而不利于养老基金长期保值增值；年金投资运营的 DB 模式和资产所有权的 DC 模式导致投资逻辑错配进而权益类资产配置不足，容易出现"长线短投"进而不利于资本市场发展；名为养老实为融资或理财的养老金融产品供给逻辑导致产品设计不合理、客户目标定位不准确且同质化严重，容易导致整个养老金融市场活力不足②；资本端的养老金融短期回报压力与养老产业长盈利周期存在矛盾，使得养老产业甚至相关产业链上下游都难以得到私募资金的大力支持。因此，老龄金融发展不充分极易对经济社会治理造成冲击，造成金融市场与实体经济协同不足，不利于实现养老保险基金投资与经济结构优化以及现代经济体系建设同屏共振。

三是多层次养老保险制度整体顶层设计不足，易对统筹经济社会治理

---

① 田辉.法国养老金改革：一场有关可持续性的拉锯战 [N].中国经济时报，2019 年 12 月 10 日第 4 版。

② 林义.多层次社会保障体系优化研究 [M].北京：社会科学文献出版社，2021 年 12 月第 1 版，第 83—84 页。

造成冲击。无论是本书的研究成果还是发达国家的实践都表明，像我国一样一旦养老保险制度成为普惠性制度安排后，一方面该制度会成为经济社会治理的重要手段，另一方面也可能成为社会风险的重要来源。正如郑功成教授（2020）所言，养老保险制度发展到今天，任何改革若顶层设计不合理，都可能会因为对既有利益格局的调整引发一定程度的社会危机[①]。诚然，从本书的分析可以看出，多层次养老保险制度优化是一项复杂的系统工程，构建多层次养老金保险体系既是全球范围内养老金制度改革创新的最大共识，又是积极应对我国人口老龄化、提高经济社会治理能力的必然选择。实际上，我国早在 20 世纪 90 年代就明确了构建多层次保险体系的政策目标，近年来，我国社会保障相关部门和金融监管部门也推出了一系列针对多层次养老保险体系建设和制度优化的政策措施和文件，但由于这些措施更多地集中于单项领域内的零星制度创新，截至目前发展仍不及预期。这种不及预期的核心原因是缺乏统筹规划以及顶层设计不足，具体表现为，不同层次的养老保险制度基本上处于各行其是、各自推进、边界不清的状态，其中第一层次基本养老金制度一支独大却又面临基金缺口，第二层次企业年金发展动力明显不足且进展缓慢，第三层次商业养老保险任由相关金融机构各说各话，无法准确辨识自己的客户群体，国家层面虽然出台了针对健康险的税优政策以及养老险的延税政策，但实施效果也并不理想，商业性养老金发展仍然滞后。与此同时，企业年金等补充层次的养老保险制度还存在中小企业与国企、机关事业单位等的体制内外差异。若按照现行的模式发展，在经济增速放缓的大背景下，假若基本养老保险缺口得不到有效弥补，二、三层次养老保险得不到快速且充分的发展，首先将导致我国退休人员长期收入结构单一，收入水平难有根本改善，不仅影响制度本身的可持续发展，而且加重了国家财政负担，老年贫困等一系列经济社会治理问题将如期而至。还有就是机关事业单位职工、企业职工、居民三大群体的养老金差距问题，以及同一群体在不同地区的待遇差距问题，将成为社会公平问题的导火索，很可能引发经济社会治理危机；也将导致养老保险制度筹资责任日益失衡，包括政府、企业和劳动者个人的筹资责任失衡，不同地区筹资能力和老年人口抚养比不同将带来负担失衡以及基金余缺两极分化；最后还将导致预期紊乱，这种紊乱既表现为完

[①]　郑功成. 中国养老金：制度变革、问题清单与高质量发展 [J]. 社会保障评论，2020 年第 1 期，第 3-18 页。

全依靠养老金无法满足退休后的经济保障需求，也表现为对未来领不到养老金的担忧，导致越来越多的民众由于缺乏准确的预期而陷入迷茫，出现拒保、漏保、断保等现象，进而在社会、文化、心理等多个层面造成公众对我国经济社会治理能力的信心缺失，制约了国家治理体系和治理能力现代化。

综上所述，多层次养老保险制度可持续性将对统筹经济社会治理产生广泛而又深刻的影响，必须加快推进多层次养老保险制度优化，既要明确各级政府的职责边界，切实织密织牢兜底保障网，又要贯彻落实共建共享共治原则，强化互助共济，均衡各方责任负担，还要按照市场经济的模式由市场主体提供商业性高层次养老保障及相关服务，满足人民群众较高层次的个性化福利需求。

6 作为治理手段的典型西方国家养老保险制度镜鉴

　　纵观西方国家社会保障发展史，特别是始终占据重要地位的养老保险制度，虽然说这些制度的产生是多种因素综合作用的结果，但从深层次讲，其产生的背景均可总结为资本主义制度下生产力的扩张性要求与以往的生产关系的固有矛盾和斗争，是资本主义生产方式内在矛盾外化的表现。福利国家所主张的包括建立养老保险制度在内的社会保障制度、混合经济以及社会财富的再分配等一系列政策在客观上适应了资本主义国家生产力发展的要求，其本质就是国家垄断资本主义在现有制度框架内通过对养老保险等制度改革并不断调整生产关系进而适应经济社会治理的过程，也意味着该制度在建立之初就和国家治理体系产生了密不可分的联系。

　　然而不容忽视的是，20世纪八九十年代以来困扰全世界的一个重要问题就是全球范围内的快速老龄化对相对落后的养老金供给体系的冲击，这也催生了各领域的专家从政治、经济、社会等方面对养老金改革进行讨论和建议，而且随着讨论的不断深入，政治和经济分析之间的差异也变得日益模糊（Barr and Nicholas，2000）①，关于养老金制度优化的问题也开始主要集中在两个方面：一是哪种体制应该成为未来之选择；二是在给定的政治经济条件下，若未来模型与现有体制不完全一致，制度优化该如何选择。为此，基于政府有责任保障居民不至于因老致贫的前提条件下（Diamond and Peter A.，1995）②，有学者指出了养老保险制度优化应考虑的宏

---

① Barr, Nicholas. Reforming Pensions：Myths, Truths, and Policy Choices ［J］. IMF Working Paper（No. 2000/139），Washington DC, 2000（8）.

② Diamond and Peter A, Government Provision and Regulation of economic Support in Old Age ［J］. In M. Bruro, & B. Pleskovic（Eds.），Annual World bank Conference on Development Economics, Washington DC：The World Bank, 1995, pp. 83–103.

观属性为：维持国民储蓄、可持续性、与政治风险隔离（避免政府基金的滥用）、普遍的可参与性、收益的确定性以及高回报率；而与此同时，其制度优化的微观属性为：消费和投资的平滑、替代率缴费率与投资的组合以及低管理成本①。那么，从这个层面也可以看出，无论是宏观属性还是微观属性，其背后的本质内容都体现为国家治理应该关注的重点。

6.1　作为治理手段介入经济社会生活的历史背景

早在 19 世纪 70 年代，资本主义开始从自由竞争向垄断竞争过渡，由于垄断资本统治的不断加强，从这一时期开始到 20 世纪 40 年代（正值第二次世界大战爆发时期），由于资本主义内部阶级矛盾不断加深以及其他各种原因，资本主义国家先后爆发多次经济危机，特别是 1929 年至 1933 年发源于美国后来波及整个资本主义世界的经济大萧条导致工人失业率居高不下，实际工资大幅下降，大批产业工人流落街头。与此同时，为了在全球范围内争夺市场和原材料，欧洲国家之间战争不断，而战争又导致物资短缺、物价飞涨、人民生活困苦不堪。在经济危机、战争危机、垄断资本强力统治的综合作用下，无产阶级的贫困问题进一步凸显，社会矛盾不断激化，整个西方国家经济社会治理陷入空前的困境。

正是在这一背景下，关于通过构建包括养老保险体系在内的福利体系进而提升经济社会治理能力的政策主张和政策实践应运而生。实际上，早在 19 世纪中期，学术界就出现了各种针对西方国家经济社会治理困境的思想抑或思潮。例如，早期的英国经济学家约翰·穆勒（J. Mill）就认识到了资本主义社会分配的不合理、不公平，强调机会均等并兼顾结果公平，是典型的财富分配的折中主义思想②。随后，形成于 19 世纪 80 年代的德国讲坛社会主义思想指出，国家除了在维护正常的社会秩序和保护公民安全外，还应该承担起实现公民幸福的职责③。也正是这样的思潮和学术观

---

① ［美］弗朗哥·莫迪利尼亚，等.养老金改革反思［M］.孙亚南，译.北京：中国人民大学出版社，2013 年 1 月第 1 版（2017 年 1 月第 3 次印刷），第 19-36 页。

② 乔洪武.经济自由和经济公平的合理范式——约·穆勒的经济伦理思想及其现实价值［J］.河北学刊，2000 年第 3 期，第 9-13 页。

③ 杨山鸽.后福利国家背景下的中央与地方关系——英、法、日三国比较研究［M］.中央党史出版社，2014 年 11 月第 1 版，第 35 页。

点为奥托·冯·俾斯麦进行社会保障制度改革奠定了思想基础。到了20世纪初，马克思·韦伯针对社会主义的理念又做了进一步的拓展，认为能够保障公民生活安全的国家才是社会主义国家，而社会主义的一项重要内容就是要为老人等弱势群体提供社会服务①，也即是今天所讲的养老保险或是养老服务的概念。随后，庇古于1920年创立"福利经济学"，指出要通过改变收入分配来提高国民所得，通过征收累进税等，将高收入者缴纳的部分税款用于福利投资，并作为养老保险制度优化的重要来源②。当然，后来的福利经济学家又对通过帕累托改进实现社会福利最大化等问题进行了深入研究，但核心主张基本一致，即围绕社会公平开展福利建设。直到1936年，《就业、利息和货币通论》一书出版，凯恩斯提出通过扩大有效需求来化解危机的反危机理论，正好与庇古以及众多福利经济学家强调的通过收入分配提升整体社会福利进而推进经济社会治理有机结合，使得多层次养老保险体系的构建以及福利国家的发展成为促进资本主义经济增长和社会治理的重要途径。

总体而言，如果说19世纪中期的改良模式只是包含养老保险体系在内的福利体系建设融入经济社会治理的雏形，那么"二战"后的国家治理现状以及政治形势就为养老保险开始深层次广范围地介入经济社会生活提供了必要条件，甚至直接推动了西方各国政府开始普遍建设"福利国家"。

6.2 从济贫到全民福利进而融入治理过程的制度形成

在西方历史进入现代以前，所谓的福利更多体现的是社会机体的功能，是带有明显的宗教色彩的慈善事业以及家人、亲朋、邻居和社区间的互助，当然，此时国家和养老保险是分离的，更遑论本书所涉及的多层次养老保险。伴随着欧洲大陆民族国家的发展对教会统治的挑战不断加强以及世俗政府社会功能的强化，特别是"二战"以后，快速发展且规模庞大

---

① Bacon Michael, Chin Clayton, Neep Daniel. Book Review: Max Weber's Theory of the Modern State: Origins, Structure and Significance [J]. Political Studies Review, Volume 14, 2016 (1). pp. 64-65.

② [美] 纳哈德·埃斯兰贝格. 庇古的《福利经济学》及其学术影响 [J]. 上海财经大学学报，2008年第5期，第89-96页。

的养老保险体系作为一种由国家承担最终责任、维护制度运行、增进全面福祉的政策载体，已经成为发达资本主义解决社会矛盾、维持经济社会治理的主要模式之一，同时整个欧洲大陆的养老保险总体上呈现出一个特征，即是对所有需要养老保险支持的人都提供相应的保障，至少维持其老年的基本生活和经济保障，不考虑他们的偿付能力。西方养老保险制度在演进过程中，其在工业化国家的经济社会治理功能往往呈现出两种不同的模式，一种是脱胎于针对贫困问题的个人或家庭的收入补偿的模式，传承英国济贫法的精神，以救助低收入者作为政府介入经济社会治理的基本出发点，进而发展成构建包括养老保险体系在内的社会保护网络并覆盖到所有可能遭受工业社会各种风险的人群；另外一种则是脱胎于商业保险基本原理，沿袭德国社会保险传统，采取制度性的阶级调和方式作为政府介入经济社会治理的基本措施，而该模式还需要相关社会成员各自承担相应的风险①。这和理查德·蒂特马斯（Richard Titmuss）权威性地将福利国家分为补救型福利国家（Residual Welfare State）和机制型福利国家（Institutional Welfare State）几乎如出一辙，本章的分析从本质上来讲也迎合了这种框架。

6.2.1 维护社会稳定的济贫式养老保险制度构建

从维护社会稳定的视角来看，最初建立济贫式的养老保险来源于教会和个人捐赠并向贫民（含老年人，也可以理解为养老保险的雏形）提供救济财物，这种制度直接推动了英国向工业社会转型，成为英国近代化的重要标志之一。具体而言，英国在 1536 年颁布《亨利济贫法》，正式标志着英国从政府层面开始重视社会贫困问题并主动寻求由贫困带来的一系列经济社会治理问题的应对之策，当时的法令规定也明确规定将教会搜集的志愿捐赠物资分发给老年人和穷人是地方官员的义务之一。到了 1572 年，英国国会还颁布法令，要求公民都要缴纳以济贫为目标设立的专门基金，这其中当然包括了养老的部分。到了 16 世纪后期，伴随着济贫实践的不断深入，英国政府对贫困引发的经济社会治理问题以及对整个国家长治久安的影响更加深刻，于是在上述各种立法和制度实践的基础上，英国在 1601 年又颁布了历史上赫赫有名的《伊丽莎白济贫法》（The Elizabeth Poor Law）

---

① 周弘. 西方社会保障制度的经验及其对我们的启示 [J]. 中国社会科学，1996 年第 1 期，第 100-114 页。

（史称"旧济贫法"），并由此确立了社会救助在英国经济和社会治理中的托底作用，成为后来英国构建公共福利的基石。之后，到了18世纪中叶，"集中管理"的济贫模式不再适应贫民的不断增加，故而英国议会在1782年通过了《吉尔伯特法》，明确只集中收容年老体弱的贫民以及孤儿，其他人员均安排就业或者只提供基本的衣食保障。随后过了13年，也就是在1795年，英国又实施了《斯宾汉兰德方案》，该制度不规定最低工资标准，而是采取补贴的手段使工人的收入达到一定水平①。但毫无疑问，按照艾斯平－安德森（Gøsta Esping-Andersen）和卡尔·波拉尼（Karl Polanyi）等著名学者关于福利体制的观点，《斯宾汉兰德方案》提出的制度是典型的前商品化制度，当然在实践中也会面临费用激增的问题。同时，伴随着如火如荼的19世纪三四十年代的英国工业革命，为了适应新的经济社会治理的需要，英国废除《斯宾汉兰德方案》并修正旧济贫法，并于1834年出台了《济贫法修正案》（The Poor Law Amendment Act of 1834），史称"新济贫法"。新济贫法的社会治理功能可总结为取消"院外救济"，其出台成为英国统筹推进社会政策和社会行政的开端；新济贫法的经济治理功能可总结为从保障农业劳动力以促进农业经济发展转变为保障大量自由劳动力以适应工业经济发展并成为推动工业经济发展的政策手段②。

通过上文的分析可以明显看出，济贫模式的养老保险既是对英国政治、经济与社会变迁的回应性反应，又反过来塑造了英国的政治制度、意识形态和经济社会治理能力，但是这一时期的官方养老保险制度只是统治者对被统治者实施的所谓"仁政"，其性质是自上而下的施舍，保障的范围和深度都极其有限，水平极端低下，并且效果并不尽如人意③。

6.2.2 现代养老保险体系建立并拓展为全民福利的制度形成

从建立现代养老保险制度并拓展为全民福利的视角来看，上文所讲到的济贫式养老保险的根本缺点是其核心目的是救助贫困，而不是预防贫困，关于这一点英国的表现最为明显。从19世纪70年代开始到第一次世

---

① 郑秉文. 社会权利：现代福利国家模式的起源与诠释 [J]. 山东大学学报（哲学与社会科学版），2005年第2期，第1-11页。
② 林闽钢. 社会保障如何能成为国家治理之"重器"？——基于国家治理能力现代化视角的研究 [J]. 社会保障评论，2017年第1期，第34-42页。
③ 郑功成. 社会保障学——理念、制度、实践与思辨 [M]. 北京：商务印书馆，2000年9月第1版（2015年7月第7次印刷），第123-126页。

界大战前夕，英国的社会问题愈发复杂，失业、健康、老龄化以及贫困问题互相交织，单一且缺乏针对性的社会救助模式已经不能适应经济社会治理的需要，于是为了适应新的形势，当时的英国自由党针对养老保险制度改革发展的实际情况以及经济社会治理存在的突出矛盾和问题，在 1908 年研究通过了《老年人养老金方案》，1911 年研究通过了《国民保险法案》，实现了将"保险原理"引入养老保险立法，构建了以社会保险为核心的现代养老保险制度，具有里程碑式的重大意义。

"二战"结束后，由于市场不完善和社会力量不足，政府等公共部门利用手中的权力建立福利制度，推动经济社会治理，重新建设毁于战争的家园，保护国民免于社会风险成为国家观念中不可分割的部分，也成为提升政府合法性和维护政府治理权威的重要依据。于是依据当时伦敦政治经济学院（LSE）院长的《贝弗里奇报告》（1942），英国政府立即着手福利国家建设，颁布了涉及重构养老保险体系的《国民保险法》以及针对医疗和救济的另外两部法律，同时建立了国民保险部，实现了对养老保险的统一设计和一体化管理，正式确立了"养老"与"国家"和"经济社会治理"的联系。到 1959 年，英国政府颁布了新的《国民保险法》，规定在定额养老金的基础上提供与收入相互关联的新型养老金，也就是说如果雇员认为雇主的职业养老金计划给付水平较高，可以自由选择协议退出国家分级养老金计划，这也成为本书所讨论的多层次养老保险制度的雏形[①]。按照这样的总体框架，经过战后 30 多年的发展，英国逐渐建立起"2+3"的养老金制度，"2"可以概括为国家养老金制度+私人职业养老金；"3"可以概括为统一标准的基础养老金+收入关联养老金+私人职业养老金，当然，此时的英国养老保险已经远远超出了济贫的范畴并拓展为全民福利。

除了英国外，在 19 世纪末到 20 世纪初，欧洲其他众多国家都采取了依托于保险原理的国家或城市保障计划，整体上西方社会保障第二次快速发展的窗口就集中在该时期。比如，19 世纪 80 年代初期，面对各个联邦的分离倾向以及资产阶级和无产阶级的对立和冲突，德国首相俾斯麦主持创办了一系列社会保险，从俾斯麦的角度出发，一个预期退休后能够正常领取养老金的公民大概率将成为"良民"并恪守本分，这种"良民"当然

---

① 赵立新. 英国养老保障制度［J］. 中国人大，2018 年第 21 期，第 51-54 页。

也是最容易被统治的①。于是在俾斯麦的主导下，继医疗保险（1883 年开办）、工伤保险（1884 年开办）后，德意志帝国于 1889 年 6 月 22 日由政府颁布了《伤残及养老保险法》，将养老保险分为义务保险和自愿保险两种，标志着德国成为世界上最早建立养老保险制度的国家②。此后，和英国的情况基本一致，在第二次世界大战中，包括养老保险在内的德国社会保险几乎完全崩溃，直到 1949 年颁布新的社会保障法后，德国社会保险才随着经济发展逐渐恢复，并到 20 世纪 70 年代发展到高峰。那么具体到养老保险，为了弥合战争对经济社会的创伤和在政治上快速得到选民支持，加之各行各业百废待兴、劳动年龄人口大量死亡，德国政府在 1957 年将养老金制度从基金积累制改成了现收现付制。随后，德国经济步入快速发展轨道，民众对福利的要求不断提高，另外社会民主党历来主张充分就业、增加国民收入、实行社会保险、强调财产的公平分配，伴随着德国社会民主党 1969 年上台执政，经过三年的制度设计和政策研究，1972 年德国通过了一系列提高养老金替代率以及调整退休窗口时间的政策措施，开始了全面的养老金制度改革并逐步将该制度打造成了全世界最慷慨的养老保险模式之一，推动了普遍性的养老福利事业成为执政党和国家的分内之事以及政府部门之重要责任③。

当然，除了欧洲外，苏联苏维埃政权、美国罗斯福政府一系列执政党基本上都按照上文所论述的思路，在 20 世纪 40 年代左右逐步建立了属于自己的养老保险体系并拓展为全民福利，有效弥补了市场失灵、顺应了人民诉求、强化了经济社会治理和民众的国家认同，只不过各国在制度组织结构、筹资方式和运营体制方面不完全一致，反映了各国在历史、文化、风俗以及执政理念等方面的差异。

---

① Emil Ludwig. Bismarck——the Story of a Fighter [M]. New York：Little，Brown and company，N. Y.，1927（1），pp. 548-549.

② 阎坤. 国际养老保障制度比较分析 [J]. 世界经济，1998 年第 2 期，第 40-43 页。

③ 邓大松. 论战后德国社会保障发展及其意义 [J]. 经济评论，1998 年第 3 期，第 80-85 页。

6.3　福利危机下养老保险作为治理手段的政策转型

20 世纪 70 年代以来，西方国家剧烈的经济衰退和去工业化导致整体福利制度的外在经济条件不断恶化①，加之欧盟各国的养老保险侧重于公平而忽视效率，西方所谓的福利国家纷纷面临结构性失业困境、以代际契约为核心的老龄化危机、财政赤字、社会治理难题和对福利国家共识的文化冲突等一系列问题②。从政策实践的视角来看，福利国家的危机主要表现为：养老保险支出费用不断加大，各国财政不堪重负；税收加重导致企业负担加重，企业劳动生产率和扩大生产经营、提升经营效率的积极性受到制约；更为严重的是，在福利相对完善的社会环境中，失业人口不降反增，经济增长面临困境。究其根本，实际上就是养老保险的快速发展以及各层次间的不均衡超出了经济发展所能承受的合理范围，这种不协调、不匹配的情况不断发展最终毫无疑问给经济增长乃至国家治理造成了不良影响。因此，20 世纪 70 年代以来的养老保险制度改革的目标就是寻求养老保险体系与经济社会协调发展的最佳结合点，这就要求无论是理论界，还是实务界，都不能以孤立的、简单的视角看待养老保险制度的改革和优化，而是要结合经济社会治理的实际情况，对养老保险体系进行系统重构。

6.3.1　养老保险供给主体的多元化

在西方国家普遍大萧条的社会经济治理的大背景下，新自由主义得到强有力的复苏，其背后的逻辑是建立包括养老保险制度在内的社会保障制度，本意在推动形成公正公平的社会体制。但是政府在运用这种手段来纠正和弥补社会治理效能低下以及经济领域市场分配缺陷时，很容易会对市场机制和微观主体的积极性形成阻碍，最终在更大范围内造成资源错配和

---

① ［丹麦］考斯塔·艾斯平-安德森，杨刚译. 黄金时代已逝？全球经济中福利制度的困境［C］. 转型中的福利国家——全球经济中的国家调整，北京：商务印书馆，2010 年 6 月第 1 版，第 1-48 页。

② ［德］弗兰茨-克萨韦尔·考夫曼. 社会福利国家面临的挑战［M］. 王学东，译. 商务印书馆，北京，2004 年 1 月第 1 版，第 56-121 页。

效率损失，反而使得养老保险制度达不到预期的经济社会治理的目标。造成这种情况的原因就是养老保险制度强加于资本之上的管制措施和税收负担抑制了资本投资的动力，同时与养老保险制度相伴随的工会所拥有的集体权力的增加会抑制工人工作的动力。

于是，西方各国在20世纪70年代中后期开始对养老保险制度进行改革和调整。表面上看，各国改革重点都是设法增加养老保险基金收入，减少养老保险基金支出；但实际上，这种基金一增一减的背后，是欧盟各国对养老保险供给主体的改革，即改变原来国家大包大揽的福利模式，尽量缩小政府干预的范围，将养老保险供给的主体拓展为非政府机构，或由工人合作社等社会团体承担，同时开始强调家庭、慈善、互助等传统的养老保险模式，总体上开始了从"国家化"向"私有化"转变。具体表现形式可以概括为供给主体的市场化（marketization）、商品化（commercialization）、去机构化（deinstitutionalization）、去科层化（debureaucratization）、契约外包（contracting out）、民营化（privatization）以及社区化（communitization）等，具体的实现路径可总结为福利供给的主体从政府转移到社会或者市场，从中央下放到地方，从机构照护到家庭或社区照护。

但是值得注意的是，虽然说西方各国推进养老保险供给主体多元化逐渐成为改革的主流，但是其中的政策内涵和多元体制的特点却不尽相同。例如，有的国家在个体参加养老保险制度缴费过程中直接参与其中并发挥作用，政府供给被制度化、规模化，政府对养老政策、养老福利有着很强的影响力，其典型代表国家为丹麦、挪威、德国、法国等[1]。特别是在典型的社会民主主义福利国家的瑞典等国，市场化、商品化以及自由主义原则从来没有占据上风，作为公民获取的养老保险的权力一般不会被质疑[2]。而在强调社会保险原则和精算原则的美国、加拿大等国家，公共政策强调以缴费为依据来决定养老金水平，反而刺激了私人市场的形成[3]。适当拓展到东亚，我们也可以发现在拥有东方文化的日本，国家在养老保险制度津贴发放时承担一定比例的支出，并同时针对高层次的养老需求强调个人

---

① 丁建定. 作为国家治理手段的中西方社会保障制度比较 [J]. 东岳论丛，2019年第4期，第27-33页。

② 杨山鸽. 后福利国家背景下的中央与地方关系——英、法、日三国比较研究 [M]. 北京：中央党史出版社，2014年11月第1版，第69页。

③ [丹麦] 考斯塔·艾斯平-安德森. 福利资本主义的三个世界 [M]. 苗正明，等译. 北京：商务印书馆，2010年3月第1版，第135-136页。

和企业的责任；但是日本是发达国家中非营利性养老服务最不发达的国家之一，因此其私人赠予和志愿服务的水平都很低①。一般情况下，西方发达国家在养老保险供给主体方面可根据其特点概括为以下三个方面，如表6-1所示。

表6-1 养老保险供给主体多元化的模式总结

福利模式	供给主体	资金来源	分配模式	典型区域
福利国家	1. 政府 2. 政府背景组织	公共财政	政府直接分配	北欧
福利多元主义	1. 政府 2. 企业 3. 非营利组织 4. 志愿者	以公共财政为主	政府直接分配与其他分配方式相结合	北欧
新自由主义	1. 企业 2. 非营利组织 3. 志愿者	私人部门	通过市场机制分配	北美

注：以上模式总结仅表示一般性规律和原则。

资料来源：本书作者整理。

6.3.2 养老保险制度层次的丰富化

在西方发达国家，与养老保险供给主体的多元化相对应的，自然就是养老保险层次的丰富化。20世纪90年代后期，西方国家开始主张政府和市场合作、公共养老金和私人养老金共同发展的多元化模式，多层次养老保险制度或者说养老保险制度层次的丰富化进入发展的快车道②。1994年，世界银行（World Bank）率先提出"三支柱"养老保险体系改革方案，主张养老保险责任主体多元化、筹资渠道多样化、保障水平合理化③。但是，国际劳工组织（ILO）则认为世界银行提出"三支柱"方案，特别是第二层次缴费确定型计划会在资本市场发展不完善以及未建立有效金融体系的不发达国家存在潜在风险，建议东欧、中亚和拉美地区国家主要进行参数

① 中国基金业协会.日本养老金制度演变、税收政策及经验借鉴（完整版）[EB/OL].和讯网,https://shandong.hexun.com/2019-10-12/198842017.html,2019年10月12日。

② 张栋.全球养老金结构性改革反思与中国镜鉴[J].经济体制改革，2021年第5期，第158-164页。

③ World Bank. Averting the Old Age Crisis: Policies to Protect the Old and Promote Growth [M]. Oxford University Press, 1994, pp. 2-14.

调整而非结构性改革①。不过，在 20 世纪 90 年代的西方国家普遍推进养老金私有化改革国际浪潮中，国际劳工组织的观点是被边缘化的，影响力十分有限。进入 21 世纪后，欧洲经济和社会委员会（European Economic and Social Committee）针对构建养老保险可持续发展机制进行了种种努力，特别是 2006 年，欧盟联合委员会对完善养老保险结构、控制替代率、强化养老保险治理机制、大力发展补充保障制度等进行了详尽分析②。与此同时，2005 年世界银行发表其具有代表性的《21 世纪老年收入支持》报告，建议将原来的"三支柱"模式拓展为"五支柱"模式，其核心是将原来的第一层次（强制性公共养老金）拆成非缴费养老金（即所谓的"零支柱"）和公共养老金两部分；将原来的第二层次（强制性的私人管理养老金）拆成强制性和自愿性两部分，其区别为强制性的针对正规部门就业职工而自愿性的针对非正规部门就业（比如自由职业等）职工，当然这两部分都将连本带息以年金的形式存入个人账户；将原来的第三层次（自愿性的个人储蓄计划）拓展为个人储蓄基础上的家庭的非正式支持、健康照料等（即所谓的"第四支柱"）③。但是，此处需要注意的是，1994 年世界银行提出的"三支柱"模式和 2005 年提出的"五支柱"模式背后的经济社会治理逻辑并不完全一致，1994 年改革的核心目标主要是分散并规避养老风险以实现财务的长期可持续，2005 年改革的核心目标则定义为充足性（adequate）、负担合理性（affordable）、可持续性（sustainable）和坚韧性（robust），其中前三个特点依然是针对养老保险体系本身的，而坚韧性则大大拓展了经济社会治理的视野，强调养老保险制度改革要有助于应对经济波动、人口结构变迁、政治动荡甚至是政权更迭等方面诸多变化④。

于是，伴随着理论研究的不断深入和实践的快速拓展，构建多层次养老保险体系成为人口老龄化国际背景下的共识，而确保第一层次公共养老

① Roger Beattie, Warren McGillivray. A Risky Strategy：Reflections on the World Bank Report Averting the Old Age Crisis ［J］. International Social Security Review, Volume 48（Issue 3-4），1995（06）. pp. 5-22.

② 林义. 中国多层次养老保险的制度创新与路径优化 ［J］. 社会保障评论，2017 年第 3 期，第 29-42 页。

③ Robert Holzmann, Richard Hinz. Old Age Income Support in the 21st Century：An International Perspective on Pension Systems and Reform ［R］. Washington, D. C., World Bank, 2005, pp. 6-7.

④ Robert Holzmann, Richard Hinz. Old Age Income Support in the 21st Century：An International Perspective on Pension Systems and Reform ［R］. Washington, D. C., World Bank, 2005, pp. 10.

金的稳固可靠，加快发展第二、三层次养老金并不断提升第二层次（职业或企业年金）的公平性①，同时注重多层次养老保险制度改革与政治、经济、文化等的系统关联，逐步适应经济社会治理的新要求成为西方各国制度改革的重要取向。

正是在这样的总体思路和原则下，西方各国养老金结构的多层次改革呈现两种路径：

一是从强制缴费型的公共养老金逐渐扩展到以年金等为主要内容的由雇主承担的职业养老金和个人养老金的"三支柱"体系，按照考斯塔·艾斯平-安德森的三分法，其代表国家是就是推行自由主义福利模式的美国，当然保守型福利国家模式也大抵如此。以"三支柱"养老金比较成熟的美国为例，其第一支柱是由政府提供的公共养老金，大约维持美国国民49.1%的养老金替代水平，是美国退休制度的基础，主要资金来源于雇主或雇员缴纳的工资税，其资产投资以安全性为主，主要投资于特殊发行类证券、仅适用于信托基金的证券以及可在市场流通的公开发行类证券；第二支柱是由雇主发起的自愿性私人养老金计划，为政府提供的第一层次公共养老金提供补充收入，大约维持美国国民38.6%的养老金替代水平，在匹配缴费的激励机制、自动加入和自动提高等机制的影响下，美国的第二支柱资产通过严格的投资运作流程和投资工具实现了良好的投资收益；第三支柱则是实行税优计划的个人储蓄（IRAs，包括传统个人退休账户即Traditional IRAs、雇主发起个人退休账户即Employer-sponsored IRAs、罗斯型个人退休账户即Roth IRAs）以及其他一系列非税优的投资计划（股票、债券、共同基金、人寿保险等）②。

二是从具有国民待遇性质的公共养老金计划逐渐扩展到包括强制性补充公共养老金、职业养老金以及个人养老金计划的多层次结构，其主要代表国家是北欧式的社会民主主义国家。本书多次提到的英国的养老金改革也与第二种模式相近③。具体而言，英国的养老金制度自20世纪40年代经过历届政府的多轮改革形成了今天比较复杂的多层次养老金体系。其

① 郑功成.多层次社会保障体系建设：现状评估与政策思路 [J].社会保障评论，2019年第1期，第3-29页。

② 施嘉芙（Renee Schaaf）.美国养老金资产管理经验借鉴与启示 [C].中国养老金金融发展报告（2018），北京：社会科学文献出版社，2018年10月第1版，第256-281页。

③ 娄宏武，杨燕绥.养老金制度及其改革——基于不同福利模式的分析 [J].经济体制改革，2020年第2期，第11-16页。

中，第一层次的国家养老金致力于实现社会财富的再分配，因此只要缴费期限相同，无论个人缴费的多寡，英国公民均可领取同等水平的养老金。但还需要特别注意的是，在 2016 年以前，英国国家基础养老金还分为国家基本养老金和国家补充养老金，其主要区别在于国家补充养老金水平与个人缴费和收入水平相关。在英国，第二层次职业养老金年又称为单位养老金（Workplace Pensions），属于强制性的制度安排，由雇主和雇员共同缴费，另外值得注意的是，英国发布《养老金法案 2008》后就建立了"全国职业储蓄信托"（NEST），其核心目的是更方便自由职业者加入，这一点非常值得我国学习借鉴。英国的第三层次的个人养老金是完全由个人安排的储蓄计划，基本上是基于个人和机构签订的缴费确定型（DC）合约，主要包括 Stakeholder 养老金（限定投资选择且管理人收费上限为管理规模的 1%）、个人储蓄养老金（不限制管理人收费标准）、个人自助投资养老金（SIPPs，共同基金、个人资产以及房地产等其他金融或类金融资产)[1]。此外，需要注意的是，近年来为了适应经济社会治理的现实情况，特别是针对长寿风险引发的养老金可持续问题，包括英国在内的欧洲引入可偿付能力二代（Solvency Ⅱ），广泛使用离散死亡率模型（Stochastic Mortality Model），对著名的 Lee-Carter 和 Cairns-Blake-Dowd（CBD）两大模型家族进行了大量拓展并引入了更加复杂的贝叶斯拟合方法，提高了对长寿风险的衡量水平，也为包括我国在内的其他国家充分管控对冲长寿风险起到了积极的借鉴作用[2]。

6.3.3 政策转型失败的反思和总结

虽然西方国家在养老保险供给主体的多元化和养老保险制度层次的丰富化方面取得了一系列成就，但是我们必须看到的是，西方国家主张的"多层次"制度，即在公共养老金中纳入基金式个人账户制度，也有失败案例。特别是发展中国家既要摆脱贫困落后，又要实现经济发展和社会治理，还要不断提升民众生活水平并在整体上提升国家竞争力[3]，在这样的

---

① 凯文·米尔恩.英国养老金资产管理经验借鉴与启示［C］.中国养老金金融发展报告 (2018)，北京：社会科学文献出版社，2018 年 10 月第 1 版，第 308-333 页。

② 陈亮，李岩，浦鹏举.英国私人养老金长寿风险管理及借鉴［C］.中国养老金金融发展报告（2021），北京：社会科学文献出版社，2021 年 10 月第 1 版，第 357-388 页。

③ 杨丹辉.发展中国家竞争力的发展经济学分析［J］.学术研究，2003 年第 6 期，第 33-36 页。

前提条件下推进多层次养老保险制度改革，稍有不慎就会发生系统性风险。例如，世界银行以提供资金计划和技术支持的方式，帮助智利打造了个人账户模式并在全世界的发展中国家推广，但遗憾的是，智利模式不到20年其弊端就逐渐显露，近50%的退休人员没能获得政府承诺的最低养老保险，导致百万民众游行示威，政府被迫于2008年成立了完全由财政出资的"社会团结"公共养老金，用以弥补预筹积累制的不足。后来，2015年至2016年期间，智利又先后爆发3次要求废除预筹积累制的大游行，至今仍处于骑虎难下的困境，运营成本高与待遇水平低的问题并存。由此看来，智利模式并未实现世界银行预想的构建多层次养老保险制度改革的初衷，反而出现了低覆盖率、高管理费、低替代率、高财政成本、缺乏社会对话五大弊端，给智利的经济社会治理带来了巨大的挑战和不确定性。

无独有偶，巴西作为拉丁美洲较早建立养老保险制度的国家之一，由于其在21世纪的第一个十年通过养老保险制度扩面等创新工作在很大程度上了减少了贫困和不平等，联合国、众多国际媒体以及学者都将巴西模式称为发展中国家的典范。但是，必须看到的是，巴西的多层次养老保险制度在2013年到达顶峰之后，伴随着国家的经济衰退、财政赤字等问题，逐渐出现种种弊端，具体表现在无论是缴费型的普通养老金计划和特殊养老金计划，还是面向农村地区的半缴费型制度，抑或是针对贫困老年人和残疾人的非缴费型制度，几乎都出现收不抵支的尴尬局面①。若从经济社会治理的视角究其原因，一是养老保险制度泛政治化的倾向导致巴西福利扩张成为总统竞选人获得选民支持的重要承诺，二是在新自由主义思潮的影响下的巴西"去工业化"的经济政策导致经济衰退进而难以为养老保险制度可持续发展提供财富基础，三是"福利赶超"的政治口号和"福利刚性"的社会氛围使得养老保险制度改革难以推进，最后在整体上导致多层次养老保险制度发展与经济社会治理严重脱节。

从智利和巴西借鉴西方国家思路进行自身多层次养老保险改革的历程可以看出，虽然发展中国家在福利制度建设方面具有后发优势，但是因历史、经济、社会等诸多原因，和发达国家相比，发展中国家仍将长期处于赶超状态，许多和多层次养老保险制度优化相关的且发达国家在现代化进程中通过"历时性"方式解决的经济、政治、社会、文化等方面的问题，

---

① 张浩淼.巴西社会保障：从发展中国家典范到深陷泥潭 [J].社会保障评论，2022年第4期，第17-31页。

在发展中国家都需要按照"共时性"或"同时性"的方式解决，而在这种压缩性的现代化进程中，就很容易出现经济社会治理结构失衡的情况①。因此，必须综合地、历史地、辩证地、审慎地分析全球范围内的多层次养老保险制度改革的经验和教训，通过制度的系统性重塑和整体性重构不断适应来自人口、社会、劳动关系、技术进步，甚至是国家间博弈等方面的挑战，进而提升制度的弹性、韧性和动态性。

6.4　后福利国家时代的治理逻辑

6.4.1　从中央管理到地方治理的转变

伴随着现代养老保险制度的建立以及福利国家的逐步形成，总体上西方发达国家从"守夜人"的最小主义国家扩展为政府不仅需要提供维持经济社会治理水平和能力的制度和规则，还要直接提供劳务和服务的最大化国家，这种模式显著地推动了国家治理进入新阶段，在这个阶段中央政府作为福利政策制定者、地方政府作为福利政策的执行者，为国民有效地提供了相应的服务。但是随着福利的不断扩张带来的复杂性，特别是从 20 世纪 70 年代开始，西方国家养老保险制度以及其他一系列社会保障制度面临重重危机，这对西方国家经济社会治理带来巨大挑战，西方国家对养老保险制度的改革也进入了所谓的后福利国家时代。此时国家所关心的不仅仅是经济问题，而是经济、社会、文化、教育的协同发展，养老保险制度作为再分配的重要工具之一，就必须适应整体上社会福利的多样性和多元化的要求，为了适应这种模式的制度安排，就需要恢复社会福利管理的地方主义，推动社会福利管理的组织横纵紧密连接、上下综合协调。从政府的管理层级来看，各个层级的政府间在养老保险政策的制定和执行方面已经没有那么独立了，地方政府作为国家养老保险制度的执行人和具体操作者，其和中央政府的关系也更加密切，与此同时，中央政府不再是经济增长的直接提供者，而是作为合作者、催化剂和促进者并协同各种资源统筹推进经济社会治理。

---

① 周光辉，刘向东. 全球化时代发展中国家的国家认同危机及治理 [J]. 中国社会科学，2013 年第 9 期，第 40-54 页。

因此，大量的研究成果和实践经验已经表明，中央集权的、等级制的、官僚制的行政管理体制已不适合于后福利国家时代的养老保险治理，而是主张福利国家组织形式的改革，倡导福利管理的分散化、分权化，让地方政府承担更多的养老保险服务功能[①]；与此同时，由于地方政府往往更加熟悉当地的情况，许多公民所偏好的养老保险政策在地方政治社群中往往比在国家层面更容易实现并取得良好的政策效能[②]。

6.4.2　治理主体角色的转变

在后福利国家时代从中央管理到地方治理的转变的基础上，西方发达国家逐渐认识到，对养老保险的治理不能仅仅依靠中央政府、地方政府，还要更加重视政府间横向或纵向的府际关系，政府与市场、政府与第三部门及公民之间的关系等，这种转变实际上意味着人们治理逻辑的转变。在从福利国家向后福利国家转型的过程中，多中心的治理模式逐渐形成是一个显著的特征。当我们审视后福利国家时代西方各国所采取的不同养老保险改革措施时，可以发现各国的具体改革措施虽然不尽一致，但其基本取向却惊人地相似，那就是在面对新福利需求矛盾情况下寻求积极多元的福利再生产[③]。而这种转变具体表现在：从纯粹的国家一元视角转向主权国家和公民社会两个维度，从政府部门一元独撑转向公共部门、市场和第三部门多元共治，从静态的政策制定、执行、评估转向动态的全流程、全周期的弹性运作和综合协同，从注重组织结构转向注重政策效果，从直接参与福利提供到部分参与并协同其他主体共同提供服务，从计划、命令、指挥、协调和控制转向统筹、引导、服务和监督，从等级威权关系转向网络关系和协同式伙伴关系[④]。

但是，我们也必须看到的是，西方国家在后福利这种新的治理体系中，各个治理的主体是相对平等的，那么如何更好地统筹协调各个多元主

---

① 刘金源，吴庆宏.多维社会视野中的福利国家 [J].国外社会科学，2002年第2期，第56-59页。

② [英]诺曼·巴里（Norman Barr）福利 [M].储建国，译.长春：吉林人民出版社，2005年1月第1版，第149页。

③ 王家峰.后福利国家：走向积极多元的福利再生产 [J].兰州学刊，2009年第9期，第47-50页。

④ [德]沃尔曼.比较英德公共部门改革：主要传统与现代化的趋 [M].王锋，译.北京：北京大学出版社，2004年11月第1版，第3页。

体的利益并使之形成有效合力，如何通过优化养老保险制度、提高养老服务水平进而提升整体的经济社会治理能力，如何将众多的地方政府的利益诉求有效整合成为后福利国家时代西方国家不得不思考的问题。不过，在共建、共享、共治、和平等协商的背后，西方发达国家的养老保险制度改革的实践也无数次告诫我们，市场以及第三方的服务永远无法替代政府的职责和作用，问题的核心不在于政府在构建多层次养老保险体系、提升治理水平的过程中有无社会功能和经济功能，而在于哪一级政府以及相应的部门应该具备什么样的经济和社会治理能力。因此，在进入后福利国家时代后，国家和政府的角色依然不能缺位，后福利国家与福利国家并没有完全断裂，其对国家和政府充分发挥各方积极性，不断提升治理体系和治理能力现代化水平提出了更高的要求。

6.5 制度设计和运行模式的显著特点

6.5.1 持续完善制度体系并推动多目标协同

西方国家在推进养老保险制度改革过程中，构建了相对完整的内容体系、结构体系和层次体系。所谓的内容体系，是指养老保险制度的项目构成，体现的是该制度对经济社会治理问题的覆盖程度或回应程度，主要包括公共养老金、职业养老金和个人养老金；所谓的结构体系，则是说明制度对人群的覆盖程度，体现的是统一性和差别性，不同国家的各个层次的养老保险项目往往都是针对不同人群的，公共养老金体现的是国民待遇，一般具有较广的覆盖面，而其他养老金往往带有一定的条件；层次体系是指养老保险制度主体的责权利关系，体现的是养老保险制度的责权关系构成，表现为多支柱、多层次等养老保险制度由谁负责、由谁执行、由谁提供服务以及由谁受益的问题。与此同时，作为推动当代西方国家提升经济社会治理能力手段之一的多层次养老保险制度，逐步实现了被动地选择单一目标到主动选择多目标协调转变，即维护阶层团结和社会稳定的政治目标，促进公平正义的社会目标，积极应对人口老龄化并保持经济增长与养老保险制度协调发展的经济目标，以及推动社会、个人在合理范围内承担一定养老责任的道德目标。

6.5.2　不断凸显国家责任

在西方国家养老保险制度改革过程中，国家责任均有不同的表现形式，但无论何种改革策略和路径，总体上均呈现出国家责任直接化、显性化、定量化与比例制共生等基本特征，国家责任按照其关注重点的不同，也可以划分为注重过程、注重结果责任和注重兜底①几个方向。注重过程是指国家在公民参加养老保险缴费过程中直接参与并发挥作用，例如英国、瑞典、德国等；注重结果是指国家在养老金津贴发放时承担一定比例的财政补助或津贴支出，例如日本养老金的基础制度国民年金；注重兜底是指在养老金运营过程中市场机制主要发挥作用，但国家会为社会成员承担养老的最后兜底责任，其典型国家是美国。需要指出的是，无论国家在养老保险制度运营的过程中承担多大的责任，但国家责任凸显的大趋势不会改变，只不过从学理和实践的角度讲，注重过程的责任分担模式更有利于提升政府的合法性以及民众对政府的认同感。

6.5.3　注重因地制宜和综合平衡

西方发达国家在养老保险模式的选择过程中，既有先按统一的模式发展并逐步拓展保障领域和保障程度，最终建立起福利国家的模式，例如英国、德国等国家；也有注重差别化发展国家，例如日本则是结合本国经济、社会、政治和文化背景，选择了按照不同人群设计不同的养老保险制度（实际上是另一种维度的多层次）的差别性的发展道路，但这并没有影响日本同样具有较高的养老保险水平。此外，和本书的衡量标准一致，目前西方国家比较普遍地将养老保险支出占 GDP 的比重作为衡量养老保险水平的指标。但在西方国家建立和发展现代养老保险制度的初期，这一指标实际上是包括养老保险对社会治理问题的应对程度、目标群体的覆盖程度以及养老保险支出占 GDP 比例在内的一个综合性的指标体系。后来，特别是 20 世纪中期以后，养老保险制度逐渐成长并蜕变为带有体现国民待遇性质的福利制度，也是在这样的前提下，养老保险支出占 GDP 的比例逐渐成为西方国家衡量养老保险水平的主要指标，充分体现了养老保险制度在服务经济社会治理大局中的历史性与综合性的统一。

---

① 丁建定. 作为国家治理手段的中西方社会保障制度比较 [J]. 东岳论丛, 2019 年第 4 期,
第 27-33 页。

6.5.4 构建了多元共治的治理体系

长期以来，西方学界尤其是社会学已经形成了一整套多视角的社会建设话语体系。从政策视角看，作为经济社会治理工具的养老保险制度的核心是平衡好"效率"和"公平"，这一话语体系在国家、市场、社会三分的基础上，强调以市场机制维护产权并追求效率，以公共政策纠正市场失灵并确保公平；从价值视角看，"个体自由"和"社会共识"缺一不可，但在个体和社会之间需要寻求作为"社区"和"社团"的连接载体，既张扬个性自由，又形成紧密的经济社会治理共同体①。为此，在多层次养老保险领域，西方国家针对养老保险制度，根据其经济、社会、文化以及制度理念的差异，纷纷建立起中央与地方政府合作、国家与行业合作、国家与社团合作、国家与工会（公民、个人）合作的模式，并构建起"蛛网"式的多元共治的互动结构和治理框架。另外，还需要特别明确的是，无论是从全球养老保险制度发展与经济发展关系的历史进程看，还是从理论分析或实证检验来看，都很难得出多层次养老保险制度是导致西方国家债务危机主要原因的结论。其仅仅是在表面上体现为养老保险支出规模的持续增大，债务危机的本质是国家经济结构失衡以及经济增长模式出现问题，导致社会失业率居于高位、贫富差距不断加大、老龄化程度越演越烈、社会整体活力下降，进而影响了福利开支的正常增长②；而恰恰相反，多层次养老保险制度正好是社会稳定和经济增长的助推器。

---

① 童星. 中国社会建设话语体系建构——以民生和治理为两翼 [J]. 社会保障评论，2022 年第 2 期，第 3-15 页。

② 中国社会保障学会理论研究组. 中国社会保障推进国家治理现代化的基本思路与主要方向 [J]. 社会保障评论，2017 年第 3 期，第 3-16 页

7 主要发现及政策建议

我国经济社会发展所取得的成就为世界所公认，目前我国已经成为推动当今世界经济增长、维护世界范围内社会稳定以及不断完善全球治理体系的重要力量。与此同时，我国利用短短几十年时间建成了全球最大的多层次养老保险体系和保障网络，引起国际社会的广泛关注。本书的研究表明，我国经济社会治理所取得的成就和养老保险制度改革创新所取得的成就不是简单的时间或者空间的重叠，两者有着异常紧密的理论逻辑和现实逻辑。党的十九大报告明确提出，要"全面建成覆盖全民、城乡统筹、权责清晰、保障适度、可持续的多层次社会保障体系"。习近平总书记在2021年2月主持十九届中央政治局第二十八次集体学习时明确要求，"不断满足人民群众多层次多样化需求，完善覆盖全民、统筹城乡、公平统一、可持续的多层次社会保障体系，进一步织密社会保障安全网"。可以看出，立足新发展阶段，我国养老保险改革与制度优化的目标任务是"全面建成"并"完善"多层次养老保险体系。另外，伴随着我国社会主要矛盾发生变化，人民群众生活水平持续改善，在共同富裕的目标追求下，民众对养老保险制度的效能和可持续发展能力的预期将越来越高，对社会风险的认知也越来越深刻。因此，越是在百年大变局叠加世纪疫情这种内外部环境发生深刻变革的时期，越是风险挑战多发且难以预测的时期，越要面向国家治理体系和治理能力现代化，加快全面建成多层次养老保险制度，满足人民多层次多样化需求。

7.1 主要发现

从多层次养老保险与国家治理的理论嬗变历程来看，早期的争论主要集中在国家和市场的关系上，其成为各种理论主张的主要依据和演化生长的逻辑起点。后来，在多层次养老保险制度的改革历程和优化过程中，国家成为输入和输出的首要环节，偏向市场和强调个人责任的养老保险体制是政府政策引导的结果，偏向普惠和强调政府责任的养老保险体制亦可看成国家排除了市场和合作机制的结果，而中间道路自然不言而喻。因此，可以看出，国家治理成为我们定义多层次养老保险制度的核心问题，新的宏观时代背景对多层次养老保险制度在国家治理体系中的地位和功能提出了新的要求，也指明了下一步多层次养老保险制度优化、改革和完善的基本方向。

从多层次养老保险制度融入经济社会治理的演化历程来看，多层次养老保险制度的优化完善，是以不断增进人民福祉、满足民众多层次多样性保障需求为目的，以国家主导或负责的法定基本养老保险为主体的前提下，充分调动市场、社会、家庭、个人以及其他相关方的积极性，共同构建一个由不同层次的保障项目或保障内容有机组成的养老保险制度体系。这种多层次养老保险制度的改革，其本质上是针对传统的由政府负责的单一层次的养老保险制度的结构性改革，而非一般性的参量改革。多层次养老保险制度的持续健康发展，将成为实现养老保险权责配置更加科学合理、保障的财富基础和物质积累不断壮大并实现高质量发展的重要条件。

从多层次养老保险制度保障水平对经济社会治理的影响程度和机制来看，多层次养老保险制度优化有助于全体社会成员有效分散风险，弥合城乡居民收入差距，对提高社会治理有着积极正向的作用。另外，多层次养老保险制度优化与产业结构升级显著正相关，其改善了人民群众的消费预期和消费结构，畅通了国内大循环，促进了企业提升核心竞争力，有力推进了乡村振兴，整体上支持了经济转型。当然，在这个过程中，人力资本、创新能力以及居民储蓄的中介效应以及我国地区间的差异性也应被高度重视。

从多层次养老保险制度可持续性对经济社会治理的冲击程度来看，一旦养老保险制度接近全覆盖并进入成熟期，政策调整和体系优化的空间将逐步减少，实现长期可持续发展的风险将会增大，若产生战略性的决策失误将会为经济社会治理带来难以估量的损失。本书精算结果表明，随着人口老龄化程度的不断加深，在缴费率、退休年龄、缴费年限等制度参数没有明显调整的情况下，我国养老金面临基金缺口已经成为无法回避的客观事实，二、三层次养老保险在发展环境、动力机制、制度设计等方面还存在一系列问题。

从西方国家的实践看，全球范围内多层次养老保险制度作为政策工具介入经济社会治理，既是为了解决特定时期社会治理面临的困境或者是破除经济发展的壁垒，亦会产生深远的人本主义思想以及引发人们对于社会公平和正义的固有追求。西方国家的理论和实践都表明，多层次养老保险制度在维护社会稳定、应对经济危机、实现可持续发展方面确实发挥了建设性作用，虽然各国的政治制度、文化传承、经济基础、社会现状各不相同，在多层次养老保险制度顶层设计时应充分考虑各国的实际情况；但无论是什么性质的国家，其多层次养老保险制度在运行机制、组织模式、涵盖内容等方面仍具有很多共通性。

7.2　制度优化的理念拓展

7.2.1　坚持以国家治理的理论高度审视制度的创新

要深刻认识多层次养老保险制度优化对提高经济社会治理水平进而推动国家治理体系和治理能力现代化的重要作用，使其成为维系国家长治久安、增加民众国家认同感、促进社会公平正义的基本途径。要推动保障意识的拓展，从被动保障、应急保障向动态保障、主动保障甚至是预见性保障拓展，有效形成政府主导，市场、家庭和社会成员共同参与的养老保险制度建设模式，实现共建共享共治。要实现保障目标的拓展，在实现配套性边缘性社会政策向国家治理体系的中心拓展的基础上继续发挥作用，使得多层次养老保险制度成为社会治理的"稳定器"、经济治理的"助推剂"。要实现保障范围的拓展，高度重视新形势下多层次养老保险制度与养老服务、医疗保障、社会救助、长期照护、资产管理、投融资等政策的协同，提高整体的养老金融、养老服务和养老产品的供给能力和供给质量。

7.2.2　坚持从完善治理体系的视角统筹制度的改革

在构建新发展格局的背景下，要高度重视从完善治理体系的视角统筹多层次养老保险制度的改革，既要重视制度改革对经济高质量发展的拉动作用，又要重视制度改革对社会治理的促进作用，还要重视满足不同层次的保障需求。具体而言，要始终贯彻以人民为中心的发展思想，通过基本保障权益的均等性体现制度的公平性，适时借鉴西方国家探索国民待遇制度，实现基本养老保险法定人员全覆盖，真正发挥出走共同富裕道路的显著优势和社会主义制度的优越性。要发挥好市场机制在多层次养老保险制度改革中的作用，多措并举激励更多的企业为员工建立年金计划和商业养老、商业健康保险，激励更多个人积极参与个人养老金计划、个人养老储蓄计划，构建起多层次的风险防范体系，发挥好商业保险在促进经济增长、金融稳定等方面的作用。要合理引导民众的养老预期和风险意识，提升民众老龄金融素养，鼓励民众尽早着手准备与老龄金融、老年健康等相关的资产配置，并真正将缴费完全由参加人个人承担，实行完全积累的个人养老金制度落实到位。当然，后续在实施过程中亦可积极探索在个人养老金账户的基础上按自愿原则匹配部分企业或者政府缴费，用以加快个人养老金的积累。

7.2.3 坚持从社会经济治理的全局考虑制度的优化

必须坚持从社会经济治理的全局统筹考虑制度的优化，既考虑当下又考虑未来，既考虑保障水平与经济发展和社会发展水平相适应，又尽可能满足民众的保障需求且制度还要长期可持续。具体来说，应尽快推动基本养老保险制度更加成熟更加定型，在完成全国统筹的基础上进一步完善运行机制，实现更高水平的城乡统筹和全面长期精算平衡，真正形成全国一盘棋、城乡一盘棋。应改善人口老龄化背景下劳动力的有效供给，引导民众维持适度的生育水平并增加对人力资本的投资，推动老年人力资源的再开发，营造老有所为的就业环境。应提升养老服务的供给质量，构建以居家养老为基础、社区养老为依托，机构充分发展，医养有机结合的多层次养老服务体系。应恪守"社会保障保基本"的原则，坚持权利与义务相结合，在逐步提高待遇水平的同时不滋生福利依赖；充分评估财政、经济社会发展水平等约束条件，明确政府、企业、个人和社会的权责边界，建立真正能够得到各方认可且运行有效的养老责任划分机制。

7.2.4 坚持从实现共同富裕的目标推动制度的拓展

共同富裕是中国式现代化的重要特征，是全面建成社会主义现代化强国的关键。必须深刻认识到在中国式现代化进程中，多层次养老保险必定成为将以人民为中心的发展思想和共享理念转化成具体行动、促使共同富裕愿景变成现实的基本制度安排，进而成为长久支撑造福世代中国人民的福利中国大厦的重要制度支柱。重点应坚持包容型、共享型和发展型的制度建设模式，发挥好养老保险制度对共同富裕的收入增加、收入调节与政策赋能的作用机制，从而有效促进全体人民共同富裕。要建设包容型多层次养老保险制度，为全体国民公平享有养老保险和增加收入创设制度条件，重点关注不断涌现的新型就业人群和新型特殊人群，重点提升制度的弹性和韧性并更好应对各类突发性风险挑战。要建设共享型多层次养老保险制度，为全体国民收入分配的合理调节创设制度环境，大力推进公共服务均等化，提升养老保险项目设计的科学性、合理性和精准性，以更好地瞄准目标群体。要建设发展型多层次养老保险制度，为全体国民发展个人能力和致富能力提升创设制度基础，要充分发掘多层次养老保险制度在降低交易成本、实现社会成员生活和生产的自由方面的价值和作用，强化激励机制设计，激发全体社会成员的劳动积极性，给更多人创造自由而全面发展的机会，形成人人参与的良好环境和生动局面。

7.2.5 坚持以开放的胸怀借鉴全球制度变革的经验

必须坚持以开放的胸怀借鉴全球制度变革的经验，通过多层次养老保险制度的改革优化推进治理体系和治理能力现代化。具体而言，应深刻认识人口老龄化和全球大变局不是紧缩社会政策、降低养老保险水平的理由，恰恰相反，国家应该始终保留对多层次养老保险的主要责任并维持国家的主导地位，特别是针对第一层次的基本养老金尤为如此，还要注意将补充层次（即第二、第三层次）的责任分配给市场、社会、家庭以及个人。应高度关注多层次养老保险在全球范围内的不平衡性和近期的不稳定性，欧洲国家因工业化发展在全球范围内最早建立养老保险制度，目前仍是世界上保障水平最高的国家，其制度设计以及与国家治理体系的融合对我国具有很大的启发意义。美国的养老保险制度因其社会结构和奉行个人主义而独树一帜，水平不如欧洲但亦有相对健全的体系。东亚国家的养老保险制度也在借鉴他国经验的基础上结合自身经济社会治理实际情况不断完善创新。与此同时，还应看到近年来全球范围内以养老保险制度的不稳定为导火索的经济与社会紧急状态，当然导致这种状态的本质原因并不是福利水平，而是由西方国家经济社会治理失衡以及制度改革步伐与治理状态不相匹配引起的。应积极倡导全球范围内多层次养老保险制度的共建共享共治、"人类命运共同体"和可持续包容性发展价值观，这些价值观应该成为指导经济社会治理与多层次养老保险制度改革的根本原则，彻底避免劳动力商品化，避免养老保险不恰当地成为国际竞争之工具。

7.3 制度优化的整体构想

目前，从国家治理体系和治理能力现代化的层面来审视我国多层次养老保险制度优化，可以明显看出的是，我国过去总体上实现了经济社会治理与养老保险制度统筹协调，特别是多层次养老保险制度的改革发展对于促进经济增长、社会稳定发挥了十分重要的作用，但仍然存在经济社会治理与养老保险协调程度不够，养老保险水平地区之间、体制内外、城乡之间差距较大，第一层次基本养老保险存在基金缺口，二、三层次发展缓慢且各个层次之间互动不足，制度不成熟等一系列问题。与此同时，就我国多层次养老保险制度本身而言，我国已经实现职工基本养老保险全国统筹，总体上已建立统筹城乡的基本养老保险制度，各种养老保险项目和制度间的转移接续办法也先后出台，长此以往的横向制度的碎片化现象已经基本缓解。因此，当前及未来一段时间所考虑的多层次养老保险制度整合和优化的重点应主要聚焦于在国家治理大框架下的制度优化与经济社会治理的协调互动和深度融合。

一是强化多目标协同。既要实现维护阶层团结和社会稳定的政治目标，又要实现促进公平正义的社会目标，还要实现积极应对人口老龄化并保持经济增长与养老保险制度协调发展的经济目标，并兼顾推动社会、家庭、个人在合理范围内承担一定养老责任的道德目标。二是实现多层次互动。要探索在多层次养老保险制度框架内养老产品形态根据需要自由转换的机制，即要尝试建立基本养老保险制度与补充养老保险制度间的衔接机制以及补充养老保险制度内部的衔接机制。当民众基本养老保险因各种原因无法达到申领条件或者替代率过低时，应寻找合适的个人或团体寿险或年金计划与之对接。另外，还应搭建年金、团体养老险和个人养老险的衔接机制，在确保民众养老保险权益的同时畅通不同层次制度的互动机制。三是推进多主体共治。要在强化中央政府责任、保障中央政府权威、实现基本养老保险全国统筹的基础上，建立起中央与地方政府高效协同，国家与市场、第三部门紧密互动，国家与家庭、公民、个人责任共担的合作机制，构建起"蛛网"式的多元共治的互动结构和治理框架。四是高度重视中介影响因素。要进一步评估研究创新能力、人力资本、居民储蓄等可能的中介变量对经济社会治理进而对国家治理能力的影响，进一步发挥好多层次养老保险制度经济发展"助推器"以及社会治理"稳定器"的作用。五是要坚守现行制度稳健运行的底线。要多措并举维持现有养老保险制度框架稳定可持续，高度重视经济下行可能带来的企业缴费能力下降的问题，提前做好预案；要积极应对人口老龄化，破解基本养老保险制度参数僵化困局并建立长期精算平衡；要积极探索第二、三层次养老保险制度扩面的具体路径，全面推进多层次养老保险制度优化和老龄金融体系建设。

7.3.1 基本思路

一是要解决好经济发展和社会进步的内生动力问题，推动国民经济保持中高速增长的高质量发展状态，推动整体的社会治理处于相对稳定的状态，为多层次养老保险制度改革优化提供丰富的物质基础以及强大的财力支撑。为此，在世界经济长期低迷、我国经济发展进入新常态、社会矛盾呈现出新特点的大背景下，要把更多的精力放在创新驱动、提升人力资本等关键环节，有效弥合城乡差异、地区差异和体制内外差异，尽快扩大中等收入群体，更好地发挥政府在公共领域的决定性作用和市场在资源配置中的决定性作用，更好地推进经济高质量发展并构建更加良性的共建共享共治的社会治理格局。

二是要尊重多层次养老保险制度优化与国家治理的历史逻辑，不断强化中央政府的整体统筹责任，构建具有中国特色的多层次养老保险体系。我国多层次养老保险制度的改革优化历程启示我们，若想进一步把养老保险制度改革创新推到新的高度并更好地融入国家治理体系，就必须充分尊重该制度的历史逻辑，在强化中央统筹的基础上，实现正式制度与非正式制度相结合，普惠性与特惠性相结合，政府、市场、社会、家庭、个人力量相结合，构建完整的具有适度弹性的多层次养老保险制度体系并将其纳入国家治理体系的大框架，最终承担起促进社会公平正义、实现共同富裕的历史使命。

三是要坚持多层次养老保险制度供给主体多元化。当前，我国在推进国家治理体系和治理能力现代化的进程中一个十分重要的内容就是构建和完善共建、共治、共享的社会治理体系，这是对以往单纯的强调和鼓励一部分人先富起来的回调，也是健全多层次养老保险制度的基石。在多层次养老保险制度改革优化过程中，如果动摇了互助共济、多元共治、合作共享的根本，必然会导致制度的异化。因此，政府要在发挥主导作用的同时，充分调动各方的积极性，真正实现多层次养老保险制度优化的共建、共治、共享。

四是要破除多层次养老保险制度优化的关键瓶颈并推动制度改革真正落地生根。应维持就业形态与多层次养老保险改革的良性互动，在当前与就业相关为主体的发展模式的基础上，慎重考虑非正规就业市场与正规就业市场的差异，解决好新技术、新业态带来的长期处于灵活就业形态的相关人群的养老保险问题；应充分评估财政投入的有限性，统筹考虑多层次养老保险制度的筹资方式和资金的长期来源，牢固树立财政兜底不是万能的底线思维；应充分考虑多层次养老保险制度的联动效应，引导资本市场良性发展，弱化不同层次制度的相互挤出效应，逐步提升各个层次的均衡程度，重视市场功能的发挥和年金制度以及商业养老保险、个人养老保险的补充作用，最大限度地提升经济保障水平和整体抗风险能力。

7.3.2 基本路径

短期来看，到"十四五"末，考虑到当前我国治理体系以及多层次养老保险体系建设的发展基础和实际情况，制度优化的核心目标还不应是实现各层次之间的均衡，而是在已经完成基础养老金全国统筹的基础上，依靠财政资源投入推动实现基本养老保险由制度全覆盖到法定人群全覆盖，引导和支持不完全符合劳动关系但有意愿、有缴费能力的灵活就业人员以及新就业形态从业人员根据自身情况参加相应的养老保险项目，积极推进非正规就业人员"参保正规化"；另外，还要依靠经济、社会以及其他一系列政策协同和资源投入，大力改善补充性养老保险运行的制度环境，优化资本市场结构，夯实制度基础，进一步强化多层次养老保险制度在自身不断完善优化的基础上对经济社会治理进而对整个国家治理体系的支撑效应。

中期来看，未来十年，伴随着我国资本市场的进一步成熟定型，应逐步建立起具有国民待遇性质的覆盖全民的国民年金计划，将现在依托于财政转移支付和财政补贴的高龄老人津贴、城乡居民基本养老金等纳入统一的国民计划并实现一体化管理。此外，还应依托于已经实施的个人养老金个人账户制度，探索将基本养老金的个人账户和企业年金的个人账户整体统筹，辅之以匹配缴费计划和税收递延计划并重的激励机制，适当考虑国家财政的直接补贴，搭建起更大范围的基于个人储蓄的自愿型养老金计划，并兼顾多层次养老保险制度整合后的联动性与持续性，逐步形成各个层次比较均衡的保障格局。

长期来看，到2035年左右，应实现多层次养老保险体系高质量发展可持续发展，形成养老保险全民共建共享的发展局面。具体而言，到2035年，多层次养老保险制度将成为基本实现国家治理体系和治理能力现代化的重要支撑。此时应该建成以普惠制国民年金为基础，各方（政府、市场、社会、家庭、个人等）权责清晰的缴费计划为主体，各类储蓄性产品为补充，融合了经济保障、服务保障和精神慰藉为一体的多层次养老保险体系。与此同时，城乡一体、均等可及的基本养老保险公共服务体系更加高效优质。

7.4 制度优化的政策建议

7.4.1 重视多层次制度与其他经济社会政策融合创新

一是要牢固树立多层次养老保险制度优化的战略思维，特别是在制度顶层设计阶段要时刻将制度改革和创新纳入国家治理体系和治理能力现代化的大视野，强化多层次养老保险制度创新与中国式现代化的有机协同，切实改革养老保险制度，将制度改革优化与经济治理相关政策、社会治理相关政策、退休政策调整、劳动力市场完善、金融监管以及制度环境建设等其他所有相关政策和因素统筹考虑，将多层次养老保险制度的近期、中期和长期改革统筹考虑，将多层次养老保险制度的理论逻辑、历史逻辑和现实逻辑统筹考虑。二是要着眼于技术进步，运用好区块链、人工智能等新技术，深度挖掘我国多层次养老保险的制度特征和优化路径，深入研究相关群体的行为特征，能动地预警相关社会风险，为国家治理体系和治理能力现代化有效赋能；同时应将与就业关联的经济保障向与平台或个人关联的经济保障拓展，适应高流动性的新就业模式，进一步激发劳动者内生动力并提升人力资本配置水平。三是要积极对冲长寿风险对多层次养老保险制度运行的影响，充分考虑由于技术进步和医疗条件改善带来的人均寿命的持续延长所引致的养老金需求和养老服务需求的增加，弥补现有多层次养老保险制度的财务机制、待遇机制以及精算平衡对于长寿风险评估不足的缺陷，积极做好理论储备，强化政策研究，有效管控长寿风险。四是要调整财政补贴思路，在多层次养老保险制度整合创新过程中，在维持"财政投入"总量不变或者相对比例不变的基础上，持续优化财政补贴结构，将财政补贴转移支付的思路从静态的和短期的"补缺型"调整到动态的和长期的"主动参与型"，更加主动地能动地发挥好财政补贴的作用。

7.4.2　坚持推进多层次体系供给主体共建共享共治

从本书研究的结果和实践的角度看，若要构建可持续发展的多层次养老保险体系，必须在政府的主导下充分调动各方的积极性，实现各个主体对多层次养老保险制度的共建共享共治。一是要统筹好政府、市场、社会、家庭以及个人的力量，发挥好政府部门在政策制定、资源投入、人才培养、监督管理和组织协调等方面的优势，发挥好市场化机制对于资源配置的决定性作用并为民众提供更多的老龄金融产品和服务，引导非营利组织、志愿者等力量加入，同时还应该适度强化家庭、个人在养老方面的责任。二是要建立慈善介入和社会互助共济的运行机制，强化养老保险服务供给，探索多层次养老保险体系的新制度载体并拓展服务空间，挖掘多层次养老保险体系优化的制度载体、动力机制和行为机理，充分尊重并进一步弘扬我国传统的家庭保障、邻里互助和社会慈善等优良传统，加强多层次养老保险制度与家庭政策、福利政策的有机协同，加快互助、慈善和志愿服务发展步伐，推动家庭个人、市场资源及社会力量合理配置、系统集成和责任分担，不断扩大总体的多层次养老保险物质基础，满足民众更多层次的福利需求。三是要进一步优化公共部门的职责分工，改变当前行政系统包揽规则制定、行政监督、具体业务经办的一揽子模式，形成立法机关、司法机关、行政机关、经办机构各司其职、各负其责的治理格局，还应当推动代表不同利益群体的工会、雇主、残联等组织参与制度设计、监督制度运行，确保共建共享共治始终沿着正确、公平、公开的方向迈进。

7.4.3　壮大完善制度运行的物质基础以及文化环境

一是强化经济治理基础，发挥好国有资本在拓展多层次养老保险基金筹资渠道方面的能力，形成国有资本充实社保基金长效机制，持续增强制度融资能力和风险储备能力。划转部分国有资本充实社保基金，实际上体现了国有资本服务"国之大者"的职责使命、国有企业统筹发展和安全的奉献担当，以及国有经济对民生的战略支撑作用，这也是国际上比较通行的做法。要尽快推进独立运营划转的国有企业股权改革，尽快研究将社保基金会负责集中持有的中央企业国有股权改组成养老金管理公司，尽快实现地方国企的国有企业的国有股权集中管理，更大范围发挥国有资本充实社保基金的整体功能，促进建立更加公平、更可持续的多层次养老保险制度；要探索建立国有资本划转社保基金的反馈机制，在制度层面对有贡献的国有资本进行有效保护和激励，推动国有企业进一步完善治理结构并实现产业做强做优做大，为多层次养老保险制度改革创新提供更加丰富的物质基础；要统筹推进划转国有资本充实社保基金和区域间平衡，针对国有企业分级出资管理以及各省国有资本存量和运营质量差异大的实际情况，避免省级层面划入的国有股权将有可能导致区域间养老保险不平衡问题进一步加剧等情况发生。二是要强化社会治理能力，提升民众老龄金融素养，塑造有利于多层次养老保险制度发展的文化环境。要规范老龄金融行业本身，通过政策引导不断提升老龄金融行业发展的标准化程度，不断提升民众对老龄金融以及多层次养老保险体系的信任感和依赖感；要多措并举缓解老年人面临的数字鸿沟，全方位帮助老年人普及金融知识，优化宣传内容，改进宣传方式，构建长效机制，开展有温度的老龄金融教育，实现老年群体"一看就知""一学便会""一听秒懂"；要深入研究社会心理和社会文化对多层次养老保险制度优化的正向驱动机理，投入精力洞悉制度优化的深层动因和行为机制；要制定与老龄金融教育相关的政策法规，加大资金投入力度，推动老龄金融教育规范化、常态化、普遍化；要充分发挥好部门合力，统筹好金融监管部门、金融机构、行业协会以及教育部门和教育机构，提供能够适应不同阶段、不同场景的老龄金融教育，通过知识重构、习惯养成和行为优化提高民众老龄金融素养，助力实现更大范围、更可持续的经济社会治理。

7.4.4 加快实现制度内部参数高效协同和动态调整

除了从统筹经济社会治理的全局推进多层次养老保险制度结构性优化外，其长期的财务精算平衡还有赖于内部的各种参数的合理设计和有效协同，高度重视当前基本养老保险运行参数中的诸多不合理之处，应认真研究退休年龄过低、缴费年限少、待遇指数化机制未建立、财务平衡动态调整机制未建立等一系列问题，尽快站在经济社会治理全局制定改革和优化方案，通过提升制度的长期可持续水平推动国家治理体系和治理能力现代化。一是应着眼于基本养老保险制度长期可持续，建立弹性费率和待遇自动调整机制，逐步提高退休年龄，缓解中长期基本养老保险金支付压力，进一步优化基本养老保险的目标定位，提前研究不同群体的收入、职业、家庭等特征，增加调节机制，实现精准保障。二是应进一步完善精算机制，引入动态的财务调整机制。国际治理经验表明，实行现收现付制的国家会越来越多地引入财务自动平衡机制，根据内外部条件自动进行养老金参数调整，实现财务平衡。因此，我国应尽快从延长最低缴费年限、改革养老金计发办法、明确个人账户记账利率、出台养老保险待遇指数化调整办法等方面进一步完善制度，并开始着手引入长期的自动调节机制，实现长期的精算收支平衡。三是应进一步优化二、三层次养老保险的动力机制设计，以个人养老金个人资金账户为依托探索逐步打通二、三层次界限，正视当前延税政策效果不佳的现实，加快落实个人养老金制度，继续制定更具吸引力的包括税收激励、资金补贴激励以及投资激励在内的激励机制，加快探索将上调个人所得税起征点的额度直接分配给第三层次个人养老金，强化对灵活就业人员的第三层次养老金的财政补贴，提高激励的有效性、可及性，吸引更多的员工、家庭和平台参与各种商业性补充养老保险计划，最大范围降低未来人口高度老龄化背景下的政府养老负担。

7.4.5 持续提升养老保险基金投资和运营管理能力

当前，在我国大力推进多层次养老保险制度改革优化并将其纳入国家治理体系和治理能力现代化的大背景下，基金积累的规模总体上将呈现出持续增长趋势。因此，必须持续强化养老保险基金投资运营管理，这不仅有利于充实和补足制度转轨带来的隐性债务以及养老保险基金收支缺口，还有利于推动养老保险制度抵御长寿风险。应充分利用多层次养老保险基金筹集和发放的时间差，加快做大储备基金蛋糕，尽可能多地实现养老基金保值增值，有效助力经济社会治理。一是要进一步完善资本市场，优化市场结构，培育和发展专业投资机构，在市场上开发出满足不同需求的养老金融产品，重点是要引导金融机构克服为迎合客户对账户安全和短期灵活性的投资偏好而不断推出周期相对较短的养老金融产品的倾向，这种养老金融产品的养老属性并不明确且与市场上一般的金融产品差异不大；还要不断完善交易体系，最终形成多层次、全覆盖、高效率的市场体系。二是要完善多层次养老保险基金管理运营机制，实施精细化管理，坚持开放与监管并重。养老金融作为民生产业之一，要避免"不管就乱、一管就死"的情况发生，在加强产业端监管的同时要在资本端探索开放创新与严格监管的平衡点，促进养老金融产品惠及更多老年群体，同时又要严格避免"爆雷"导致的老年群体资金损失。三是要加速推进地方养老基金受托全国社保基金理事会管理，积极推进全级次养老保险基金市场化运营，合理制订资产配置战略和计划，进一步拓宽养老保险基金的投资渠道和范围，审慎推进境外投资，实现养老保险基金更高水平的保值增值。四是要探索逐步将更高比例的基金投资于重大基础设施建设以及定向的超长期国债，借助于我国加快推进"碳达峰""碳中和"以及推进制造强国、质量强国，促进先进制造业和现代服务业深度融合的历史机遇，推动基金保值增值与经济高质量发展和社会进步协同共进。

参考文献

中文部分

[1] 安德森.黄金时代已逝？全球经济中福利制度的困境 [C].杨刚,译.北京:商务印书馆,2010.

[2] 安德森.福利资本主义的三个世界 [M].苗正明,译.北京:商务印书馆,2010.

[3] 安德森.福利资本主义的三个世界 [M].郑秉文,译.北京:法律出版社,2003.

[4] 贝克,维尔姆斯.自由与资本主义:与著名社会学家乌尔里希·贝克对话 [M].路国林,译.杭州:浙江人民出版社,2001.

[5] 考夫曼.社会福利国家面临的挑战 [M].王学东,译.北京:商务印书馆,2004.

[6] 哈肯.协同学:大自然构成的奥秘 [M].凌复华译,上海:上海译文出版社,2005.

[7] 施瓦布.第四次工业革命:转型的力量 [M].北京:中信出版社,2016.

[8] 沃尔曼.比较英德公共部门改革:主要传统与现代化的趋 [M].王锋,译.北京:北京大学出版社,2004.

[9] 贝克.风险社会 [M].何博闻,译.南京:江苏人民出版社,2004.

[10] 林南.社会资本:关于社会结构与行动的理论 [M].张磊,译.北京:社会科学文献出版社,2020.

[11] 西斯.危机管理 [M].王成,译.北京:中信出版社,2004.

[12] 德鲁克.养老金革命 [M].沈国华,译.北京:机械工业出版社,2019.

［13］罗默. 高级宏观经济学［M］. 吴化斌，龚关，译. 上海：上海财经大学出版社，2012.

［14］斯诺. 经济史上的结构和变革［M］. 历以平，译. 北京：商务印书馆，2016.

［15］阿西莫格鲁，罗宾逊. 国家为什么会失败［M］. 李增刚，译. 长沙：湖南科学技术出版社，2015.

［16］埃斯兰贝格. 庇古的《福利经济学》及其学术影响［J］. 上海财经大学学报，2008 年第 5 期。

［17］佛朗哥·莫迪利尼亚. 养老金改革反思［M］. 孙亚南，译. 北京：中国人民大学出版社，2013.

［18］施嘉芙. 美国养老金资产管理经验借鉴与启示［C］. 北京：社会科学文献出版社，2018.

［19］米尔恩. 英国养老金资产管理经验借鉴与启示［C］. 北京：社会科学文献出版社，2018.

［20］巴尔，戴蒙得. 养老金改革：理论精要［M］. 郑秉文，译. 北京：中国劳动保障社会出版社，2013.

［21］巴里. 福利［M］. 储建国，译. 长春：吉林人民出版社，2005.

［22］吉登斯. 第三条道路及其批判［M］. 郑戈等，译. 北京：中共中央党校出版社，2002.

［23］白宇，赵欣悦. 中央经济工作会议在北京举行：习近平李克强作重要讲话，栗战书汪洋王沪宁赵乐际韩正出席会议［N］. 人民日报，2021－12－11（01）.

［24］财政部. 关于 2020 年中央决算的报告［EB/OL］.［2021－06－08］. http://www. mof. gov. cn/zhengwuxinxi/caizhengxinwen/202106/t20210608 _3715911. htm.

［25］财政部社会保障司课题组. 社会保障支出水平的国际比较［J］. 财政研究，2007（10）：

［26］蔡昉，王美艳. 中国人力资本现状管窥：人口红利消失后如何开发增长新源泉［J］. 人民论坛（学术前沿），2012（4）.

［27］蔡昉. 社会福利的竞赛［J］. 社会保障评论，2022（2）.

［28］曹爱军，方晓彤. 社会治理与社会组织成长制度构建［J］. 甘肃社会科学，2019（2）.

[29] 曹琳琳.积极推进以人为核心的新型城镇化[EB/OL].中国社会科学网,http://ex.cssn.cn/gd/gd_rwxn/gd_ktsb_1696/jcrmzsnjpbll/202106/t20210607_5339088.shtml,2021年6月7日.

[30] 察志敏,等(社会支出统计指标及可行性研究课题组).我国与欧盟社会保障支出对比分析[J].调研世界,2017(9).

[31] 陈昌盛,李承健,江宇.面向国家治理体系和治理能力现代化的财税改革框架研究[J].管理世界,2019(7).

[32] 陈东升.长寿时代的理论与对策[J].管理世界,2020(4).

[33] 陈亮,李岩,浦鹏举.英国私人养老金长寿风险管理及借鉴[C].中国养老金金融发展报告(2021),北京:社会科学文献出版社,2021(10).

[34] 陈硕,高琳.央地关系:财政分权度量及作用机制再评估[J].管理世界,2012(6).

[35] 陈婷婷,胡永新.个人养老金制度出炉!中国版IRAs来了"主力军"保险业怎样更进一步[EB/OL].新浪财经,https://finance.sina.com.cn/money/insurance/bxdt/2022-04-22/doc-imcwipii5684087.shtml.

[36] 陈文清,等.全面践行总体国家安全观(第五批全国干部学习培训教材)[M].北京:人民出版社,党建读物出版社,2019.

[37] 陈曦,边恕,范璐璐,等.城乡社会保障差距、人力资本投资与经济增长[J].人口与经济,2018(4).

[38] 陈友华,庞飞.福利多元主义的主体构成及其职能关系研究[J].江海学刊,2020(1).

[39] 陈志勇,卓越.治理评估的三维坐标:体系、能力与现代化[J].中国行政管理,2015(4).

[40] 程文,张建华.收入水平、收入差距与自主创新:兼论"中等收入陷阱"的形成与跨越[J].经济研究,2018(4).

[41] 程欣,邓大松.社保投入有利于企业提高劳动生产率吗?:基于"中国企业—劳动力匹配调查"数据的实证研究[J].管理世界,2020(3).

[42] 成长春,汤荣光.以系统观念统筹谋划经济社会发展[N].经济日报,2022-1-24(10).

[43] 储德银,黄文正,赵飞.地区差异、收入不平等与城乡居民消费

[J]. 经济学动态, 2013 (1).

[44] 丁守海. 中国城镇发展中的就业问题 [J]. 中国社会科学, 2014 (1).

[45] 仇雨临. 加拿大社会保障制度对中国的启示 [J]. 中国人民大学学报, 2014 (1).

[46] 单大圣. 中国建成世界最大社会保障体系后的政策选择 [J]. 北京航空航天大学学报 (社会科学版), 2019 (2).

[47] 邓大松. 论战后德国社会保障发展及其意义 [J]. 经济评论, 1998 (3).

[48] 丁纯, 陈飞. 主权债务危机中欧洲社会保障制度的表现、成因与改革: 聚焦北欧、莱茵、盎格鲁-撒克逊和地中海模式 [J]. 欧洲研究, 2012 (6).

[49] 丁建定. 作为国家治理手段的中西方社会保障制度比较 [J]. 东岳论丛, 2019 (4).

[50] 董克用, 孙博, 张栋. 中国养老金融发展现状、挑战与趋势研判 [C]. 中国养老金金融发展报告 (2021), 北京: 社会科学文献出版社, 2021.

[51] 董克用、姚余栋. 中国养老金融发展报告 (2020) [M]. 北京: 社会科学文献出版社, 2021.

[52] 段白鸽. 保险发展与经济增长的 S 曲线成立吗?: 来自 87 个经济体的证据 [J]. 保险研究, 2019 (9).

[53] 樊纲, 吕焱. 经济发展阶段与国民储蓄率提高: 刘易斯模型的扩展与应用 [J]. 经济研究, 2013 (3).

[54] 封进. 社会保险经济学 [M]. 北京: 北京大学出版社, 2019.

[55] 高培勇, 袁富华, 胡怀国, 等. 高质量发展的动力、机制与治理 [J]. 经济研究, 2020 (4).

[56] 高书生. 社会保障改革何去何从 [M]. 北京: 中国人民大学出版社, 2006.

[57] 高文书. 社会保障对收入分配差距的调节效应: 基于陕西省宝鸡市住户调查数据的实证研究 [J]. 社会保障研究, 2012 (4).

[58] 顾乃华. 社会保障制度转轨及其对第三产业发展的影响 [J]. 人口与经济, 2002 (6).

［59］郭剑雄.人力资本、生育率与城乡收入差距的收敛［J］.中国社会科学,2005（3）.

［60］郭凯明,龚六堂.社会保障、家庭养老与经济增长［J］.金融研究,2012（1）.

［61］国家发展和改革委.国家发展改革委关于印发"十四五"新型城镇化实施方案的通知［EB/OL］.中华人民共和国发展和改革委员会官方网站,https://zfxxgk.ndrc.gov.cn/web/iteminfo.jsp？id=18893,2022-6-11.

［62］国家税务总局.关于开展个人税收递延型商业养老保险试点的通知（财税〔2018〕22号）［OL］.中华人民共和国国家税务总局官方网站,http://www.chinatax.gov.cn/n810341/n810755/c3389866/content.html.

［63］国务院.国务院关于机关事业单位工作人员养老保险制度改革的决定（国发〔2015〕2号）［EB/OL］.中华人民共和国中央人民政府官方网站,http://www.gov.cn/zhengce/content/2015-01/14/content_9394.htm.

［64］国务院.国务院关于批转社会保障"十二五"规划纲要的通知（国发〔2012〕17号）［EB/OL］.http://www.gov.cn/zwgk/2012-06/27/content_2171218.htm.

［65］国务院.国务院关于印发"十三五"国家老龄事业发展和养老体系建设规划的通知［EB/OL］.中华人民共和国中央人民政府官方网站,http://www.gov.cn/zhengce/content/2017-03/06/content_5173930.htm.

［66］国务院.中华人民共和国国民经济和社会发展第十四个五年规划和2035年远景目标纲要［EB/OL］.中华人民共和国中央人民政府官方网站,http://www.gov.cn/xinwen/2021-03/13/content_5592681.htm.

［67］国务院.国务院关于建立企业职工基本养老保险基金中央调剂制度的通知［EB/OL］.中华人民共和国中央人民政府网站,http://www.gov.cn/zhengce/content/2018-06/13/content_5298277.htm.

［68］国务院办公厅.国务院办公厅关于加快发展商业养老保险的若干意见（国办发〔2017〕59号）［EB/OL］.中华人民共和国中央人民政府官方网站,http://www.gov.cn/zhengce/content/2017-07/04/content_5207926.htm.

［69］国务院办公厅.国务院办公厅关于印发"十四五"国民健康规划的通知［EB/OL］.中华人民共和国中央人民政府网站,http://www.gov.cn/zhengce/zhengceku/2022-05/20/content_5691424.htm.

[70] 国务院办公厅.国务院办公厅关于印发机关事业单位职业年金办法的通知（国办发〔2015〕18号）[EB/OL].中华人民共和国中央人民政府官方网站,http://www.gov.cn/zhengce/content/2015-04/06/content_9581.htm.

[71] 国务院发展研究中心世界发展研究所研究员,原国家物资部政策研究司司长.十二届三中全会《关于经济体制改革的决定》的七大历史突破[EB/OL].中国共产党新闻网,2013年11月5日（原载于经济日报）,http://theory.people.com.cn/n/2013/1105/c40531-23434799.html.

[72] 何国华,童晶.国家治理体系完善有助于促进金融稳定吗?:基于全球214个国家的数据检验 [J].经济管理,2018 (12).

[73] 郝瑞然.习近平对老龄工作作出重要指示[EB/OL].中华人民共和国中央人民政府网站,http://www.gov.cn/xinwen/2021-10/13/content_5642301.htm.

[74] 贺程.国资报告:"两利四率"考核"指挥棒"引导央企加快高质量发展[EB/OL].国务院国有资产监督管理委员会官网网站,http://www.sasac.gov.cn/n2588025/n2588139/c17139079/content.html.

[75] 胡德坤.第二次世界大战与世界发展模式的转换 [J].烟台大学学报（哲学社会科学版）,2005 (3).

[76] 胡锦涛.坚定不移沿着中国特色社会主义道路前进 为全面建成小康社会而奋斗:在中国共产党第十八次全国代表大会上的报告[EB/OL].中央政府门户网站,http://www.gov.cn/govweb/ldhd/2012-11/17/content_2268826.htm.

[77] 胡晓义.社会保障与社会进步 [M].北京:中国文史出版社,2018.

[78] 黄新华.社会协同治理模式构建的实施策略 [J].社会科学辑刊,2017 (1).

[79] 黄晓春.党建引领下的当代中国社会治理创新 [J].中国社会科学,2021 (6).

[80] 黄英君.公共管理视域下的社会风险管理体系培育:战略、逻辑与分析框架 [J].行政论坛,2018 (3).

[81] 季晓旭.人口老龄化、房价与区域城乡收入差距:基于我国省际面板数据的实证研究 [J].财经科学,2016 (8).

［82］焦连志，刘旸．浅谈新中国粮食计划票证制度的形成溯源［J］．企业导报，2011（20）．

［83］贾俊雪，郭庆旺，宁静．传统文化信念、社会保障与经济增长［J］．世界经济，2011（8）．

［84］贾玉娇．人民视角下中国养老保障制度质量检验与优化思路［J］．华中科技大学学报（社会科学版），2020（4）．

［85］贾玉娇．习近平民生系列重要论述的主要来源与形成逻辑［J］．社会保障评论，2019（1）．

［86］贾玉娇．走向治理的中心：现代社会保障制度与西方国家治理：兼论对中国完善现代国家治理体系的启示［J］．江海学刊，2015（5）．

［87］蹇滨徽、杨亮、林义．多层次养老保险制度下家庭商业养老保险需求与养老金替代率研究［J］．中国软科学，2021（5）．

［88］江小涓．当前中国经济社会治理的七项重点任务［EB/OL］．人民网，http://theory.people.com.cn/n1/2020/0819/c40531-31828279.html.

［89］江必新，鞠成伟．国家治理现代化比较研究［M］．北京：中国法制出版社，2016.

［90］江必新，王红霞．国家治理现代化与社会治理［M］．北京：中国法制出版社，2016.

［91］江必新，邵长茂．论国家治理商数［J］．中国社会科学，2015（1）．

［92］江宇．论中华人民共和国前30年的社会保障［J］．社会保障评论，2018（4）．

［93］江泽民．在中国共产党第十六次全国代表大会上的报告［OL］．中央政府门户网站，http://www.gov.cn/test/2008-08/01/content_1061490.htm.

［94］景守武，陈红蕾．FDI、产业结构升级对我国城乡居民收入差距的影响：基于省际面板数据分析［J］．世界经济研究，2017（10）．

［95］景鹏，周佩，胡秋明．养老保险缴费率、经济增长与养老金替代率：兼论政策缴费率与实际缴费率的关系［J］．经济科学，2020（6）．

［96］景鹏，胡秋明．企业职工基本养老保险统筹账户缴费率潜在下调空间研究［J］．中国人口科学，2017（1）．

［97］蓝嘉俊，魏下海，吴超林．人口老龄化对收入不平等的影响：拉大还是缩小？：来自跨国数据（1970—2011年）的经验发现［J］．人口研

究, 2014 (5).

[98] 蓝庆新, 陈超凡. 新型城镇化推动产业结构升级了吗?: 基于中国省级面板数据的空间计量研究 [J]. 财经研究, 2013 (12).

[99] 雷晓康, 马子博. 中国社会治理十讲 [M]. 北京: 中国社会科学出版社, 2019.

[100] 李陈华, 柳思维. 城乡劳动力市场的二元经济理论与政策: 统筹城乡发展的洛伦兹分析 [J]. 中国软科学, 2006 (3).

[101] 李宏, 张向达. 中国财政社会保障支出扩面效应的测算与比较 [J]. 2020 (4).

[102] 李金辉. 税延养老保险试点经验与探索 [J]. 中国金融, 2022 (5).

[103] 李梦娜. 社会资本视角下城市农民工反贫困治理研究 [J]. 农村经济, 2019 (5).

[104] 李实, 朱梦冰, 詹鹏. 中国社会保障制度的收入再分配效应 [J]. 社会保障评论, 2017 (4).

[105] 李玉娇. 制度理性—政治实践: 社会治理创新下中国社会保障的定位于路径选择 [J]. 行政科学论坛, 2016 (5).

[106] 李珍. 美国社会保障制度改革与经济增长 [J]. 经济社会体制比较, 1997 (6).

[107] 李伟, 马玉洁. 国家治理现代化视域下社会治理与经济发展的关系研究 [J]. 当代经济管理, 2020 (1).

[108] 梁宏. 延迟退休对减少基础养老金支付的效果: 基于未来人口年龄结构的探讨 [J]. 南方人口, 2015 (3).

[109] 林闽钢, 霍萱. 中国社会保障的制度变迁: 以 1997、2008 年经济危机为关键节点的考察 [J]. 武汉大学学报 (哲学社会科学版), 2019 (6).

[110] 林闽钢. 社会保障如何能成为国家治理之 "重器"?: 基于国家治理能力现代化视角的研究 [J]. 社会保障评论, 2017 (1).

[111] 林义, 等. 多层次社会保障体系优化研究 [M]. 北京: 社会科学文献出版社, 2021.

[112] 林义, 寒滨徽. OECD 国家公共养老金待遇自动调整机制的经验及启示 [J]. 探索, 2019 (2).

［113］林义，刘斌，刘耘汭. 社会治理现代化视角下的多层次社会保障体系构建［J］. 西北大学学报（哲学社会科学版），2020（9）.

［114］林义，任斌. 政治经济视角下的中国社会保障：变迁逻辑与发展经验［J］. 社会科学，2020（10）.

［115］林义. 论多层次社会保障模式［J］. 经济改革与社会保障国际研讨会，1992.

［116］林义. 社会保险理论分析的新视角：兼论制度分析方法论的意义［J］. 社会学研究，1997（4）.

［117］林义. 中国多层次养老保险的制度创新与路径优化［J］. 社会保障评论，2017（3）.

［118］刘斌，林义. 国家安全视角下构建多层次养老保险体系的制度创新：基于城镇职工养老保险缴费比例下调后基金缺口的测算［J］. 财经科学，2020（8）.

［119］刘凤义. 科学统筹确保实现今年经济社会发展目标任务［J］. 红旗文稿，2020（6）.

［120］刘金源，吴庆宏. 多维社会视野中的福利国家［J］. 国外社会科学，2002（2）.

［121］刘培林，钱滔，黄先海，等. 共同富裕的内涵、实现路径与测度方法［J］. 管理世界，2021（8）.

［122］刘蓉，李娜. 地方债务密集度攀升的乘数和双重挤出效应研究［J］. 管理世界，2021（3）.

［123］刘胜湘. 国家安全：理论、体制与战略［M］. 北京：中国社会科学出版社，2015.

［124］刘伟. 习近平宏观经济治理思想开拓马克思主义政治经济学的新境界［J］. 马克思主义理论学科研究，2022（1）.

［125］刘伟，陈彦斌. 新时代宏观经济治理的发展脉络和鲜明特点［J］. 中国经济评论，2022（1）.

［126］刘文斌. 统筹经济社会发展：成就、挑战及对策［J］. 西北农林科技大学学报（社会科学版），2014（4）.

［127］刘中起，风笑天. 社会资本视阈下的现代女性创业研究：一个嵌入性视角［J］. 山西师大学报（社会科学版），2010（1）.

［128］毛毅. 老龄化对储蓄和社会养老保障的影响研究［J］. 人口与

经济，2012（3）．

[129] 孟令国，卢翠平，吴文洋．"全面两孩"政策下人口年龄结构、养老保险制度对居民储蓄率的影响研究 [J]．当代经济科学，2019（1）．

[130] 吕红星．上调4%，养老金大体与物价上涨幅度相当 [N]．中国经济时报，2022-5-30（1）．

[131] 鲁全．中国共产党对社会保障认识的变迁与发展（1997—2017）[J]．国家行政学院学报，2017（6）．

[132] 陆铭，陈钊．城市化、城市倾向的经济政策与城乡收入差距 [J]．经济研究，2004（6）．

[133] 梅德平．20世纪60年代调整后农村人民公社个人收入分配制度 [J]．西南大学学报（社会科学版），2005（1）．

[134] 苗东升．系统科学精要 [M]．北京：中国人民大学出版社，2010．

[135] 穆怀中．社会保障的生存公平与劳动公平："保障适度"的两维度标准 [J]．社会保障评论，2009（2）．

[136] 穆怀中．社会保障适度水平研究 [J]．经济研究，1997（2）．

[137] 南永清，贺鹏培，周勤．商业保险对居民消费影响研究：基于中国省级面板数据的经验证据 [J]．保险研究，2020（3）．

[138] 宁吉喆．深入学习贯彻习近平经济思想　扎实推动我国经济高质量发展 [N]．人民日报，2022-7-22（12）．

[139] 彭浩然，岳经纶，李晨烽．中国地方政府养老保险征缴是否存在逐底竞争？[J]．管理世界，2018（2）．

[140] 彭华民，黄叶青．福利多元主义：福利提供从国家到多元部门的转型 [J]．南开学报（哲学社会科学版），2006（6）．

[141] 彭姝祎．世界社会保障发展走向："中国社会保障学会世界社会保障研究分会2016年年会"综述 [J]．欧洲研究，2016（3）．

[142] 评论员文章．把我国制度优势更好转化为国家治理效能：论学习贯彻党的十九届四中全会精神 [N]．经济日报，2019-11-1（01）．

[143] 乔洪武．经济自由和经济公平的合理范式：约·穆勒的经济伦理思想及其现实价值 [J]．河北学刊，2000（3）．

[144] 秦继伟．社会保障的多重困境与优化治理 [J]．甘肃社会科学，2018（3）．

[145] 全国大人. 中华人民共和国国家安全法[OL]. 中央政府门户网站, http://www.gov.cn/xinwen/2015-07/01/content_2888316.htm.

[146] 全国人大. 中华人民共和国社会保险法[OL]. 中华人民共和国中央人民政府网站, http://www.gov.cn/flfg/2010-10/28/content_1732964.htm.

[147] 人力资源和社会保障部. 中国政府获 "国际社会保障协会社会保障杰出成就奖" [EB/OL]. 人力资源和社会保障部网站, http://www.mohrss.gov.cn/SYrlzyhshbzb/dongtaixinwen/buneiyaowen/201611/t20161118_259793.html.

[148] 人力资源和社会保障部基金监管局. 2021 年度养老金产品业务数据摘要[EB/OL]. http://www.mohrss.gov.cn/SYrlzyhshbzb/shehuibaozhang/zcwj/202203/t20220311_437973.html.

[149] 人社部, 财政部. 企业年金办法 (中华人民共和国人力资源和社会保障部、中华人民共和国财政部令, 第 36 号) [EB/OL]. 中华人民共和国人力资源社会保障部官方网站, http://www.mohrss.gov.cn/SYrlzyhshbzb/zcfg/flfg/gz/201712/t20171221_284783.html.

[150] 桑玉成. 培育人民群众的国家治理主体意识 [N]. 人民日报, 2018-1-15 (07).

[151] 盛昭瀚, 于景元. 复杂系统管理: 一个具有中国特色的管理学新领域 [J]. 管理世界, 2021 (6).

[152] 施戎杰, 侯永志. 深入认识以人民为中心的发展思想 [N]. 人民日报, 2017-6-22 (07).

[153] 史丹, 赵剑波, 邓洲. 从三个层面理解高质量发展的内涵 [N]. 经济日报, 2019-9-9 (14).

[154] 双传学. 推动制度优势更好转化为治理效能 (深入学习贯彻习近平新时代中国特色社会主义思想) [N]. 人民日报, 2022-7-21 (11).

[155] 宋丽敏. 城镇化会促进产业结构升级吗?: 基于 1998—2014 年 30 省份面板数据实证分析 [J]. 经济问题探索, 2017 (8).

[156] 宋梅. 我国企业年金替代率水平研究: 基于精算与案例分析 [D]. 杭州: 浙江大学硕士学位论文, 2020.

[157] 孙祁祥, 锁凌燕, 郑伟. 社保制度中的政府与市场: 兼论中国 PPP 导向的改革 [J]. 北京大学学报 (哲学社会科学版), 2015 (3).

[158] 孙文杰, 严文沁. 我国通信基础设施对城乡收入差距的影响研

究：基于空间溢出的视角 [J]. 中国经济问题，2021（6）.

[159] 孙早，刘李华. 社会保障、企业家精神与内生经济增长 [J]. 统计研究，2019（1）.

[160] 谭翀. 统一养老保险是缩小城乡差距的重要一步 [EB/OL]. 中华人民共和国中央政府门户网站，http://www.gov.cn/jrzg/2014-02/08/content _2581651.htm.

[161] 汤吉军，戚振宇. 行为政治经济学研究进展 [J]. 经济学动态，2017（2）.

[162] 唐胜宏，等. 中国为何能建成全球最大的社保网络？[EB/OL]. 人民网，http://politics.people.com.cn/n1/2019/1001/c429373-31382836.html.

[163] 陶新宇，靳涛，杨伊婧. "东亚模式"的启迪与中国经济增长"结构之谜"的揭示 [J]. 经济研究，2017（11）.

[164] 田辉. 法国养老金改革：一场有关可持续性的拉锯战 [N]. 中国经济时报，2019-12-10（4）.

[165] 田月红，赵湘莲. 人口老龄化、延迟退休与基础养老金财务可持续性研究 [J]. 人口与经济，2016（1）.

[166] 童星. 国家治理现代化进程中的社会保障 [J]. 社会保障评论，2017（3）.

[167] 童星. 中国社会建设话语体系建构：以民生和治理为两翼 [J]. 社会保障评论，2022（2）.

[168] 妥宏武，杨燕绥. 养老金制度及其改革：基于不同福利模式的分析 [J]. 经济体制改革，2020（2）.

[169] 汪伟，艾春荣. 人口老龄化与中国储蓄率的动态演化 [J]. 管理世界，2015（6）.

[170] 汪伟，刘玉飞，彭冬冬. 人口老龄化的产业结构升级效应研究 [J]. 中国工业经济，2015（11）.

[171] 汪伟，王文鹏. 预期寿命、人力资本与提前退休行为 [J]. 经济研究，2021（9）.

[172] 汪伟. 经济增长、人口结构变化与中国高储蓄 [J]. 经济学（季刊），2009（1）.

[173] 王春光. 制度—行动：社会治理视角下的中国社会保障建设 [J]. 探索与争鸣，2015（6）.

[174] 王国定,陈祥,孔欢.城乡收入差距与人口老龄化的时空关联:基于动态空间面板模型的实证分析 [J].经济问题,2022 (7).

[175] 王家峰.后福利国家:走向积极多元的福利再生产 [J].兰州学刊,2009 (9).

[176] 王晓军,米海杰.养老金支付缺口:口径、方法与测算分析 [J].数量经济技术经济研究,2013 (10).

[177] 王亚柯,李鹏.降费综合方案下城镇职工养老保险的精算平衡和再分配研究 [J].管理世界,2021 (6).

[178] 王延中,龙玉其.发挥好社会保障收入再分配作用 [N].经济参考报,2016-4-1 (8).

[179] 王震.德国社会保障体系中的社会组织 [J].国际经济评论,2016 (1).

[180] 习近平.促进我国社会保障事业高质量发展、可持续发展[EB/OL].求是网,http://www.qstheory.cn/dukan/qs/2022 - 04/15/c_1128558491.htm.

[181] 习近平.决胜全面建成小康社会 夺取新时代中国特色社会主义伟大胜利:在中国共产党第十九次全国代表大会上的报告[EB/OL].新华网,http://www.xinhuanet.com/politics/19cpcnc/2017 - 10/27/c_1121867529.htm.

[182] 习近平.扎实推动共同富裕 [J].求是,2021 (20).

[183] 习近平.决胜全面建成小康社会 夺取新时代中国特色社会主义伟大胜利:在中国共产党第十九次全国代表大会上的报告[OL].新华网,http://www.xinhuanet.com/politics/19cpcnc/2017-10/27/c_1121867529.htm.

[184] 习近平.切实把思想统一到党的十八届三中全会精神上来[EB/OL].人民网,http://theory.people.com.cn/n/2014/0102/c49169 - 24000494.html.

[185] 习近平.在统筹推进新冠肺炎疫情防控和经济社会发展工作部署会议上的讲话[EB/OL].求是网,http://www.qstheory.cn/yaowen/2020-02/23/c_1125616079.htm.

[186] 席恒,余澍,李东方.光荣与梦想:中国共产党社会保障100年回顾 [J].管理世界,2021 (4).

[187] 肖钢.居民储蓄率下降对经济的影响,这样应对! [N].人民政

协报, 2021-10-26 (6).

[188] 肖瑛. 从"国家与社会"到"制度与生活": 中国社会变迁研究的视角转换 [J]. 中国社会科学, 2014 (9).

[189] 谢斯馥. 全新维度下的福利资本主义: 评《福利资本主义的三个世界》[J]. 中国社会保障, 2011 (7).

[190] 徐进. 社会保障助力乡村振兴: 功能定位、现实困境、逻辑进路 [J]. 社会福利 (理论版), 2020 (3).

[191] 徐敏, 姜勇. 中国产业结构升级能缩小城乡消费差距吗 [J]. 数量经济技术经济研究, 2015 (3).

[192] 许宪春. 准确理解中国的收入、消费和投资 [J]. 中国社会科学, 2013 (2).

[193] 亚当·斯密. 国富论 (英文版) [M]. 上海: 上海兴国图书出版公司, 2010.

[194] 颜晓峰. 总体国家安全观确立了国家安全治理的价值引领[OL]. 人民网, http://theory.people.com.cn/n/2014/0417/c40531-24906262.html.

[195] 阎坤. 国际养老保障制度比较分析 [J]. 世界经济, 1998 (2).

[196] 燕继荣. 投资社会资本: 政治发展的一种新维度 [M]. 北京: 北京大学出版社, 2006.

[197] 杨翠迎, 何文炯. 社会保障水平与经济发展的适应性关系研究 [J]. 公共管理学报, 2004 (1).

[198] 杨丹辉. 发展中国家竞争力的发展经济学分析 [J]. 学术研究, 2003 (6).

[199] 杨光斌. 衡量国家治理能力的基本指标 [J]. 前线, 2019 (12).

[200] 杨继军, 张为付, 张二震. 养老金体系改革对中国经济动态效率的影响 [J]. 经济学动态, 2019 (5).

[201] 杨山鸽. 后福利国家背景下的中央与地方关系: 英、法、日三国比较研究 [M]. 北京: 中央党史出版社, 2014.

[202] 杨穗, 高琴, 赵小漫. 新时代中国社会政策变化对收入分配和贫困的影响 [J]. 改革, 2021 (10).

[203] 杨燕绥, 阎中兴. 政府与社会保障: 关于政府社会保障责任的思考 [M]. 北京: 中国劳动社会保障出版社, 2007.

[204] 杨胜刚，朱琦. 人口结构、居民可支配收入和社会基本养老保险基金收入 [J]. 江西财经大学学报, 2011 (4).

[205] 于洪，钟和卿. 中国基本养老保险制度可持续运行能力分析：来自三种模拟条件的测算 [J]. 财经研究, 2009 (9).

[206] 余菊，刘新. 城市化、社会保障支出与城乡收入差距：来自中国省级面板数据的经验证据 [J]. 经济地理, 2014 (3).

[207] 俞可平. 关于国家治理评估的若干思考 [J]. 华中科技大学学报（社会科学版）, 2014 (3).

[208] 俞可平. 推进国家治理体系和治理能力现代化 [J]. 前线, 2014 (1).

[209] 俞可平. 中国治理评论（第二辑）[M]. 北京：中央编译出版社, 2012.

[210] 俞可平. 中国治理评估框架 [J]. 经济社会体制比较, 2008 (6).

[211] 俞可平：社会公平和善治：建设和谐社会的基石 [EB/OL]. 人民网, http://politics.people.com.cn/GB/8198/32784/45495/3261252.html.

[212] 张畅玲，吴可昊. 基本养老保险个人账户能否应对老龄化 [J]. 中国人口科学, 2003 (2).

[213] 张栋. 全球养老金结构性改革反思与中国镜鉴 [J]. 经济体制改革, 2021 (5)：158-164.

[214] 张浩淼. 巴西社会保障：从发展中国家典范到深陷泥潭 [J]. 社会保障评论, 2022 (4).

[215] 张纪南. 开启社会保障事业高质量发展新征程 [OL/EB]. 求是网, http://www.qstheory.cn/dukan/qs/2021-06/16/c_1127561226.htm.

[216] 张纪南. 开启社会保障事业高质量发展新征程 [OL/EB]. 求是网, http://www.qstheory.cn/dukan/qs/2021-06/16/c_1127561226.htm.

[217] 张杰，胡海波. 我国城乡收入差距的成因及对策研究：以社会公平为分析视角 [J]. 理论探讨, 2012 (2).

[218] 张来明. 以国家治理体系和治理能力现代化保证和推进中国社会主义现代化 [J]. 管理世界, 2022 (5).

[219] 张力之. 中国社会保障改革述评 [J]. 社会学研究, 1989 (4).

[220] 张宇燕. 行进在礁石和浅滩中的全球经济 [J]. 全球化, 2016 (2).

［221］章元，刘时菁，刘亮.城乡收入差距、民工失业与中国犯罪率的上升［J］.经济研究，2011（2）.

［222］赵达，沈煌南，张军.失业率波动对就业者家庭消费和配偶劳动供给的冲击［J］.中国工业经济，2019（2）.

［223］赵健宇，陆正飞.养老保险缴费比例会影响企业生产效率吗？［J］.经济研究，2018（10）.

［224］赵立新.英国养老保障制度［J］.中国人大，2018（21）.

［225］赵雁.习近平在中共中央政治局第二十八次集体学习时强调，完善覆盖全民的社会保障体系，促进社会保障事业高质量发展可持续发展［EB/OL］.求是网，http://www.qstheory.cn/yaowen/2021 - 02/27/c _ 1127147298.htm.

［226］郑秉文，董克用，等.养老金改革的前景、挑战与对策［J］.国际经济评论，2021（4）.

［227］郑秉文.第三支柱商业养老保险顶层设计：税收的作用及其深远意义［J］.中国人民大学学报，2016（1）.

［228］郑秉文.社会权利：现代福利国家模式的起源与诠释［J］.山东大学学报（哲学与社会科学版），2005（2）.

［229］郑秉文."多层次混合型"养老保障体系与第三支柱顶层设计［J］.社会发展研究，2018（2）.

［230］郑秉文.第三支柱商业养老保险顶层设计：税收的作用及其深远意义［J，中国人民大学学报，2016（1）.

［231］郑秉文.欧债危机下的养老金制度改革：从福利国家到高债国家的教训［J］.中国人口科学，2011（5）.

［232］郑秉文.中国养老金精算报告（2019—2050）［M］.北京：中国劳动社会保障出版社，2019.

［233］郑秉文.构建多层次养老保险体系与第三支柱的"突破"［N］.工人日报，2021-8-23（07）.

［234］郑风田，阮荣平，刘力.风险、社会保障与农村宗教信仰［J］.经济学（季刊），2010（4）.

［235］郑功成，沃尔夫冈·舒尔茨（Wolfgang Scholz）.全球社会保障与经济发展关系：回顾与展望［M］.北京：中国劳动与社会保障出版社，2019.

[236] 郑功成，桂琰.中国特色医疗保障制度改革与高质量发展 [J].学术研究，2020（4）.

[237] 郑功成.从国家 单位保障制走向国家 社会保障制：30年来中国社会保障改革与制度变迁 [J].社会保障研究，2008（2）.

[238] 郑功成.从企业保障到社会保障：中国社会保障制度变迁与发展 [M].北京：中国劳动社会保障出版社，2009.

[239] 郑功成.多层次社会保障体系建设：现状评估与政策思路 [J].社会保障评论，2019（1）.

[240] 郑功成.共同富裕与社会保障的逻辑关系及福利中国建设实践 [J].社会保障评论，2022（1）：3-22.

[241] 郑功成.社会保障学：理念、制度、实践与思辨 [M].北京：商务印书馆，2000.

[242] 郑功成.社会保障与国家治理的历史逻辑及未来选择 [J].社会保障评论，2017（1）.

[243] 郑功成.中国社会保障70年发展（1949—2019）：回顾与展望 [J].中国人民大学学报，2019（5）.

[244] 郑功成.中国社会保障改革与发展战略（总论卷）[M].北京：人民出版社，2011.

[245] 郑功成.中国养老金：制度变革、问题清单与高质量发展 [J].社会保障评论，2020（1）.

[246] 郑功成.社会保障推动发展成果惠及全体人民 [N].光明日报，2022-8-16（11）.

[247] 郑巧，肖文涛.协同治理：服务型政府的治道逻辑 [J].中国行政管理，2008（7）.

[248] 郑伟，吕有吉.公共养老金与居民养老财富储备关系探析：基于文献述评的方法 [J].社会科学辑刊，2021（2）.

[249] 郑伟，孙祁祥.中国养老保险制度变迁的经济效应 [J].经济研究，2003（10）.

[250] 中共人力资源和社会保障部党组.进一步织密社会保障安全网 [EB/OL].求是网，http://www.qstheory.cn/dukan/qs/2022 - 04/16/c_1128558641.htm.

[251] 中共中央，国务院.中共中央 国务院印发《国家积极应对人口

老龄化中长期规划》[EB/OL].中华人民共和国官方网站,http://www.gov.cn/xinwen/2019-11/21/content_5454347.htm.

[252] 中共中央,国务院.中共中央、国务院关于加强新时代老龄工作的意见[EB/OL].中华人民共和国中央人民政府网站,http://www.gov.cn/xinwen/2021-11/24/content_5653181.htm.

[253] 中共中央,国务院.中共中央国务院关于优化生育政策促进人口长期均衡发展的决定[EB/OL].中华人民共和国中央人民政府网站,http://www.gov.cn/xinwen/2021-07/20/content_5626190.htm.

[254] 中共中央.中共中央关于党的百年奋斗重大成就和历史经验的决议[M].北京:人民出版社,2021:34-50.

[255] 中共中央.中共中央关于坚持和完善中国特色社会主义制度 推进国家治理体系和治理能力现代化若干重大问题的决定[EB/OL].新华网,http://www.xinhuanet.com/politics/2019-11/05/c_1125195786.htm.

[256] 中共中央.中共中央关于建立社会主义市场经济体制若干问题的决定[OL].人民网,http://www.people.com.cn/item/20years/newfiles/b1080.html.

[257] 中共中央.中共中央关于经济体制改革的决定[EB/OL].中央政府门户网站,http://www.gov.cn/test/2008-06/26/content_1028140.htm.

[258] 中共中央.中共中央关于制定国民经济和社会发展第七个五年计划的建议[EB/OL].中华人民共和国国家发改委官网,https://www.ndrc.gov.cn/fggz/fzzlgh/gjfzgh/200709/P020191029595672223126.pdf,2007-9-12.

[259] 中共中央,国务院.中共中央 国务院关于新时代加快完善社会主义市场经济体制的意见[EB/OL].中华人民共和国中央人民政府网站,http://www.gov.cn/zhengce/2020-05/18/content_5512696.htm.

[260] 中共中央办公厅、国务院办公厅.中共中央办公厅 国务院办公厅印发《关于改革社会组织管理制度促进社会组织健康有序发展的意见》[EB/OL].中华人民共和国中央政府门户网站,http://www.gov.cn/zhengce/2016-08/21/content_5101125.htm.

[261] 中共中央.中国共产党第十九届中央委员会第四次全体会议公报[N].人民日报,2019-11-1(1).

[262] 中国基金业协会.日本养老金制度演变、税收政策及经验借鉴

（完整版）［EB/OL］.和讯网，https：//shandong.hexun.com/2019－10－12/198842017.html.

［263］中国经济增长前沿课题组.城市化、财政扩张与经济增长［J］.经济研究，2011（11）.

［264］中国社会管理评价体系课题组.中国社会治理评价指标体系［J］.中国治理评论，2012（2）.

［265］中华人民共和国人力资源和社会保障部基金监管局.2021年全国职业年金基金市场化投资运营情况［EB/OL］.http：//www.mohrss.gov.cn/shbxjjjds/SHBXJDSgongzuodongtai/202204/t20220429_445890.html.

［266］周弘.西方社会保障制度的经验及其对我们的启示［J］.中国社会科学，1996（1）.

［267］周弘.丹麦社会保障制度：过去、现在和未来［J］.中国农村观察，1996（2）.

［268］周红云.国际治理评估指标体系研究述评［J］.经济社会体制比较，2008（6）.

［269］周黎安.中国地方官员的晋升锦标赛模式研究［J］.经济研究，2007（7）.

［270］周娅娜，林义.城镇职工基本养老金调整方案设计与检验［J］.保险研究，2017（9）.

［271］朱桂龙，赛夫，秦梓韬.中国各省创新水平关键影响因素及发展路径识别：基于模糊集定性比较分析［J］.科学学与科学技术管理，2019（9）.

英文部分

［1］AHMADOU YÉRI DIOP. Governance of social security regimes：Trends in Senegal［J］.International Social Security Reviuw，56（3-4），2003（10）.

［2］ALBERTO R. Musalem and Maribel D. Ortiz. Governance and social security：Moving forward on the ISSA good governance guidelines［J］.International Social Security Review，64（4），2011（10）.

［3］BACON MICHAEL，CHIN CLAYTON，NEEP DANIEL. Book Review：Max Weber's Theory of the Modern State：Origins，Structure and Significance [J]. Political Studies Review, Volume 14, 2016 (01).

[4] BARRO R J. Inequality and Growth in a Panel of Countries [J]. Journal of economic growth, 5 (1), 2000 (03).

[5] BARR, N. Social security: Toward newfound confidence. Geneva, Preface in R. Levinsky and R. McKinnon (eds.), International Social Security Association, Geneva, 2005.

[6] BARR, NICHOLAS. Reforming Pensions: Myths, Truths, and Policy Choices [J]. IMF Working Paper (No. 2000/139), Washington DC, 2000 (08).

[7] CARLINO G A, CHATTERJEE S, HUNT R M. Urban Density and Rate of Inventions [J]. Journal of Urban Economics, 61 (3), 2007 (02).

[8] CHRISTINA BEHRENDT, QUYNH ANH NGUYEN AND UMA RAN. Social protection systems and the future of work: Ensuring social security for digital platform workers [J]. International Social Security Review, Vol. 72, 2019 (03).

[9] JED DEVARO, FIDAN ANA KURTULUS. An Empirical Analysis of Risk, Incentives and the Delegation of Worker Authority [J]. Industrial and Labor Relations Review, 64 (1), 2010 (07).

[10] DIAMOND AND PETER A. Government Provision and Regulation of economic Support in Old Age [J]. In M. Bruro, & B. Pleskovic (Eds.), Annual World bank Conference on Development Economics, Washington DC: The World Bank, 1995.

[11] EMIL LUDWIG. Bismarck—the Story of a Fighter [M]. New York: Little, Brown and company, N. Y., 1927 (1).

[12] FELDSTEIN, M. Social Security, Induced Retirement and Aggregate Capital Accumulation [J]. Journal of Political Economy, 82 (5), 1974 (08).

[13] FELTENSTEIN A, IWATA S. Decentralization and macroeconomic performance in China: regional autonomy has its costs [J]. Journal of Development Economics, 76 (2), 2005 (04).

[14] GILBERT, N. Welfare Pluralism and Social Policy [M]. Midgley, Handbook of Social Policy Edited by: Midgley, J., Tracy, M. B. and Livermore, M., Thousand Oaks, CA: Sage. Publications, 2000.

［15］GLORIA DAVIES AND GABY RAMIA. Governance Reform towards "Serving Migrant Workers"：The Local Implementation of Central Government Regulations ［R］. The China Quarterly, 2008.

［16］HINZ, RICHARD AND HOLZMANN, ROBERT et al.. Matching Contributions for Pensions：A Review of International Experience ［R］. Washington, DC：World Bank. 2013.

［17］ILO（International Labor Organization）. World Employment and Social Outlook：Trends 2017 ［R］. International Labor Office, Geneva, 2017（01）.

［18］ISSA（The International Social Security Association）. The Americas：Strategic approaches to improve social security Developments and Trends 2016 ［R］. The International Social Security Association, Geneva.

［19］JAMES ALM, CAROLYN J. BOURDEAUX. Applying Behavioral Economics to the Public Sector ［J］. Review of Public Economics, 206（03）, 2013（09）.

［20］JINFA LIU. From social management to social governance：social conflict mediation in China ［J］. Journal of Public Affairs, 14（02）, 2014（05）.

［21］J. MAHONEY, K. THELEN. Explaining Institutional Change：Ambiguity, Agency, and Power ［M］. New York：Cambridge University Press, 2010.

［22］JUAN YERMO. Governance and Investment of Public Pension Reserve Funds In Selected OECD Countries ［J］. OECD Working Papers on Insurance and PrivatePensions, No. 15, OECD Publishing, 2018（01）.

［23］KARAYEV, ALIPASHA AGAHANOVICH et al.. Public Administration of Social Security in the Republic of Kazakhstan ［J］. Journal of Advanced Research in Law and Economics, 7（5）, 2016（10）.

［24］KRISHNAN, K., D. K. NANDY AND M. PURI. Does Financing Spur Small Business Productivity? Evidence from a Natural Experiment ［J］. Review of Financial Studies, 28（6）, 2014（06）.

［25］MICHAELS G, RAUCH F, REDDING S J. Urbanization and structural transformation ［J］. The Quarterly Journal of Economics, 127（2）, 2012（05）.

［26］ NORIYUKI TAKAYAMA AND YUKINOBU KITAMURA. How to Make the Japanese Public Pension System Reliable and Workable ［J］. Asian Economic Policy Review, 4 (1), 2019 (06).

［27］ OECD. OECD Pensions Outlook 2016 ［R］. OECD Publishing, Paris, 2016 (12).

［28］ OECD. OECD Pensions at a Glance 2021: OECD and G20 Indicators ［R］. OECD Publishing, Paris, 2021 (12).

［29］ OLE BEIER SøRENSEN AND STEPHANIE PFEIFER. Climate change issues in fund investment practices ［J］. Social Security Review, 64 (4), 2011 (10).

［30］ QIUSHI WANG AND JUN PENG. Political Embeddedness of Public Pension Governance: An Event History Analysis of Discount Rate Changes ［J］. Public Administration Review, 78 (5), 2018 (07).

［31］ ROBERT HOLZMANN AND JOSEPH E. Stiglitz. New Ideas about Old Age Security: Toward Sustainable Pension Systems in the 21st Century ［R］. Washington: The World Bank, 2001.

［32］ ROBERT HOLZMANN AND RICHARD HINZ. Old Age Income Support in the 21st Century: An International Perspective on Pension Systems and Reform ［R］. Washington: The World Bank.

［33］ ROBERT L. BROWN. Designing a social security pension system ［J］. International Social Security Review, 61 (1), 2008 (01).

［34］ RODDY MCKINNON. Introduction: Pursuing excellence in social security administration ［J］. International Social Security Review, 69 (3-4), 2016 (07).

［35］ ROGER BEATTIE, WARREN MCGILLIVRAY. A Risky Strategy: Reflections on the World Bank Report Averting the Old Age Crisis ［J］. International Social Security Review, 48 (3-4), 1995 (07).

［36］ SUMNER, PAMIES. Pension Reforms in the EU since the Early 2000 ′s: Achievements and Challenges Ahead ［J］. Discussion Paper 042, Publications Office of the European Union, 2016.

［37］ VANESSA VERDEYEN AND BEA VAN BUGGENHOUT. Social governance: Corporate governance in institutions of social security, welfare and healthcare [J]. International Social Security Review, 56 (2), 2003 (04).

[38] WHITAKER, T. Social Security Principles [M]. Geneva: International Labour Office, 1988.

[39] WORLD BANK. Averting the Old Age Crisis: Policies to Protect the Old and Promote Growth [M]. Oxford: Oxford University Press, 1994.

[40] YOUCEF GHELLAB, NANCY VARELA AND JOHN WOODAL. Social dialogue and social security governance: A topical ILO perspective [J]. International Social Security Review, 64 (4), 2011 (10).

致　谢

　　这本"小书"是由我的博士学位论文修改而成的。回忆这一路的写作历程和求学经历，万千思绪涌上心头。最近两年来，由于工作的原因，我长期奔波于东北、内蒙古和西南之间，总距离将近 3 000 公里，三到四个小时的飞机路程，书稿大量的构思和修改工作都是在机场和飞机上完成的。翻阅着自己付出了艰苦努力、不断自我否定而又自我突破得来的成果，竟然突然间不知所措。

　　此时此刻，又想起自己读博期间重修的经历、补考的经历，发表论文苦苦思索而不得其解最后好不容易想出办法又惨遭拒稿的经历，经常自我怀疑，读博的价值和意义在哪里？直到现在，才略微明白，人生的价值和意义就是：奋斗过，也迷茫过；得到过，也失去过；高兴过，也悲伤过。经历了这些，就不会后悔。生命之所以变得坚韧，就是因为干不动了还得干，写不动了还得写，学不动了还得学。

　　通过读博，我更加深刻地理解了理论研究和实践工作的辩证统一，习近平总书记强调要弘扬马克思主义学风，"做到学、思、用贯通，知、信、行统一"。在工作实践中，我要把极其复杂的问题条理化、系统化，入乎其内而又出乎其外，以最简单清晰的方式得到用户、同事和团队的认可；而在读博期间的学术研究中，我则需要将问题的逻辑链条不断延伸，深究多层次养老保险制度优化的理论逻辑、历史逻辑和现实逻辑，并统筹思考制度优化与国家治理的关系，将政治、经济、文化等一系列因素与制度优化联系起来，而期间在经济下行压力增大的背景下，老人照护、养老保险制度优化、青年婚育、青年发展、幼儿托育等问题交织叠加，更需要建立更加系统的社会政策框架和国家治理体系去应对。这是两种完全不同的思维模式，但正是这两种思维模式的相互激荡，反而让我有了更加广阔的视野！

　　读博期间，我还更加深刻地理解了我们貌似在探索真理、探索世界，实际上只是粗略地进一步了解了社会，更加深刻地审视了自己的内心。人生苦短但仍需苦中作乐，世事无常但仍需艰苦奋斗，唯有尝尽苦辣酸甜，方能开启更加美好的未来，用青春书写无愧于时代、无愧于历史的华彩篇章。

诚挚感谢我的导师林义教授。林老师不仅是国内社会保障和老龄金融领域的专家，而且一直致力于将我国社会保障研究推向世界舞台。实在地讲，本科阶段我对科研的兴趣还未完全建立，但硕士阶段我就知道了林老师的赫赫大名，在我决定攻读博士之前曾经怀着忐忑的心情和林老师有过一次深入的交流，也正是那次交流更加坚定了我必须去实现自己梦想的信念。在论文的写作过程中，从选题、提纲、撰稿、反复修改到最终定稿，林老师在百忙之中都给予了我悉心指导和帮助，整个过程凝聚了林老师对学生的关爱。不仅如此，最令我钦佩的是，林老师谦逊谨慎、平和厚重、治学严谨，和其光，同其尘，特别是林老师注重将多层次社会保障的研究同传统文化、中国历史等相结合，要求我们坚持中国特色社会主义学科体系、学术体系和话语体系，要求我们跳出社保看社保，不仅使我掌握了做学问的要领、跨学科研究的范式，更深刻明白了国家治理的机制、社会运行的规则以及做人的道理。能成为恩师的弟子，是我此生最大的荣幸！

衷心感谢西南财经大学原保险学院的各位老师（由于学科改革和机构调整，部分老师到金融学院和中国金融研究院工作，部分老师到公共管理学院工作）。感谢孙蓉教授、陈滔教授、胡秋明教授、丁少群教授、彭雪梅教授等各位尊敬师长的辛劳付出，正是有了各位的传道授业解惑，我才能够顺利完成学业。感谢我的师兄景鹏副教授，在百忙之中对我论文的认真指导。感谢任聪老师、刘科老师、周佩老师、李洋老师、任平老师一直以来对我学业、事业和生活的关心和帮助。在此，一并表示真诚的谢意！

感谢各位亲爱的博士同学和读博期间认识的新朋友：任斌、蹇滨徽、杨兵、王泰、周曦娇、赵悦含、陈先洁、朱文佩、谭莉等。其中绝大多数都是"90后"甚至"95后"的小朋友，我是为数不多的"85后"，与你们交流思想探讨知识不仅使我获得了很多写作的灵感，更使我对校园生活、博士生活有了新的认知，特别要感谢众多同学对我计量模型构建和数据分析的指导。感谢你们一路走来对我的关心、帮助和鼓励，与你们一同度过一段美好的校园时光永远值得怀念。

感谢中国东方电气集团有限公司对我学习的支持，感谢一路走来关心我的领导和同事的支持，特别是在我报考阶段，时任人力资源部黄颉副部长、办公厅袁俊主任以及董事会秘书龚丹总对我的个人选择给予了很大的肯定；还必须感谢在我博士上课任务最繁重的阶段，时任规划发展部吉平部长、战略发展部唐建国部长、何杨副部长对我工作的支持，使我能够平衡好工作和学习的关系；也要感谢近年来才加入北方公司团队的孙天艺、卢尚德、李果和戴鹏鹰，他们见证了我的迷茫、成长与收获。作为打造"国之重器"、承担责任使命的中央企业，东方电气集团高度重视员工人力资本水平的提升，有温度、有担当、有远见卓识。我始终坚信，这样的企业必将成为国家建设具有全球竞争力的世界一流企业的主力军、排头兵，必将成为建设制造强国、践行"双碳"承诺的中坚力量！另外，感谢西南财经大学出版社以及编辑林伶老师一丝不苟的工作，才能使本书顺利出版。

感谢我亲爱的家人们，感谢妻子杨静宇，在我读博期间，妻子从十月怀胎到一朝分娩，从女儿呱呱坠地到蹒跚学步再到嘤嘤学语，我都因为工作或是读书关心较少，照顾就更谈不上。内心始终充满愧疚，但是妻子给予了我最大的理解和帮助。谁不是爸妈的小公主，为什么要独自承受这么多，总之，对妻子的感情难以言表，只愿执子之手，与子偕老！感谢岳父岳母的无私付出和默默奉献以及对我事业和学习的理解，感谢你们在最困难的时候给予我最大的鼓励和信心！感谢父母的养育之恩和从小的教导，让我早早就学会了独立、自主、坚韧，感谢妹妹刘媛的陪伴和鼓励，特别是在新冠疫情暴发期间我们一直在一起，充实、快乐而又倍感安全！感谢女儿刘瑾萱，是你给爸爸带来了欢乐和希冀，也让我更加懂得了"父亲"这两个字沉甸甸的责任，唯一遗憾的就是错过了你一两岁这段时间很多可爱又搞笑的成长画面，以后尽可能弥补吧！作为父亲，特别希望女儿快快长大，学会勇敢、学会探索、学会想象、看见梦想、看见幸福，但又希望她不要长大，希望她永远体会不到生活的辛酸、无奈、未知和妥协，更自私地舍不得她长大后离开我们去组建新的家庭，不过我想，那天总会来临吧！总而言之，一个人的时候，脑海里全是女儿！感谢我们家的宠物狗边牧小金，是你在无数个寒冷的冬天依偎在我的脚下，也是你让我一回家就能短暂地忘记工作、生活、学习上的烦恼，希望你健康、快乐，希望你能陪我们久一点！

因此，让我们珍惜这段因浸透了汗水、泪水与欢笑而格外充实的读博生涯，没有什么使我停留，除了目标，纵然岸旁有玫瑰、有绿荫、有宁静的港湾，我也是不系之舟。

希望这本著作，不是我学术生命的终点。

希望这本著作，不是我寻找真理的止境。

希望这本著作，不是我理性思考的尽头。

再次感谢我的导师，师恩之重，唯有一生以偿。

再次感恩我的父母，养育之情，今生无以为报。

再次感念我的妻女，人伦之乐，情愿终生守护。

笔者

2023 年 8 月